Anne Bogart/Tina Landau, *Viewpoints*

ANNE BOGART UND TINA LANDAU

VIEWPOINTS

EIN PRAKTISCHES HANDBUCH FÜR SCHAUSPIELER, REGISSEURE UND CHOREOGRAPHEN

Aus dem Amerikanischen übertragen
von Martin Carnevali

Alexander Verlag Berlin

Alexander Verlag Berlin –
unabhängiger Verlag seit 1983

Editorischer Hinweis: Zitate wurden übersetzt, wenn keine offizielle deutsche Übersetzung vorlag.

Dritte Auflage

Deutsche Erstausgabe
Die Originalausgabe *The Viewpoints Book: A Practical Guide to Viewpoints and Composition* erschien 2005 bei Theatre Communication Group, Inc., New York.

Fredericiastraße 8, D-14050 Berlin
www.alexander-verlag.com | info@alexander-verlag.com

Lektorat/Redaktion: Christin Heinrichs-Lauer
Grafik/Layout/Umschlaggestaltung: Antje Wewerka
Printed in the EU (March) 2026
ISBN 978-3-89581-461-7

Den Schauspielern gewidmet,
deren Körper und Fantasie
die Triebfedern dieser Arbeit sind.

Inhalt

VORWORT

»Wo kann ich etwas über *Viewpoints* lesen?«

Diese Frage wurde uns in den letzten Jahren immer öfter gestellt. Wenn eine von uns kurz vor Abschluss einer Klasse, eines Workshops oder einer Produktion steht, hören wir immer wieder folgende Fragen: »Wie kann ich diese Arbeit fortsetzen?« – »Wie kann ich all das in der szenischen Arbeit anwenden?« – »Wie kann ich es benutzen, wenn ich ein Stück schreibe?« – »Was, wenn ich mit Leuten arbeite, die noch kein *Viewpoints*-Training gemacht haben?« – »Gibt es noch weitere Übungen zu *Composition*?« Dieses Buch entstand aus dem Wunsch heraus, wenigstens *einige* der Fragen, die uns im Laufe der Jahre gestellt wurden, zu beantworten.

Es gibt wenig Material über *Viewpoints.* Es gibt einige Artikel und Essays, aber soviel wir wissen, kein Buch zu diesem Thema, geschweige denn ein umfassendes Lehrbuch für die Anwendung von *Viewpoints.* Ein solches hoffen wir hier geschrieben zu haben. Dieses Buch ist keine theoretische Abhandlung, sondern ein praktischer Leitfaden durch die Phasen und Anwendungen der Arbeit.

Wir haben dieses Buch geschrieben, um unseren Studenten, Schauspielern und Mitstreitern – und sogar denjenigen, die dieser Arbeit skeptisch gegenüberstehen – etwas an die Hand zu geben, auf das sie sich, wenn nötig, beziehen können.

Das *Viewpoints*-Buch ist nicht endgültig, es ist nicht das Evangelium, nicht die absolute Wahrheit. Es wurde aus persönlicher Erfahrung und Überzeugung heraus geschrieben. Wir vertreten beide fest die Auffassung, dass *Viewpoints* ein offener Prozess und keine geschlossene Methodik ist. Jedoch haben wir die Hoffnung, dass jeder, der Interesse an dieser Arbeit hat, sich ihr gründlich und mit Sorgfalt und ebenso gewissenhaft nähert, wie *wir* hoffen, es in all den Jahren getan zu haben. Wir wünschen uns, dass dieses Buch nicht als »Vorschrift zum Gebrauch« gelesen wird, sondern als ein Angebot an Möglichkeiten, als Aufruf an den Leser, selbst weiterzuforschen und seinen persönlichen Weg zu finden.

Es *gibt* Vorgehensweisen und Grundlagen, von denen wir glauben, dass sie für das *körperliche* Verständnis von *Viewpoints* entscheidend sind und die wirksamste Anwendung in Training und Probe. Diese haben wir hier zusammengefasst. Es gibt bequeme und unausgegorene Methoden, *Viewpoints* zu lehren, und besonders oberflächlich wird es oft, wenn nur darüber geredet wird – was mittlerweile immer häufiger getan wird. Aber wir bieten hier nicht die einfache Lösung an: dass man diese Seiten liest und ihnen wie einem Diktat folgt. Wir hätten alle gern eine Antwort, eine garantierte Erfolgsformel, ein Patentrezept. *Viewpoints* bietet nichts davon. Auch wenn wir den Text sehr linear und strukturiert angelegt haben, ist es für jeden Künstler fatal, den Arbeitsschritten mechanisch folgen zu wollen, ohne mit den Fragen zu ringen, den Prozess immer wieder anzupassen und seine eigenen Entdeckungen zu machen. Wir hoffen, dass man diese Seiten liest und Fragen stellt. Wir hoffen, dass man sie liest und einfach ausprobiert. Wir hoffen, dass diese Seiten benutzt werden, um selbst darauf zu schreiben, um alles immer wieder *um*zuschreiben und dann neu zu lesen.

Als wir dieses Buch schrieben, widmete sich jede von uns zunächst den Kapiteln, in denen sie sich am sichersten fühlte. Dann haben wir Material ausgetauscht, es gegenseitig ergänzt, gekürzt und gemeinsam überarbeitet. Wir entschlossen uns, in der »Wir«-Form zu schreiben, weil dieses Buch das wiedergibt, was wir *beide* praktizieren und woran wir *beide* glauben. Gelegentlich verweisen wir, wenn wir ein bestimmtes Beispiel anführen wollen, auf unsere eigenen Produktionen oder Erfahrungen.

Wir hatten Schwierigkeiten, festzulegen, wen wir mit der Anrede *du* adressieren. Ist das *Du* der Lehrer oder Trainer, der Regisseur, Schauspieler, Bühnenbildner, Dramatiker? Leiter oder Teilnehmer?[1]

Dieses Buch richtet sich im Großen und Ganzen an die Person, die die Arbeit leitet – den Lehrer oder Regisseur. Aber man wird feststellen, dass wir manchmal fließend und vielleicht widersprüchlich selbst zur Stimme des Lehrers oder Kursleiters werden. Eine Übung könnte (an den Leiter gerichtet) so beginnen: »Zuerst sammelst du die Gruppe in der Mitte des Raums und bittest alle, ihre Augen zu schließen …«, aber

1 Aus Gründen der Lesbarkeit wird im Folgenden meist die männliche Form verwendet, es ist jedoch immer die weibliche Form mitgemeint. (Anm. d. Red.)

bald (an die Teilnehmer gerichtet) übergehen in: »Spüre die Körper um dich herum, höre auf das Geräusch des Atems …«

Wir wissen auch, dass aufgrund des Gegenstandes und weil wir im Tandem geschrieben haben, im Laufe des Buches ein Thema neu aufgegriffen und zum zweiten oder sogar dritten Mal besprochen wird. Wir hoffen, dass wir uns dann in einem neuen Kontext oder mit leicht veränderter Perspektive wiederholt haben.

Jede von uns lernte *Viewpoints* durch eine andere Person kennen: Anne durch Mary Overlie an der New York University, Tina durch Anne am American Repertory Theatre. Beide durchliefen wir unseren eigenen Prozess: Zuerst fühlten wir, dass die Welt *benannt* worden war, dass wir jetzt Worte für das hatten, was wir schon immer erahnt oder getan hatten; danach wurden wir durch das System selbst verführt, durch seine Kraft, seine Wirkung, seine Ausdrucksform; und schließlich erkannten wir die Notwendigkeit, die Technik zu überprüfen und neu zu gestalten, um unsere eigenen Leidenschaften und Beobachtungen widerzuspiegeln. Beim Niederschreiben vieler der Übungen in diesem Buch ertappten wir uns dabei, wie wir uns in allen lebendigen Einzelheiten an die Momente erinnerten, in denen sie entstanden. Es waren fast immer Momente des Schreckens, aus denen die Übungen geboren wurden: »Ich habe sechs Stunden und zwanzig Schauspieler – was soll ich nur tun!?«

Wir sind hin- und hergerissen zwischen dem Wunsch, einen Wegweiser zu schreiben, und dem Wunsch, den Leser aufzufordern, das Buch zu zerreißen und sich selbst dem Schrecken zu stellen. Wie Joseph Campbell gesagt hat: »Dort, wo du strauchelst, liegt dein Schatz verborgen.« Wir laden zum Straucheln ein. Wir hoffen, hier vielleicht einen Weg zu weisen, ohne ihn ausgetreten und zu leicht begehbar hinterlassen zu haben, so dass sich jeder selbst durchs dornige Gestrüpp schlagen muss. *Viewpoints* ist ein offener Prozess, keine starre Technik. Wir hoffen, dass dieses Buch kein Ende, sondern ein Anfang ist.

Anne Bogart und Tina Landau

DANK

Wir möchten den folgenden Menschen unseren Dank aussprechen – für das, was sie zu diesem Buch und zu unserem Leben beigetragen haben:

Mary Overlie, deren Fantasie den ursprünglichen *Six Viewpoints* zur Form verholfen hat. Aileen Passloff, die den Begriff der *Composition* aus der Welt des Tanzes auf den Schauplatz des Theaters ausgedehnt hat. Wendell Beaver, der *Viewpoints* überallhin mit sich trägt. Den einzelnen Mitgliedern der SITI Company, die *Viewpoints* durch Jahre der Übung, der Proben und des Lehrens entwickelt und erweitert haben; besonders Barney O'Hanlon als stetigen Erneuerer, Experimentator und Quelle der Inspiration. Charles L. Mee, Jr., Brian Jucha, Ron Argelander, Susan Milani, Kevin Kuhlke, Jessica Litwak, John Bernd, Mark Russell, Jocelyn Clarke, Sabine Andreas,

A. B.

Theresa McCarthy, Henry Stram, Martin Moran, Jessica Molaskey, Victoria Clark, Jason Daniely, Steven Skybell, Jeff Perry, Amy Morton and Guy Adkins u. v. a. – meinen *Viewpoint*-»Musen«, die mir alles beigebracht haben, was ich über die Anwendung dieser Arbeit in den Proben weiß. Anne Hamburger, Marjorie Samoff, Robert Brustein, Richard Riddell, Michael David, Martha Lavey, Helen Merrills Gedächtnis und der SITI Company – die mich alle so großzügig auf diesem Weg begleitet haben.

T. L.

Und natürlich gilt unser beider Dank Terry Nemeth und Kathy Sova für ihre Klarheit, mit der sie uns geholfen haben, eine Form für dieses Buch zu finden.

Kapitel 1

DIE GESCHICHTE VON *VIEWPOINTS* UND *COMPOSITION*

Mitte des vergangenen Jahrhunderts fand in Amerika eine tiefgreifende kulturelle Umwälzung statt. Diese Umwälzung zeigte sich in den Protesten gegen den Vietnamkrieg, den Bürgerrechtsbewegungen und der Geburt des abstrakten Expressionismus, des Postmodernismus und Minimalismus. In den 1960er Jahren gewannen die kulturelle Explosion und künstlerische Revolution besonders in New York, San Francisco und anderen Großstädten an Schubkraft und breiteten sich von dort über das ganze Land aus. Diese Bewegung war eine politische, eine ästhetische sowie eine persönliche, und sie veränderte die Art und Weise, wie Künstler über ihre Arbeitsprozesse, ihr Publikum und ihre Rolle in der Welt nachdachten. Dieser plötzliche Aktivitätsausbruch war wie ein belebender Windstoß für viele junge Menschen, darunter eine Gruppe von jungen Künstlern, die sich in der Judson Church am Washington Square in New York zusammengetan hatten. Zu dieser Gruppe – dem Judson-Church-Theater – gehörten die jungen Maler Robert Rauschenberg und Jasper Johns, die Komponisten John Cage und Philip Corner, der Filmemacher Gene Friedman, die Tänzer Yvonne Rainer, Trisha Brown, David Gordon, Lucinda Childs, Steve Paxton, Laura Dean, Simone Forti und viele andere. Inspiriert von ihrem Lehrer für Tanzkomposition Robert Dunn, wollten diese Tänzer die Voraussetzungen für ihre eigene Ausbildung und ihre künstlerische Herangehensweise an die Arbeit hinterfragen. Sie wollten Alternativen schaffen zum alles durchdringenden Einfluss von George Balanchine und Martha Graham und noch näheren Zeitgenossen wie Merce Cunningham. Sie wollten Choreographie von Psychologie und konventionellem Drama befreien. Sie fragten: »Was ist Tanz? Wenn ein Elefant seinen Rüssel schwingt, ist es Tanz? Wenn eine Person über die Bühne geht, ist das Tanz?«

Zahlreiche Experimente folgten: Performances auf Hausdächern; Zuschauer, die Aufführungen durch Schlüssellöcher verfolgten; Tänzer, die in der Luft schwebten; Tänzer auf Rollbühnen … Mit der Vorstellung, dass alles möglich sei, begannen diese Künstler Regeln zu ändern. Rauschenberg und Johns zum Beispiel machten nicht nur die Entwürfe für die Darbietungen, sondern auch oft das Konzept für die Aufführungen und wirkten selbst mit. Improvisation wurde die gemeinsame Sprache, und jeder half jedem.

Einer der Grundsätze, die diese Gruppe einte, war der Glaube an nicht hierarchische Kunst und den Einsatz von »Echtzeit«-Aktionen, die durch spielähnliche Strukturen und aufgabenorientierte Aktivitäten erreicht wurden. Die Gruppe wollte auf demokratische Weise funktionieren, indem alle Mitglieder denselben Zugriff auf die Aufführungen hatten. Bei Improvisationen hatte jeder Teilnehmer den gleichen Einfluss auf die Entstehung einer Veranstaltung. Auch im ästhetischen Denken gab es keine Hierarchien. Musik, beispielsweise, diktierte keine Entscheidungen. Ein Gegenstand konnte genauso wichtig sein wie ein menschlicher Körper. Das gesprochene Wort konnte denselben Stellenwert haben wie eine Geste. Eine Idee konnte von gleicher Bedeutung wie eine andere sein, auf der gleichen Bühne, zur gleichen Zeit.

Diese Pioniere der Postmoderne bereiteten den Boden, auf dem wir heute stehen. Sie lehnten die Forderungen des Modern Dance nach sozialkritischen Botschaften und virtuoser Technik ab und ersetzten sie durch interne Entscheidungen, Strukturen, Regeln oder Probleme. Letztendlich entstand der Tanz aus dem Kontext. Welche Bewegung auch immer während der Arbeit an diesen Problemen entstand, es *wurde* Kunst. Diese Philosophie steht im Mittelpunkt von *Viewpoints* und *Composition*.

In den frühen 1970er Jahren wurde Aileen Passloff, eine Tänzerin und Choreographin, die die Judson-Church-Bewegung entscheidend beeinflusste, Annes Professorin am Bard College, New York. Aileens *Composition*-Unterricht hatte eine enorme Wirkung auf Anne, als sie über Arbeitsprozesse nachzudenken begann. Die Studenten wurden aufgefordert, für ihre Arbeit Träume, Objekte, Werbung – oder was auch immer als Futter für ihre Kreativität dienen könnte – heranzuziehen. Für Anne war dies die Geburtsstunde eines lebenslangen Interesses an der Anwendung der Theorien von Malerei, Architektur, Musik und Film auf das Theater. Aileen inspirierte Anne auch, die kreative Rolle jedes einzelnen Darstellers zu untersuchen.

Später, im Jahr 1979, begegnete Anne der Choreographin Mary Overlie, der Erfinderin der *Six Viewpoints*, an der New York University, wo beide am Experimental Theater Wing (ETW) arbeiteten. Obwohl sie erst spät zur Judson-Szene stieß, führt Mary ihre eigenen Neuerungen auf deren Experimente zurück. Außerdem wurden ihre Überlegungen von Kollegen in San Francisco inspiriert, u. a. von Anna Halprin in Berkeley, Deborah Hay und besonders von Barbara Dilley, die mit Mary eine reine Frauentruppe gründete, die sich »Natural History of the American Dancer« nannte.

Mary vertiefte sich in diese neuen Arbeitsformen und fand ihren eigenen Weg, Tanzimprovisationen in Zeit und Raum zu strukturieren – die *Six Viewpoints*: *Space* (Raum), *Shape* (Form/Gestalt) *Time* (Zeit), *Emotion* (Gefühl), *Movement* (Bewegung) und *Story* (Geschichte). Sie begann, diese Prinzipien nicht nur bei ihrer Arbeit als Choreographin anzuwenden, sondern auch in ihrem Unterricht. Seither hat ihre Arbeit viele Generationen von Theaterkünstlern beeinflusst.

Marys Arbeitsansatz der *Six Viewpoints* war und wird immer absolut sein. Sie beharrt unerbittlich auf deren Reinheit. Zu ihrem Leidwesen und ihrer Freude haben ihre Studenten und Kollegen, die die Genialität der Neuerungen und deren unmittelbare Relevanz für das Theater erkannten, ihre *Viewpoints* zur eigenen Anwendung erforscht und erweitert.

Es war Anne (und später Tina) sofort klar, dass Marys Ansatz zur Entstehung von Bewegung für die Bühne auch für die intuitive Erarbeitung von dynamischen Theaterprozessen mit Schauspielern und anderen Künstlern geeignet war. Im Jahr 1987 trafen sich Anne und Tina, als sie am American Repertory Theater in Cambridge, MA, arbeiteten. In den darauffolgenden zehn Jahren arbeiteten sie ausgiebig zusammen, experimentierten und erweiterten nach und nach Overlies *Six Viewpoints* zu neun ***Physical Viewpoints*** (*Spatial Relationship* [räumliche Beziehung], *Kinesthetic Response* [kinästhetischer Reflex], *Shape* [Form/Gestalt], *Gesture* [Geste], *Repetition* [Wiederholung/Nachahmung], *Architecture* [Architektur], *Tempo* [Tempo/Geschwindigkeit], *Duration* [Dauer] und

Topography [Topographie]) und fünf ***Vocal Viewpoints*** (*Pitch* [Tonhöhe], *Dynamic* [Dynamik], *Acceleration/Deceleration* [Beschleunigung/Verlangsamung], *Silence* [Stille] und *Timbre* [Klangfarbe]).

In den letzten fünfunddreißig Jahren hat das *Viewpoints*-Training die Fantasie von Choreographen, Schauspielern, Regisseuren, Bühnenbildnern, Dramaturgen und Autoren angeregt. Während *Viewpoints* mittlerweile auf der ganzen Welt gelehrt und von vielen Theaterschaffenden im Probenprozess genutzt wird, sind Theorie und ihre Anwendung immer noch relativ neu. Häufige Fragen sind: Was genau ist *Viewpoints*? Was genau ist *Composition*?

Kapitel 2

VIEWPOINTS UND *COMPOSITION*: WAS IST DAS?

Viewpoints und *Composition:* Was ist mit diesen Begriffen gemeint? Die folgenden Definitionen spiegeln *unser* Verständnis und *unsere* Auffassung über ihren Gebrauch wider. Selbst im Kontext der Arbeit von Pionieren wie Mary Overlie und Aileen Passloff ist es unmöglich, zu sagen, wo diese Ideen tatsächlich entstanden sind, denn sie sind zeitlos und gehören zu den natürlichen Prinzipien von Bewegung, Raum und Zeit. Im Laufe der Jahre haben wir einfach ein Vokabular für bereits bestehende Dinge entwickelt, Dinge, die wir von Natur aus tun und immer – mehr oder weniger bewusst und intensiv – getan haben.

VIEWPOINTS

- *Viewpoints* ist eine in Technik übersetzte Philosophie (1.) für die Ausbildung und das Training von Schauspielern; (2.) zum Ensembleaufbau; und (3.) zur Erarbeitung von Bewegung auf der Bühne.
- *Viewpoints* ist eine Begriffssammlung für bestimmte Bewegungsgrundsätze in Zeit und Raum; diese Begriffe bilden eine Sprache, mit der man sich über Vorgänge auf der Bühne verständigen kann.
- *Viewpoints* sind Wahrnehmungsparameter, von denen jeder darstellende Künstler oder Regisseur/Choreograph bei seiner Arbeit Gebrauch macht.

Wir arbeiten mit neun *Physical Viewpoints,* die sich aus *Viewpoints of Time* (Zeit) und *Viewpoints of Space* (Raum) zusammensetzen. Der Großteil dieses Buches konzentriert sich auf die *Physical Viewpoints,* auch wenn die später von uns entwickelten *Vocal Viewpoints* in Kapitel 9 behandelt werden. Die *Vocal Viewpoints* beziehen sich, im Gegensatz zur Bewegung, speziell auf Klang und Stimme. *Physical* und *Vocal Viewpoints* überschneiden sich und ändern ständig ihren relativen Wert, je nach Künstler oder Lehrer und/oder nach Art der Aufführung. Die *Physical Viewpoints* sind:

VIEWPOINTS OF TIME[2]

Tempo (Geschwindigkeit)
Die Geschwindigkeit, in der eine Bewegung stattfindet; wie schnell oder wie langsam etwas auf der Bühne passiert.

Duration (Dauer)
Die Dauer einer Bewegung oder einer Abfolge von Bewegungen. *Duration* bezeichnet in der Terminologie von *Viewpoints* den Zeitraum, in dem eine Gruppe, die miteinander arbeitet, eine bestimmte Bewegungsabfolge durchführt bis diese sich verändert.

---

2 Wir haben uns entschieden, die von Anne und Tina verwendeten englischen Begriffe für die einzelnen Viewpoints zu übernehmen und sie auf Deutsch zu erläutern. Auch ich benutze in meiner praktischen Arbeit die englischen Begriffe. Zum einen, weil das Englische wesentlich dehnbarer ist und mehr Möglichkeiten zulässt, dem jeweiligen Kontext, in dem es angewandt wird, gerecht zu werden; und zum anderen hat man so ein »unbelastetes« Arbeitsvokabular, das nicht mit vorgefertigten Bedeutungen aufgeladen ist. Das spart nicht nur Zeit, sondern gewährleistet auch einen mündigeren und verantwortungsvolleren Umgang des Einzelnen mit den Arbeitsvorgängen und der Anwendung seiner Mittel. Denn *Viewpoints* dient dazu, Kriterien zu schaffen, keine neuen Dogmen …

Sollten Begriffe, wie beispielsweise *Shape,* im Laufe der Arbeit doch auf Deutsch verwendet werden, empfehle ich einen flexiblen Umgang: Je nach Zusammenhang – und *Viewpoints* ist dafür gemacht, Zusammenhänge wahrzunehmen und anzuerkennen – verwende ich die Begriffe *Form* oder *Kontur* oder *Gestalt* oder auch *Container* oder *Gefäß,* oder jedes andere Wort, das passend erscheint. Das hängt auch davon ab, welchen Jargon man in der Gruppe gefunden hat, mit der man gerade arbeitet, welche *Kultur* man miteinander entwickelt hat, die es ermöglicht, sich in der aktuellen Arbeit zu verständigen. (Martin Carnevali)

Kinesthetic Response (Kinästhetischer Reflex)[3]
Die spontane, reflexartige Reaktion, die durch äußere Einflüsse hervorgerufen wird; das Timing, mit dem man auf äußere Ereignisse und Geräusche reagiert; die impulsive Bewegung, die aus einem Sinnesreiz entsteht. Ein Beispiel: Jemand klatscht vor deinen Augen in die Hände, du blinzelst als reflexartige Reaktion darauf, oder jemand schlägt die Tür zu und du springst von deinem Stuhl auf.

Repetition (Wiederholung/Nachahmung)
Die Wiederholung oder Nachahmung von etwas, das auf der Bühne stattfindet. *Repetition* umfasst (1.) *Internal Repetition* (Wiederholung einer Bewegung deines eigenen Körpers); (2.) *External Repetition* (Wiederholung bzw. Nachahmung der Form, der Geschwindigkeit, der Geste von etwas, das außerhalb des eigenen Körpers stattfindet).

VIEWPOINTS OF SPACE

Shape (Form/Gestalt)
Die Kontur oder der Umriss, die der Körper (oder die Körper) im Raum erzeugt. *Shape* kann aufgeteilt werden entweder in (1.) *Linien*, (2.) in *Kurven* oder (3.) eine *Kombination* von Linien und Kurven.

Deshalb bilden wir in im *Viewpoints*-Training Formen, die rund, winklig oder eine Mischung aus beidem sind.

Darüber hinaus findet *Shape* entweder (1.) *an Ort und Stelle* statt, oder während man sich (2.) durch den Raum *bewegt.*

Schließlich kann *Shape* auf eine von drei Arten hergestellt werden: (1.) der Körper bildet eine Kontur im Raum; (2.) der Körper bildet eine Kontur in Bezug auf Architektur; oder (3.) der Körper bildet eine Kontur in Bezug auf andere Körper, die eine *Shape* bilden.

---

3 Kinästhesie ist die Fähigkeit, Bewegungen der Körperteile unbewusst zu kontrollieren und zu steuern. (Anm. d. Red.)

Gesture (Geste)

Eine Bewegung, die einen oder mehrere Teile des Körpers einbezieht; *Gesture* ist *Shape* mit einem Anfang, einer Mitte und einem Ende. *Gestures* können mit den Händen, den Armen, den Beinen, dem Kopf, dem Mund, den Augen, den Füßen, dem Bauch oder mit jedem anderen Körperteil oder mit einer Kombination von isolierbaren Körperteilen gemacht werden. *Gesture* ist aufgeteilt in:

1. ***Behavioral Gesture*** (**Verhaltensbezogene Geste**). Gehört zu der konkreten, physischen Welt des menschlichen Verhaltens, wie wir es in unserer Alltagsrealität beobachten. Es handelt sich um die Art von Gebärden, die du im Supermarkt oder der U-Bahn siehst: sich kratzen, auf etwas zeigen, winken, schniefen, vorbeugen, jemanden grüßen usw. *Behavioral Gesture* kann Aufschluss geben über Charakter, Zeit, Gesundheit, äußere Umstände, Wetter, Kleidung usw. Definiert wird sie in der Regel durch den Charakter einer Person oder die Zeit, in der sie lebt, und den Ort, an dem sie lebt. Dahinter kann auch ein Gedanke oder eine Absicht stehen. *Behavioral Gesture* kann weiter unterteilt und erarbeitet werden als *Private Gesture* (private Geste) und *Public Gesture* (öffentliche Geste), wobei unterschieden wird zwischen jenen Aktionen, die jemand ausführt, der allein ist, und solchen, die er im Bewusstsein der Anwesenheit oder der Nähe anderer ausführt.
2. ***Expressive Gesture*** (**Expressive Geste**). Drückt einen inneren Zustand aus, eine Emotion, einen Wunsch, eine Idee oder einen Wert. Sie ist eher abstrakt und symbolisch als gegenständlich. Sie ist universell und zeitlos und normalerweise nicht etwas, das man im Supermarkt oder der U-Bahn beobachten kann. Die *expressive Gesture* könnte zum Beispiel Gefühle wie Freude, Trauer oder Wut zum Ausdruck bringen. Oder sie könnte den Wesensgehalt Hamlets ausdrücken, wie ihn ein bestimmter Schauspieler sieht. Oder in einer Tschechow-Aufführung könnte mit *expressive Gestures* gearbeitet werden, die für »Zeit«, »Erinnerung« oder »Moskau« stehen.

Architecture (Architektur)

Die physische Umgebung, in der man arbeitet, und wie der bewusste Umgang mit ihr Bewegung beeinflusst. Wie oft sieht man Aufführungen mit einer aufwendigen, komplexen Bühnenausstattung, wo die Schauspieler aber nur die vordere Bühnenmitte bespielen und die Architektur kaum erkunden und nutzen, die sie umgibt. Wenn wir mit *Architecture* als *Viewpoint* arbeiten, lernen wir, mit dem Raum zu »tanzen«, mit einem Raum in Dialog zu treten, Bewegung (insbesondere *Shape* und *Gesture*) aus unserer Umgebung heraus entstehen zu lassen. *Architecture* gliedert sich in:

1. **Feste Stoffe und Materialien.** Wände, Böden, Decken, Möbel, Fenster, Türen usw.
2. **Textur (Oberflächenstruktur).** Je nachdem, ob es sich bei den festen Stoffen um Holz oder Metall oder Stoff usw. handelt, verändern sie die Art unserer Bewegung, die wir daraus entwickeln.
3. **Licht.** Die Lichtquellen im Raum, die Schatten, die wir dadurch erzeugen usw.
4. **Farbe.** Bewegung ausgehend von den Farben im Raum erschaffen. Wie beeinflusst beispielsweise ein roter Stuhl unter vielen schwarzen Stühlen unsere Choreographie im Verhältnis zu diesem Stuhl?
5. **Geräusche.** Geräusche, die durch und mit der Architektur entstehen, zum Beispiel das Geräusch der Füße auf dem Boden, das Knarren einer Tür usw.

Zusätzlich erschaffen wir in der Arbeit mit *Architecture* »räumliche Metaphern«, wodurch solche Gefühle wie ich »stehe mit dem Rücken zur Wand«, »sitze zwischen zwei Stühlen«, »werde in die Enge getrieben«, »bin verloren im All«, »stehe an der Schwelle«, »bin total high« usw. eine Form bekommen.

Spatial Relationship (Räumliche Beziehung)

Der Abstand zwischen Objekten auf der Bühne, in erster Linie zwischen (1.) zwei Körpern; (2.) zwischen einem Körper (oder Körpern) und einer Gruppe von Körpern; (3.) zwischen dem Körper und der Architektur.

Wie sieht die ganze Bandbreite möglicher Abstände zwischen den Objekten auf der Bühne aus? Welche Gruppierungen erlauben uns, das Gesamtbild klarer zu sehen? Welche Anordnungen suggerieren ein Ereignis oder ein Gefühl, sind Ausdruck von Dynamik? Sowohl im richtigen Leben als auch auf der Bühne neigen wir dazu, einen Höflichkeitsabstand von ungefähr einem Meter zum Gesprächspartner einzuhalten. Wenn wir uns auf der Bühne der Ausdrucksmöglichkeiten von *Spatial Relationship* bewusst werden, beginnen wir, mit weniger höflichen, sondern dynamischeren Abständen von extremer Nähe oder extremer Entfernung zu arbeiten.

Topography (Topographie)
Die *Landschaft*, das *Bodenmuster (floor pattern)*, das *Design*, das wir durch Bewegung im Raum schaffen, also die Spuren, die unsere Laufwege im Raum hinterlassen. Um eine Landschaft zu definieren, können wir zum Beispiel entscheiden, dass der vordere Bühnenbereich eine sehr hohe Dichte hat und es deshalb schwierig ist, sich dort vorwärts zu bewegen, während der hintere Bühnenbereich über eine geringere Dichte verfügt und wir uns deshalb auch geschmeidiger und schneller bewegen können. Um besser zu verstehen, was ein Bodenmuster ist, stell dir vor, dass deine Fußsohlen rot angemalt sind; wenn du jetzt durch den Raum läufst, ist das Bild, das mit der Zeit auf dem Boden entsteht, das Bodenmuster. Darüber hinaus verlangen Inszenierung und Entwurf einer Aufführung immer Entscheidungen über die *Größe* und die *Form* des Raumes, in dem wir arbeiten. Zum Beispiel könnten wir uns entscheiden, auf einem schmalen Streifen von einem Meter ganz vorne an der Rampe zu arbeiten oder in einem riesigen Dreieck, das den gesamten Boden bedeckt usw.

COMPOSITION

- *Composition* ist eine Methode, neue Arbeiten zu entwickeln.
- Bei *Composition* geht es um die Auswahl und Anordnung einzelner Bestandteile der Theatersprache in eine zusammenhängende künstlerische Arbeit für die Bühne. Es ist dieselbe Technik, die jeder Cho-

reograph, Maler, Autor, Komponist oder Filmemacher in seiner Disziplin verwendet. Im Theater »schreiben« wir, indem wir handeln, uns bewegen,[4] gemeinsam mit anderen, in Zeit und Raum, mithilfe der Theatersprache.

- *Composition* ist eine Methode zur Herstellung, Festlegung und Entwicklung des theatralen Vokabulars, das für jedes Stück verwendet werden kann. Mit *Composition* schaffen wir Abfolgen/Sequenzen, damit wir auf sie zeigen und sagen können »das hat funktioniert« und dann fragen können: »Warum?«. So können wir dann entscheiden, welche Ideen, Momente, Bilder usw. wir in unsere Produktion aufnehmen wollen.
- *Composition* ist eine Methode, unsere verborgenen Gedanken und Gefühle zum jeweiligen Stoff ans Licht zu bringen. Da wir mit *Composition* üblicherweise unter hohem zeitlichem Druck arbeiten, bleibt uns keine Zeit zum Nachdenken. *Composition* bietet uns eine Struktur, die uns ermöglicht, mit unseren Impulsen und unserer Intuition zu arbeiten. Kunst zu machen ist, wie Pablo Picasso einmal gesagt hat, »eine andere Art, Tagebuch zu führen«.[5]
- *Composition* stellt einem Ensemble eine Aufgabe, so dass es kurze Theaterstücke zu einem speziellen Aspekt der Produktion entwickeln kann. *Composition* verwenden wir während der Proben, damit sich die Mitwirkenden anhand eines gemeinsamen Ausgangspunktes auf einen Arbeitsprozess einlassen, in dem sie ihre eigenen Werke kreieren. Üblicherweise schließt die Aufgabe eine allgemeine Vorgabe oder Struktur sowie eine umfangreiche Liste der Bestandteile ein, die ins Stück einbezogen werden müssen. Diese Liste liefert das Ausgangsmaterial für die Bühnensprache, die wir im jeweiligen Stück sprechen, dabei handelt es sich entweder um Prinzipien, die für die Inszenierung nützlich sind (Symmetrie versus Asymmetrie, räumliche Größe/Format und Perspektive, Nebeneinanderstellung (Juxtaposition) usw. oder Bestandteile, die ausdrücklich zum Kosmos des Stücks gehören,

---

4 Im Original: *writing on your feet.*

5 In: L'Intransigeant, Paris 15. 6. 1932. (Picasso im Gespräch mit E. Tériade, 1932): Zitat in: *Picasso: Über Kunst*, Zürich 1988, S. 8.

an dem wir arbeiten (Objekte, Texturen, Farben, Geräusche, Handlungen usw.). Diese Bestandteile bedeuten für eine *Composition* das, was einzelne Wörter für einen Artikel oder Aufsatz bedeuten: Man erschafft Bedeutung durch die Anordnung.

- *Composition* ist eine Methode, mit anderen Kunstformen in Dialog zu treten, indem sie bei ihnen Anleihen macht und sie reflektiert. Bei der Arbeit mit *Composition* erforschen und benutzen wir Prinzipien anderer Disziplinen und übertragen sie auf die Bühne. Wenn wir uns zum Beispiel an musikalischen Prinzipien orientieren, könnten wir uns fragen, wie der Rhythmus eines bestimmten Vorgangs aussieht oder wie das Zusammenspiel auf der Grundlage einer Fuge aussieht oder wie eine Coda funktioniert und ob wir eine hinzufügen usw. Oder wir denken an den Film: »Wie setzen wir ein Close-up (Nahaufnahme) ein? Einen Establishing Shot[6]? Eine Montage?« Und wir fragen: »Was ist die Entsprechung im Theater?« Indem wir die Prinzipien anderer Disziplinen auf das Theater übertragen, gehen wir an die Grenzen theatraler Möglichkeiten und fordern uns selbst heraus, neue Darstellungsformen zu finden.
- *Composition* ist für den Regisseur, Autor, Performer, Bühnen- und Kostümbildner etc. das, was *Viewpoints* für den Schauspieler ist: eine Methode, schöpferisch tätig zu sein.

---

6 *Establishing Shot:* Filmdramaturgisch eine Einstellung zu Beginn einer Sequenz, die einen allgemeinen Überblick über Lokalitäten, Personal und Situation gibt. In: James Monaco, *Film und neue Medien, Lexikon der Fachbegriffe,* Hamburg 2006, S. 58.

Kapitel 3

VIEWPOINTS UND *COMPOSITION* IM ZEITGENÖSSISCHEN THEATER

Viewpoints und *Composition* bieten eine Alternative zu herkömmlichen Ansätzen in Schauspiel, Regie, Dramatik und Bühnen- und Kostümdesign. Sie stehen für eine klare Methodik und Haltung, die in ihrem Wesen hierarchiefrei, praktisch und kollaborativ sind. Beide beziehen sich auf bestimmte Probleme und Erwartungen, mit denen sich ein junger Mensch, der die Welt des Theaters betritt, konfrontiert sieht, und bieten ihm eine Alternative.

Junge Theaterkünstler übernehmen die folgenden Probleme, wenn sie die Bühne des amerikanischen Theaters betreten:

Problem 1: Die Amerikanisierung des Stanislawski-Systems

Der Schauspielansatz hat sich in den Vereinigten Staaten in den letzten sechzig bis siebzig Jahren kaum verändert. Das Verständnis, das aus unseren Fehlinterpretationen sowie falscher und vereinfachter Anwendung des Stanislawski-Systems entstand, wurde zur Bibel der meisten Theaterpraktiker und ist es bis heute. Seiner Dominanz und Allgegenwärtigkeit sind wir uns so selten bewusst wie der Luft, die wir atmen.

1923 kamen Konstantin Stanislawski und seine Truppe, das Moskauer Künstlertheater, in die USA, um ein Repertoire von Gorki- und Tschechow-Stücken aufzuführen. Der in diesen Darbietungen vorgeführte Spielansatz hatte eine elektrisierende Wirkung auf junge Theaterkünstler. Inspiriert von den Aufführungen und neugierig, mehr zu erfahren, griffen die Amerikaner etwas auf, was sich als ein stark verkürzter Aspekt von

Stanislawskis »System« herausstellte und verwandelten es in eine Religion. Hochwirksam für Film und Fernsehen hat dieses Erbe das amerikanische Theater inzwischen an ein ultrarealistisches Verständnis von Bühnenkunst gefesselt. Stanislawski räumte später ein, dass seine früheren psychologischen, in den USA so einflussreichen Methoden falsch waren. Er veränderte nun seinen Schwerpunkt, weg von Emotionen, die vom affektiven Gedächtnis hervorgerufen werden sollten, hin zu einem System von psychophysischen Handlungsketten, in dem Emotion und Einfühlung durch äußere *Aktion* und nicht durch Psychologie hervorgerufen werden.

Die weitervererbten Probleme und Schlussfolgerungen, die die Amerikanisierung des Stanislawski-Systems verursacht haben, treten auf der Probe offenkundig zutage, wenn man einen Schauspieler sagen hört: »Wenn ich es fühle, dann fühlt es der Zuschauer auch« oder »Ich werde es tun, wenn ich es fühle.« Wenn ein Probenprozess auf die Herstellung von Gefühlen heruntergebrochen wird, an denen man sich dann verzweifelt festhält, so wird dabei echte zwischenmenschliche Interaktion geopfert. Ein durch die Erinnerung an frühere Erfahrungen heraufbeschworenes Gefühl kann Schauspielen schnell in eine ichbezogene Übung verwandeln. Die immense Kraftanstrengung, die nötig ist, eine bestimmte Emotion herzustellen und sie zu halten, hält den Schauspieler von der simplen Aufgabe ab, eine Handlung auszuführen und isoliert so die Schauspieler voneinander und vom Publikum. Anstatt eine Emotion zu erzwingen und festzulegen, ermöglicht das *Viewpoints*-Training, dass spontanes Gefühl aus der akuten physischen, verbalen und imaginativen Situation entsteht, in der sich die Schauspieler zusammen auf der Bühne befinden.

Eine weitere Fehlannahme von Stanislawskis Schauspieltheorien geht davon aus, dass jede Bühnenhandlung ausschließlich durch psychologische Absicht motiviert ist. Deswegen sehen wir uns oft Schauspielern gegenüber, die zuerst wissen müssen: »Was ist mein Ziel?« oder »Was will ich?«, bevor sie überhaupt bereit sind, eine Bewegung zu machen. Häufig folgt diesem Widerstand die Erklärung: »Meine Figur würde das nie tun.«

Viewpoints und *Composition* zeigen neue Wege, auf der Bühne eine Wahl zu treffen und Handlungen hervorzurufen, die auf dem Gewahrsein von Zeit und Raum basieren, zusätzlich oder anstelle der Psychologie.

Problem 2: Mangelndes Training des Schauspielers

Theater ist die einzige künstlerische Disziplin, die die fortlaufende Weiterbildung, ein Training ihrer Akteure nicht fördert oder darauf besteht. Das Ergebnis: eingerostete oder unflexible Schauspieler, die oft unzufrieden sind und sich leer fühlen.

Welcher Musiker würde nach seinem Abschluss am Konservatorium annehmen, dass er es ab jetzt nicht mehr nötig hätte, jeden Tag üben zu müssen? Welcher Tänzer würde aufhören, Unterricht zu nehmen oder regelmäßig an der Stange zu trainieren? Welcher Maler, Sänger oder Schriftsteller würde sich nicht täglich in seiner Kunst üben? Schauspieler aber sollen nach Abschluss ihrer Ausbildung für den Markt gerüstet sein – ohne ein kontinuierliches persönliches Training als Verpflichtung zu verstehen.

Training schafft Beziehungen, bildet und entwickelt Fertigkeiten weiter und macht es dem Schauspieler möglich, fortwährend zu wachsen. *Viewpoints* und *Composition* ermöglichen es Schauspielern und ihren Mitstreitern, täglich zu trainieren, gemeinsam Dinge zu erfinden und zu gestalten und dafür Zeit und Raum als Werkzeuge zu nutzen. Diese tägliche Übung hält die künstlerischen Säfte am Fließen, sie schafft ein Ensemble, das wirklich zusammengehört, und sie ermöglicht dem Einzelnen wie der Gruppe, einen immer versierteren Umgang mit Theatersprache auszubilden.

Problem 3: Das Wort »wollen« und seine Auswirkungen auf Probenatmosphäre und Inszenierung

Das Wort »wollen« wird in unserem Arbeitsumfeld grundsätzlich zu oft und unbedacht gebraucht. Ist es richtig, davon auszugehen, dass die Aufgabe des Schauspielers darin besteht, zu tun, was der Regisseur »will«, und die Aufgabe des Regisseurs, vor allem zu wissen, was er will, und dies einzufordern?

Die Sprache, in der während der Proben kommuniziert wird, beeinflusst die Qualität der menschlichen Beziehungen sowie die Arbeitsatmosphäre. Das Wort »wollen« – stark überstrapaziert und missbraucht in amerikanischen Theaterproben – impliziert ein Richtig und ein Falsch. Es bringt die Künstler dazu, nach einer *einzigen* befriedigenden Möglichkeit zu streben, getrieben von dem Wunsch nach Anerkennung durch eine übergeordnete absolute Autorität.

Viele junge Regisseure glauben, ihre Aufgabe sei es, genau zu wissen und auf dem zu bestehen, was sie *wollen*. Was dazu führt, dass sie Dinge sagen wie: »Ich will sehen, dass…« oder »Ich will von dir, dass…« Schauspieler nehmen zu oft an, dass ihre Aufgabe zuallererst darin besteht, zu erfüllen, was der Regisseur *will*. Wie oft kann ein Schauspieler einen Regisseur fragen: »Ist es das, was du *willst*?«, bevor ihm endgültig abgesprochen wird, einen eigenen Beitrag zur Aufführung zu leisten? Warum nicht stattdessen fragen, was das *Stück* will? Schauspieler und Regisseur sind dann in einem gemeinsamen Bestreben verbunden. Der gewohnheitsmäßige und gedankenlose Gebrauch des Wortes »wollen« führt dazu, dass auf der Probe eine Eltern-Kind-Beziehung geschaffen wird. Diese Eltern-Kind-Beziehung hemmt Belastbarkeit, Sorgfalt und Reife im kreativen Prozess und verhindert wirkliche Zusammenarbeit.

Kann der künstlerische Prozess kollaborativ sein? Kann eine Gruppe willensstarker Persönlichkeiten *gemeinsam* fragen, was das Stück oder Projekt *will*, anstatt sich der hierarchischen Dominanz einer einzigen Person zu unterwerfen? Selbstverständlich benötigt ein Projekt Struktur und ein Gefühl für Richtung, aber kann der Regisseur nach Entdeckungen streben, statt lieber einen Abguss dessen zu inszenieren, was er im Voraus beschlossen hat? Können wir lang genug davon absehen, zu proklamieren, *was es ist*, um glaubwürdig zu fragen: *»Was ist es?«*

Die Erforschung eines Themas, die Entdeckung der Inszenierung und das Herausbilden der Sprache können zum Beispiel ein kollektiver Akt sein, in dem von allen Beteiligten Ideen vorgeschlagen und Korrekturen vorgenommen werden. *Viewpoints* und *Composition* bieten eine Möglichkeit, sich *gemeinsam* mit den Fragen zu befassen, die während der

Probe aufgekommen sind. Schauspielern, die sich von der Suche nach elterlicher Anerkennung befreit haben, wird die Verantwortung als Mitschöpfer der Aufführung übertragen. Mit *Viewpoints* und *Composition* werden die Karten neu gemischt, so dass jeder Teilnehmer einen zwingenden Grund dafür finden muss, um dabei zu sein, um sich am Prozess zu beteiligen und sein Miteigentum am Ergebnis geltend zu machen.

Was uns *Viewpoints* schenkt

Sich fallen lassen

Viewpoints entlastet von dem Druck, alles selbst erfinden, etwas ganz allein herstellen, interessant sein und Kreativität erzwingen zu müssen. *Viewpoints* ermöglicht uns, uns fallen zu lassen – in einen schöpferischen Freiraum zurückzufallen und darauf zu vertrauen, dass es dort, außerhalb unseres eigenen Egos oder der Vorstellungskraft, etwas gibt, das uns abholt. *Viewpoints* hilft uns, darauf zu vertrauen, Dinge auf der Bühne *geschehen zu lassen,* anstatt sie *zu erzwingen.* Die Inspiration für unser Handeln und unsere Einfälle kommen von anderen und von der physischen Welt um uns herum.

Möglichkeiten

Viewpoints hilft uns dabei, die Beschränkungen zu erkennen, die wir uns selbst und unserer Kunst auferlegen, weil wir es gewöhnt sind, uns ständig einer vermeintlich *absoluten Autorität* unterzuordnen: sei es der Text, der Regisseur oder der Lehrer. Es befreit uns davon, sagen zu müssen: »Meine Figur würde das nie tun.« In *Viewpoints* gibt es kein Gut oder Schlecht, kein Richtig oder Falsch – es gibt nur Möglichkeiten und dann, im weiteren Prozess, die *Auswahlmöglichkeiten.*

(Aus-)Wahl und Freiheit

Viewpoints führt zu mehr Bewusstheit, die zu einer größeren *Auswahl* führt, die zu mehr *Freiheit* führt. Wenn man sich erst einmal des ganzen Spektrums bewusst ist, braucht man nicht immer alles zu wählen, aber es steht einem frei, das zu tun, und man ist nicht länger an das Unbewusste gekettet. Die Handlungsmöglichkeiten werden größer. Man beginnt, mit größerer Vielfalt und handwerklichem Können zu arbeiten.

Wachstum

Viewpoints wird zum persönlichen Lakmustest, ein Maßstab für eigene Stärken und Schwächen, um die eigenen Muster und Gewohnheiten aufzuzeigen und wie frei oder gehemmt man ist. Und wieder ist es *Bewusstheit*, die uns diese Fähigkeit schenkt – die Möglichkeit, sich zu verändern und zu wachsen.

Ganzheit

Viewpoints weckt all unsere Sinne. Dadurch wird uns klar, wie sehr und wie oft wir in unseren Köpfen leben und nur mit unseren Augen sehen. Durch *Viewpoints* lernen wir, mit unserem gesamten Körper zu hören und mit einem sechsten Sinn zu sehen. Wir erhalten Informationen aus Ebenen, von denen wir nicht einmal wussten, dass sie existieren, und beginnen ebenso vielschichtig darauf zu antworten.

Kapitel 4

WIE ANFANGEN?

KÖRPERLICHE VORAUSSETZUNGEN

Für *Viewpoints* ist ein Holzschwingboden optimal. Beton- und Teppichböden sind nicht gut für die Knie und andere Gelenke. Achte darauf, dass der Boden sauber, ohne gefährliche scharfe Unebenheiten oder Risse ist. Entferne alle überflüssigen Möbel aus dem Raum oder Saal und finde, wenn möglich, einen separaten Platz zur Aufbewahrung der persönlichen Gegenstände der Teilnehmer. Auf Sauberkeit und Ordnung zu achten wird zu einem guten Arbeitsklima beitragen.

Die Teilnehmer sollten barfuß sein. Leichte Turnschuhe sind die zweitbeste Option, wenn es nicht möglich ist, barfuß zu arbeiten. Aber achte auf jeden Fall darauf, dass alle entweder barfuß oder mit Turnschuhen erscheinen. Wegen der Rutschgefahr sollten auf keinen Fall nur Socken getragen werden. Die Kleidung darf die Beweglichkeit nicht einschränken. Haare sollten nach hinten gebunden, Schmuck abgelegt werden.

Beginne pünktlich. Arbeitseinheiten pünktlich zu beginnen und zu beenden drückt gegenseitigen Respekt aus und stärkt einen Sinn für Ordnung, der paradoxerweise mehr Komplexität und Hingabe innerhalb der vorgegebenen Zeit ermöglicht.

Jeder übernimmt die Verantwortung für seine persönliche Sicherheit und die Sicherheit der Gruppe. Diese Verantwortung wird geteilt. Die Sicherheit darf nicht gefährdet sein: Es muss Sorge dafür getragen werden, dass niemand seinen Körper rücksichtslos oder leichtsinnig einsetzt, dass auf frühere Verletzungen Rücksicht genommen und keine neuen Verletzungen riskiert werden. Prellungen oder blaue Flecken sollten nicht das Ergebnis dieser Arbeit sein!

»Wovon man nicht sprechen kann, darauf muss man zeigen.«

Um die Grundkonzepte von *Viewpoints* vorzustellen, ist es notwendig, bestimmte Grundübungen zu absolvieren, die sehr schwierig zu beschreiben sind. Wir paraphrasieren hier ein berühmtes Zitat Wittgensteins: »Wovon man nicht sprechen kann, darauf muss man zeigen.« Die folgenden Übungen »zeigen auf« wichtige Prinzipien, die am besten verstanden werden, indem man sie tut, und nicht, indem man sie beschreibt. Ermutige die Teilnehmer, die Übungen zu genießen und jeden Augenblick ihr Bestes zu geben. Erkläre, dass die entscheidenden Fragen nur am Ende der Arbeitseinheit besprochen werden.

ÜBUNG 1: *RUNNING STRETCHES*

In der ersten Arbeitseinheit wird ziemlich viel gelaufen und gesprungen. Deshalb ist es ratsam, sich vorher aufzuwärmen und zu dehnen.

1. Einen Kreis bilden. Die Füße stehen in der Ausgangsposition schulterbreit auseinander, die Zehen leicht nach innen gedreht. Kopf und Arme locker vornüberhängen lassen. Mit jedem Ausatmen löst sich eine muskuläre Anspannung im Körper. Weiteres Atmen entspannt tiefer gelegene Bereiche und kleinere Muskeln. Viermal ausatmen.
2. Das rechte Bein zurücksetzen, beide Beine bleiben gestreckt, Fersen am Boden. Den Oberkörper über das linke Bein beugen und wieder viermal ausatmen.
3. Das rechte Knie beugen und ungefähr fünf Zentimeter über dem Boden halten, Muskeln des rechten Oberschenkels entspannen. Die linke Ferse bleibt am Boden, wieder viermal ausatmen. Sich der Umgebung bewusst sein, ohne Hast oder Eile. Die Ellbogen auf dem Boden ablegen, rechtes Knie dabei weiter über dem Boden, linke Ferse am Boden halten. Wieder atmen.

4. Wieder aufrichten. Die Ellbogen vom Boden lösen, dabei das rechte Knie jetzt ganz auf den Boden senken, mit der linken Hand den rechten Knöchel fassen, Brustkorb öffnen und den freien rechten Arm vorstrecken. Schultern entspannen. Atmen.
5. Zum Schluss die gleichen Übungen in umgekehrter Reihenfolge ausführen, in jeder Position viermal ausatmen, bis die Ausgangsposition wieder erreicht ist, mit schulterbreit auseinandergesetzten Füßen und vornüberhängendem Kopf. Dann die gleiche Abfolge mit der anderen Körperseite wiederholen, mit dem linken Bein beginnen.
6. Zum Schluss Wirbelsäule Wirbel für Wirbel nach oben aufrollen. Alle stehen noch immer im Kreis in gleichmäßigem Abstand. Im *Soft Focus* sollte jeder im Kreis für jeden sichtbar sein.

   (Anmerkung: *Soft Focus* wird in diesem Kapitel später ausführlicher erklärt. Kurz gesagt ist der *Soft Focus* ein körperlicher Zustand, in dem die Augen entspannt sind, so dass man, anstatt ein bestimmtes Objekt oder eine Person *anzuschauen*, visuelle Informationen einfach *zu einem kommen* lässt. Mit den Augen im *Soft Focus* dehnt jeder Einzelne besonders den peripheren Wahrnehmungsbereich aus. Wir unterrichten und arbeiten anfangs immer mit *Soft Focus*.)

ÜBUNG 2: SONNENGRUSS

Der Sonnengruß ist eine Yogaübung. In der traditionellen Yogapraxis ist der Fokus nach innen gerichtet. In unserem Training liegt der Fokus jedes Einzelnen auf der gesamten Gruppe. Es ist wichtig, zu lernen, den einvernehmlichen Impuls der Gruppe als Ganzes wahrzunehmen und die Bewegung im Einklang zu genießen. Niemand führt, und niemand folgt. Entscheidend ist es, Wachheit und eine gemeinschaftliche Präsenz aufzubauen, die von allen geteilt wird.

Der Sonnengruß wird zwölfmal hintereinander unisono ausgeführt. Langsam und ruhig beginnen, allmählich schneller werden. Nach jedem Sonnengruß atmet die Gruppe zusammen ein und aus, bevor sie den nächsten beginnt (bei den letzten drei Abfolgen keine Zwischenatmung mehr). Neben der gefahrlosen Durchführung der Übung ist hier die unsiono durchgeführte Bewegung am wichtigsten. Die gesamte Übung mit *Soft Focus* durchzuführen stärkt jeden Teilnehmer in seiner peripheren Wahrnehmung und lässt ihn mit dem gesamten Körper »hören«. Im *Viewpoints*-Training sind diese Fähigkeiten unentbehrlich.

1. Einen Kreis bilden, jeder Einzelne ist für alle anderen in der Gruppe sichtbar. *Soft Focus* beibehalten und sich der Position aller anderen bewusst sein. Die Füße stehen parallel, schulterbreit auseinander. Die Handflächen berühren sich vor der Brust.
2. Alle strecken gleichzeitig die Hände gerade nach oben. An dem Punkt, an dem die Handflächen nicht länger zusammengehalten werden können, trennen sich die Hände. Jeder im Kreis öffnet seine Hände im gleichen Augenblick. Arme ganz nach oben strecken. Oberkörper nach hinten beugen, dabei die untere Wirbelsäule nicht überdehnen.
3. Mit geradem Rücken und gestreckten Armen den Oberkörper nach vorn beugen, bis die Handflächen seitlich neben den Füßen den Boden berühren. Die Knie können in dieser Position gebeugt sein, alles gleichzeitig mit allen anderen im Kreis ausführen. *Soft Focus* und die Wahrnehmung des *ganzen* Vorgangs sind unabdingbar.
4. Hände am Boden, der Kopf ist vorgestreckt, ein Bein geht nach hinten, bis das Knie den Boden berührt. Die vordere Fußsohle bleibt flach am Boden. Alle lösen im gleichen Augenblick die Hände vom Boden und beugen den Oberkörper zurück, um den Brustkorb zu öffnen. Nach wenigen Sekunden die Handflächen wieder auf den Boden setzen.
5. Das vordere Bein neben das hintere bringen. Das Becken anheben und in Richtung Decke strecken, Fersen in den Boden drücken. Im Yoga heißt diese Stellung *nach unten schauender Hund.*
6. Die Knie zum Boden senken. Alle bewegen die Knie im gleichen Augenblick zum Boden und berühren ihn im gleichen Augenblick. Hände und Knie stützen sich auf dem Boden ab.
7. Den Oberkörper in einer fließenden Bewegung nach unten bewegen und ablegen, den Rücken nach oben drücken in die sogenannte *Kobra.* Der Kopf ist nach vorne gerichtet, die Hände stützen den Oberkörper.

8. Die letzten sechs Bewegungsabläufe (Schritte 2–7) werden in umgekehrter Reihenfolge durchgeführt. Mit den Armen Rumpf wieder nach oben drücken, Zehen auf dem Boden, in die Stellung *nach unten schauender Hund* kommen. Jetzt Bewegungsabfolge in umgekehrter Reihenfolge ausführen, bis alle wieder im Kreis stehen, mit den Händen vor der Brust.

Die Herausforderung bei all diesen Bewegungen ist, im Fluss zu bleiben, die einzelnen Positionen ohne Pause auszuführen und gleichzeitig zu versuchen, mit den anderen im Einklang zu bleiben. Sobald die Gruppe in der ursprünglichen Position ist (Handflächen vor der Brust usw.), sollten Abstände und Geschlossenheit des Kreises wieder hergestellt sein. Dann alle zusammen einmal ein- und ausatmen und die zweite Sonnengrußabfolge beginnen, dabei das Tempo etwas erhöhen.

Zur Erinnerung: Am Ende der ersten neun Abfolgen atmet die Gruppe einmal gemeinsam ein und aus. Bei den letzten drei Ausführungen erfolgt keine Zwischenatmung mehr.

Die Gruppe arbeitet während der zwölf Abfolgen gemeinsam an der Beschleunigung der Geschwindigkeit. Außer der Aufgabe, im Einklang zu bleiben und gemeinsam die Geschwindigkeit zu steigern, fördert diese Übung einen Sinn für persönliche Freiheit innerhalb einer vorgeschriebenen Form. Die Gruppe sollte langsam eine Feinfühligkeit den kleinen gemeinschaftlichen Energien gegenüber entwickeln, die durch den gemeinsamen körperlichen Einsatz freigesetzt werden.

Bei den letzten drei Sonnengrußabfolgen in einer immer schnelleren Geschwindigkeit zusammen im Einklang zu bleiben stellt eine große Herausforderung für die Gruppe dar. Es ist wichtig, dass der letzte Sonnengruß damit endet, dass sich jeder im gleichen Augenblick in der Endposition wiederfindet.

ÜBUNG 3: HOHE SPRÜNGE

Nach wie vor in einem Kreis, springt die Gruppe gleichzeitig aus dem Stand heraus so hoch wie möglich. Der Sprung wird nicht von einem Einzelnen eingeleitet, sondern erfolgt aus einer stummen Übereinkunft. Ziel ist es, gleichzeitig so hoch wie möglich zu springen, um im gleichen Augenblick so geräuschlos wie möglich zu landen. Auf der Höhe des Sprungs Füße unter das Gesäß hochziehen, um einen größtmöglichen Abstand zwischen Boden und Körper zu erreichen. Diese Übung so lange wiederholen, bis die Gruppe gemeinsam herausgefunden hat, wie sie die Aufgabe meistern kann.

ÜBUNG 4: FÜNF BILDER

Führe, während jetzt alle im Kreis auf der Stelle laufen (leichtes Joggingtempo), nacheinander eine Reihe von fünf Bildern (siehe Liste) ein. Die Teilnehmer sollten versuchen, sich jedes Bild so klar wie möglich vorzustellen und vollständig auf ihre Körperlichkeit zu übertragen, bis schließlich alle fünf Bilder gleichzeitig erlebt werden können.

1. Stell dir ein strahlendes goldenes Band um deinen Kopf vor, das dich sanft nach oben zieht.
2. Benutze *Soft Focus*.
3. Entspanne deine Arme und Schultern.
4. Stell dir vor, dass deine Beine muskulös und kräftig und deine nackten Füße daran gewöhnt sind, in der Erde zu arbeiten. Spüre das Sich-in-die-Erde-Eingraben.
5. Lege deine Hände auf dein Herz. Nimm deinen Herzschlag wahr. Breite deine Arme aus und stell dir vor, mit »offenem Herzen« zu arbeiten.

Wiederhole die Anweisungen, so dass alle fünf Bilder gleichzeitig präsent sind (das fünfte Bild kann jetzt ohne Berührung des Herzens und ausgebreiteten Armen entstehen).

Diese Übung soll daran erinnern, dass der Körper eine Linie bildet zwischen Himmel und Erde, eine Linie, die beide verbindet. Ermutige die Teilnehmer, zu diesen Bildern zurückzukehren, sobald sie erschöpft oder verwirrt sind.

ÜBUNG 5: SPRINTS ZUR MITTE

Einen sehr weiten Kreis mit Blick zur Mitte bilden und auf der Stelle zu laufen beginnen. Eine Person kann jederzeit zur Mitte des Kreises sprinten. In diesem Sekundenbruchteil des Losrennens müssen alle anderen ebenfalls gemeinsam zur Mitte laufen, und zwar so, dass jemand, der zuschaut, nicht sagen könnte, von wem der Impuls ausging. (Achtet darauf, euch nicht gegenseitig auf die Füße zu treten!) Wenn alle in der Mitte angekommen sind, laufen alle rückwärts zurück und stellen den großen Kreis in seinem ursprünglichen Umfang wieder her.

Nach einigen Wiederholungen dieser Übung wird jeder Teilnehmer unmittelbar erfahren, dass alles jederzeit passieren kann und – dass jeder vollkommen im Augenblick präsent sein muss, bereit, auf äußere Impulse zu reagieren.

Diese Übung so lange wiederholen, bis die Gruppe jeden einzelnen Augenblick erfolgreich miteinander korrespondiert.

ÜBUNG 6: ZWÖLF/SECHS/VIER

Diese Übung trainiert das Zuhören und unmittelbare Reagieren – des Einzelnen, wie auch der Gruppe.

Alle laufen im Kreis in dieselbe Richtung mit derselben Geschwindigkeit. Der Abstand zwischen den einzelnen Personen im Kreis sollte gleich sein und zum Vorder- und Hintermann konstant beibehalten werden. Mit *Soft Focus* nimmt jeder Teilnehmer gleichzeitig die Person hinter ihm und die Person vor ihm *als auch die gesamte Gruppe* wahr.

Führe die folgenden drei Optionen ein:

1. Ohne dass ein Einzelner die Bewegung initiiert, findet die Gruppe einen Weg, gleichzeitig die *Laufrichtung zu wechseln*. Zur Richtungsänderung sollten sich alle über das Kreisinnere drehen. Es ist wichtig, dass sich das Tempo nicht verlangsamt, um den Richtungswechsel einfacher zu machen. Die Drehung sollte abrupt und präzise sein. Die Gruppe sollte, im allseitigen Einvernehmen, gemeinsam handeln.
2. Während alle im Kreis laufen, initiiert ein Einzelner einen *Sprung* in die Höhe. Wer immer dies als Erster tut, sollte sehr hoch springen, damit der Rest der Gruppe die Möglichkeit hat mitzuspringen. In dem Moment, in dem die Person hochspringt, springen alle, danach landen alle im gleichen Augenblick wieder zusammen auf dem Boden. Für einen kurzen Moment bleiben alle zusammengekauert hocken, bis die Gruppe im allseitigen Einvernehmen weiterläuft – und zwar in die *entgegengesetzte Richtung*.
3. Ein Einzelner aus der Gruppe initiiert auch die dritte Option, einen plötzlichen *Stopp*, während die Gruppe im Kreis läuft. In dem Moment, in dem diese Person stehenbleibt, bleiben alle stehen. Das Stehenbleiben sollte unverzüglich, synergetisch und beglückend sein. Im Stillstand sucht die Gruppe nach dem Moment, in dem der Lauf in *dieselbe Richtung* wie zuvor gemeinsam fortgesetzt wird.

Nach Einführung dieser drei Optionen bekommt die Gruppe die Aufgabe, *zwölf* Richtungswechsel, *sechs* Sprünge und *vier* Stopps in beliebiger Reihenfolge durchzuführen. Zur Erinnerung: Die Richtungswechsel werden nicht von einer einzelnen Person initiiert, sondern ergeben sich aus einem Gruppenkonsens; die Sprünge und Stopps werden von einem Einzelnen initiiert. Ein Außenstehender sollte mitzählen. Am besten zählt er rückwärts und ruft gelegentlich zum Beispiel: »Noch sechs Richtungswechsel, zwei Sprünge, drei Stopps.«

Beim Beobachten dieser Übung lernt man fast ebenso viel wie bei ihrer Ausführung. Wenn es genügend Teilnehmer gibt, sollten sie in zwei oder drei kleinere Gruppen aufgeteilt werden, so dass jeder sowohl zusehen als auch mitmachen kann.

Diese Übung veranschaulicht die Notwendigkeit, in jedem Augenblick mit dem ganzen Körper zu *hören*. Oft nehmen wir an, wir würden einander zuhören, aber die Zwölf/Sechs/Vier-Übung offenbart, wie anspruchsvoll diese Aufgabe eigentlich ist und wie isoliert voneinander wir normalerweise auf der Bühne agieren.

ÜBUNG 7: DIE VERFOLGUNGSJAGD

Sobald die Gruppe die Zwölf/Sechs/Vier-Übung beendet hat, bleibt sie still im Kreis stehen, alle Teilnehmer haben den gleichen Abstand voneinander. Bestimme die Richtung, in die die Gruppe laufen wird, und bitte dann jeden, sich einen zwingenden Grund vorzustellen, warum er unbedingt den Rücken der Person vor ihm berühren möchte. Dann sollte jeder einen ebenso zwingenden Grund finden, warum man nicht von hinten am Rücken berührt werden möchte. Bitte dann alle Teilnehmer, die Dringlichkeit ihres Verlangens zu steigern, die Person vor ihm zu berühren, aber selbst nicht von hinten berührt zu werden. Jeder sollte sich in einem Zustand des *Feedforward* befinden, in dem die Aufmerksamkeit nach außen gerichtet ist, in Erwartung dessen, was gleich passieren wird, und bereit, auf das folgende Kommando loszulaufen (siehe *Feedforward und Feedback* am Ende des Kapitels). Auf das Kommando »Los!« versuchen alle Beteiligten, den Rücken der Person vor ihnen zu berühren und gleichzeitig selbst nicht von hinten berührt zu werden, ohne den Kreis zu verkleinern und ohne einen Ton von sich zu geben. Wenn es jemandem gelingt, den Rücken einer Person zu berühren, dann sollte er versuchen, sanften Kontakt zu halten.

Diese Übung sollte nach jedem »Los!« nicht länger als zehn Sekunden dauern. Nach dem ersten Versuch wechselt die Gruppe die Richtung, jetzt verfolgt jeder die Person, die ihn zuvor verfolgt hat.

Diese Übung kultiviert den Appetit auf den Nervenkitzel, den die Fiktion einer Verfolgungsjagd bereitet. Und sie hilft – mehr als jede theoretische Übung –, in einer Gruppenbewegung alle zu vollem Körpereinsatz anzutreiben.

ÜBUNG 8: PERIPHERES SEHEN

Bitte die Gruppe nach den Übungen 5 bis 7, in denen sich alle körperlich verausgaben, frei durch den Raum zu gehen und mit *Präsenz* zu experimentieren. *Präsenz* hängt mit dem momentanen persönlichen *Interesse* zusammen; Interesse ist etwas, das nicht vorgetäuscht oder behauptet werden kann. Jeder sollte *Soft Focus* anwenden, um eine Bewusstheit zu entwickeln, die die Gruppe und den ganzen Raum gleichzeitig wahrnimmt. Die Teilnehmer gehen während der gesamten Übung umher. Erinnere sie beim Gehen an die sensorischen Bilder aus Übung 4: das Gefühl, von einem goldenen Band nach oben gezogen zu werden, lockere Schultern und Arme, *Soft Focus*, kräftige Beine und Füße, »offenes Herz«. Dies wird hilfreich sein.

Als Nächstes wählt jeder Teilnehmer eine Person aus der Gruppe aus, um sie zu beobachten, ohne dass diese Person merkt, dass sie beobachtet wird. Benutze dafür *Soft Focus*! Sieh die ausgewählte Person nicht direkt an, sondern nimm sie in der Peripherie deines Gesichtsfeldes wahr. Lass die ausgewählte Person zu keinem Zeitpunkt aus deinem Gesichtsfeld verschwinden.

Lass die Informationen über die ausgewählte Person *zu dir kommen*. Die gewohnte Art, an Informationen zu gelangen, kehrst du um. Statt selbst nach Informationen zu greifen, lasse die Information zu dir kommen. Mit *Soft Focus* registrierst du die Kleider- und Hautfarbe der Person, ihre einzigartige Gestalt, den Rhythmus ihrer Bewegung usw. Nimm den Moment wahr, in dem du das Interesse verlierst, den Moment, in dem du aufhörst, neue Informationen einströmen zu lassen. Versuche, immer präsent und interessiert zu bleiben an den Informationen, den Neuigkeiten, die du über diese Person erhältst.

Nach etwa einer Minute dieser *Soft Focus*-Beobachtung sollen alle die Person, die sie beobachtet haben, aus ihrem Gesichtsfeld »entlassen«. Jeder Teilnehmer soll eine neue Person wählen und sie wieder auf dieselbe Weise beobachten: unangestrengt, *weich*, unbemerkt. Diesmal mit der Aufgabe, die Unterschiede auszumachen und zu spüren. Die Informationen oder *Neuigkeiten* über die Andersartigkeit dieser Person sollen aufgenommen werden. Die Farben sind anders, der Körper ist anders und die Geschwindigkeit ist anders.

Bitte alle, nach einer weiteren Minute, eine zweite Person ihrem peripheren Gesichtsfeld hinzuzufügen, ohne die erste, die bereits beobachtet wird, aus den Augen zu verlieren. Keine der beiden beobachteten Personen sollte je das Gesichtsfeld verlassen. Jetzt, mit doppelt so vielen *Neuigkeiten* bzw. Informationen, die es zu erfahren und zu fühlen gibt, bitte die Teilnehmer, darauf zu achten, die zwei Personen in ihren Köpfen nicht miteinander zu vermischen, sondern die bestehenden Unterschiede der zwei Personen anzuerkennen und wirken zu lassen. Füge nach einer Weile eine dritte Person deinem peripheren Gesichtsfeld hinzu, so dass jetzt drei in deinem Blickfeld sind. Alle drei sollen individuell unterscheidbar bleiben. Füge nach einer Weile eine vierte Person dazu. Diese vier sollten immer in deinem Blickfeld bleiben. Wenn möglich, füge eine fünfte hinzu. Am Ende entlasse alle fünf wieder aus deinem Blickfeld. Bitte die Teilnehmer, jetzt einfach wieder durch den Raum zu gehen, mit *Präsenz* und *Interesse.*

Bitte abschließend alle, sich eine neue Person auszusuchen, um sie mit *Soft Focus* zu beobachten. Dann soll jeder auf diese Person zugehen und so nah wie nur möglich bei ihr stehen bleiben. Es kommt häufig vor, dass sich die Gruppe auf diese Weise in zwei oder drei kleinere Gruppen aufteilt. Wenn alle Beteiligten stillstehen, bitte sie, die Augen zu schließen. Erinnere die Gruppe daran, dass es neben dem Sehen noch viele andere Möglichkeiten gibt, Informationen aufzunehmen. Durch Berührung, zum Beispiel, durch Klang und Geruch, die Empfindung von Hitze oder Kälte. Informationen sickern an vielen Stellen in den Körper ein. Bitte alle, einen Teil ihres Wahrnehmungsapparats ausfindig zu machen, der nicht begierig darauf ist, präsent und aufnahmebereit zu sein. Vielleicht ist beispielsweise ein Fuß verkrampft oder eine Schulter verspannt. Bitte sie darum, diesen Teil ihres Körpers in die momentane Sinnesempfindung einzubeziehen. Bitte sie darum, sich zu erlauben, Informationen – *Neuigkeiten* – mit allen Sinnen aufzunehmen. Bitte sie nach ein oder zwei Minuten darum, ihre Augen zu öffnen, ohne dass die visuelle Wahrnehmung die anderen Sinneswahrnehmungen dominiert. Lass die Teilnehmer sich voneinander wegbewegen, wobei sie ihre Offenheit und erhöhte sensorische Aufnahmefähigkeit beibehalten.

An dieser Stelle möchten wir auf wesentliche Aspekte hinweisen, die das Training und diese acht Übungen bereits angesprochen haben.

Soft Focus

Soft Focus ist der körperliche Zustand, in dem wir den Augen gestatten, sich so zu entspannen, dass sie nun, anstatt nur ein oder zwei Dinge scharf zu sehen, vieles wahrnehmen können. Indem wir die Augen als dominierende und hauptsächliche Informationsbeschaffer entlasten, beginnt der ganze Körper zu hören und Informationen auf neue und sensiblere Weise zu sammeln.

In einer Kultur, die von Waren, Konsum und der Verherrlichung des Individuums bestimmt wird, lernen wir, das, was wir haben wollen, ins Visier zu nehmen und dann einen Weg zu finden, es zu bekommen. Die Art, wie wir unsere Augen im täglichen Leben nutzen, bringt es mit sich, nur nach dem Ausschau zu halten, was unsere jeweiligen Bedürfnisse befriedigen könnte. Wenn wir hungrig sind, sehen wir zum Beispiel nur Bäckereien. Wir spazieren an Geschäften und Restaurants vorbei und sehen uns hauptsächlich das an, was wir kaufen oder haben wollen. Wie ein Jäger, der hinter seiner Beute her ist, ist unser Sichtfeld beschränkt auf eine Reihe im Voraus festgelegter Möglichkeiten.

Im *Viewpoints*-Training werden die Teilnehmer aufgefordert, ihre Umgebung und andere Menschen *ohne* Bedürfnis und Verlangen zu betrachten. Übung 8 kehrt unsere anerzogenen, in unserer Kultur üblichen Wahrnehmungs- und Sehgewohnheiten um. Die Übung erlaubt einem, im *Soft Focus* die Welt in uns einströmen zu lassen, wodurch sich eine ganzheitliche Wahrnehmung entwickeln kann. Diese Übung verlangt von uns, nicht *auf das, was wir wollen* zuzusteuern – wie bei der Jagd nach Beute –, sondern die gewohnte Richtung unserer Aufmerksamkeit umzukehren und Informationen *zu uns kommen* zu lassen, damit sie in unser Bewusstsein eindringen können. Wenn die Augen, die in der Regel die Sinne dominieren, entspannt sind, werden die anderen Sinne gleichwertig.

»Wenn du nicht erkennen kannst, was gerade geschieht, dann strenge dich nicht an, genauer hinzusehen. Entspanne dich und schaue behutsam mit deinem inneren Auge.«
Lao-tse

Die Entwicklung eines Künstlers hängt mit seiner Fähigkeit zusammen, Unterschiede wahrnehmen zu können. Als Kinder teilen wir die Welt sehr schnell in grobe Kategorien ein: Häuser, Menschen, Straßen. Die Welt einzuordnen macht sie zu einem sichereren Ort, denn dadurch zähmen wir die ungezähmte Welt um uns. Einmal eingeordnet, sind die Dinge weniger bedrohlich für uns und können leicht bewertet und sicher in einer Schublade abgelegt werden. Die Entwicklungfähigkeit eines Künstlers zeigt sich auch darin, wie gut er dazu in der Lage ist, die ungezähmte Welt wahrzunehmen und die Unterschiede zwischen einzelnen Menschen und zwischen Straßen und Häusern zu spüren und zuzulassen. Die Fähigkeit zur Differenzierung zu jedem Zeitpunkt ist die grundlegende und entscheidende Fertigkeit eines Schauspielers.

Anders zuhören *(Extraordinary listening)*

Um im Theater, einem Bereich, der eine intensive Zusammenarbeit erfordert, effektiv arbeiten zu können, ist die Fähigkeit *zuzuhören* von entscheidender Bedeutung. Allerding ist Zuhören, *wirkliches* Zuhören äußerst schwierig. Durch das *Viewpoints*-Training lernen wir, mit dem ganzen Körper, mit all unseren Sinnen zu hören. Bevor wir nicht wirklich erlebt haben, was es heißt, mit dem ganzen Körper zu hören, ist uns nicht bewusst, wie selten das in Wirklichkeit passiert.

Bitte die Teilnehmer, sich an die konkrete Sinnesempfindung in dem Augenblick zu erinnern, als die Gruppe bei der Zwölf/Sechs/Vier-Übung im Kreis lief, und im gemeinsamen Einvernehmen die Richtung wechselte. Weise darauf hin, dass diese gesteigerte Wachsamkeit, Schnelligkeit, Einsatzbereitschaft und Offenheit füreinander und der Sinn dafür, dass jederzeit etwas geschehen kann, in jedem Augenblick von *Viewpoints* notwendig sind. Meistens *glauben* wir nur, dass wir zuhören, während wir in Wahrheit mit den Gedanken woanders sind. Zuhören bedarf des gesamten Körpers, um mit der sich ununterbrochen verändernden Welt in Beziehung zu treten. Im *Viewpoints*-Training lernen wir, mit dem ganzen Körper zu hören.

Wenn wir im *Viewpoints*-Training wie auf der Probe immer nach einem bestimmten, vorher festgelegten Ergebnis suchen, nehmen wir viele Dinge, die außerhalb dieser Parameter stattfinden, gar nicht zur Kenntnis. *Extraordinary listening* bedeutet, mit dem ganzen Körper zu hören, ohne eine Vorstellung vom Ergebnis zu haben. Wenn etwas im Raum geschieht, kann sich jeder Anwesende unter Umgehung des Frontallappens des Gehirns mit Instinkt und Intuition unmittelbar dazu verhalten.

Kontinuierliche Wahrnehmung der anderen in Zeit und Raum

Bei einem Großteil dieser frühen Übungen geht es um den Zusammenhalt aller in Zeit und Raum. Während alle im Kreis laufen, soll der Versuch unternommen werden, immer den gleichen Abstand zwischen den Leuten zu halten: ein Beispiel für räumlichen Zusammenhalt. Wenn jemand springt, versuchen alle gleichzeitig zu landen: ein Beispiel für zeitlichen Zusammenhalt. Bei diesen Übungen lernt man, ein intensives Bewusstsein dafür zu entwickeln, was andere Menschen gerade tun und wo und wann sie es tun. Viele dieser frühen Übungen werden einvernehmlich durchgeführt. Dieses einvernehmliche Arbeiten ist das ABC des *Viewpoints*-Trainings. Wenn du einmal in der Lage bist, dich wirklich im Einklang mit anderen zu bewegen, kannst du damit beginnen, mit den fortgeschrittenen Konzepten Kontrapunkt, Nebeneinanderstellung und Kontrast zu arbeiten.

Feedforward und Feedback

In diesen vorbereitenden Einheiten wurden zwei Erfahrungs- und Energiepole eingeführt, die präzisiert und für die der Sinn geschärft werden muss: *Feedforward* (Vorkopplung) und *Feedback* (Rückkopplung). *Feedforward* ist eine nach außen gerichtete Energie, die die Notwendigkeit zum Handeln voraussieht. So verlangt Volleyballspielen zum Beispiel einen hohen Grad von *Feedforward*, wenn der Ball im Spielfeld mit Höchstgeschwindigkeit hin- und herfliegt.

Feedback sind Informationen und Empfindungen, die als Reaktion auf eine Aktion oder ein Ereignis wahrgenommen werden. Während bei einer Sportveranstaltung in erster Linie die Energie des *Feedforward* die Zuschauer fesselt, werden wir im Theater gleichermaßen von der Energie des *Feedback* in Bann gezogen. Als Zuschauer einer Sportveranstaltung sind wir meistens in gespannter Erwartung der nächsten Aktion. Als Zuschauer im Theater sind wir nicht nur von dieser Art Spannung gefesselt, sondern zusätzlich – und noch machtvoller – ergreifen uns die Vorgänge, weil wir Empathie mit den Erfahrungen, die der Schauspieler macht, empfinden. Indem wir uns mit diesen Erfahrungen identifizieren, wird das Theater zum Ort *zweier* Schauspiele von unmittelbarer Lebendigkeit: dem Drama des Mitgefühls für das, was geschehen *ist*, und dem Drama der Erwartung dessen, was als Nächstes geschehen *wird*.

Kapitel 5

EINFÜHRUNG DER EINZELNEN *VIEWPOINTS*

Die einzelnen *Viewpoints* sollten getrennt voneinander eingeführt werden, damit die Teilnehmer ihre überwiegende, wenn nicht ihre gesamte Aufmerksamkeit auf den ausdrücklich genannten *Viewpoint* richten können.

Es gibt Überschneidungen und Berührungspunkte zwischen den einzelnen *Viewpoints*. Eine besonders aufgeschlossene Gruppe wird häufig vorgreifen oder etwas hinzufügen, noch bevor der nächste *Viewpoint* eingeführt ist. Dies geschieht ganz natürlich, weil wir *Viewpoints* bereits in uns tragen. Den Prozess zu verlangsamen und die Gruppe während der Anfangsphase zu zwingen, die Konzentration bewusst aufrechtzuerhalten, schafft später eine größere Bandbreite und Finesse. Wenn zu viele *Viewpoints* zu schnell aneinandergereiht werden, kann kein einziger jemals mit genügend Tiefe untersucht werden.

Da jeder *Viewpoint* einzeln eingeführt wird, sammeln sich Informationen an. Zuerst arbeiten wir isoliert an der Wahrnehmung eines speziellen *Viewpoints* und fügen dann einen weiteren hinzu. Jeder *Viewpoint* wird der Reihe nach auf seine eigenen Bedingungen hin untersucht und dann zu dem, was bereits erforscht wurde, hinzugefügt.

Die einzelnen *Viewpoints* zu erlernen, ist wie jonglieren lernen. Zuerst ist nur ein einziger Ball in der Luft, dann kommt ein zweiter dazu, dann ein dritter, ein vierter und so weiter. Wie viele Bälle kann man in der Luft halten, bevor sie herunterfallen? Achte bei der Einführung der *Viewpoints* darauf, wann die ersten Bälle zu fallen beginnen. Du wirst feststellen, dass es manchmal nötig ist, einen *Viewpoint* länger zu behandeln, bevor die Gruppe mit einem zusätzlichen arbeiten kann, ohne den ersten komplett aus den Augen zu verlieren.

Gleichzeitig ist es am wirksamsten, die meisten, wenn nicht alle, in einer einzigen Einheit einzuführen. Statt sich an irgendeinem *Viewpoint* festzubeißen, lasse zu, dass die erste Arbeitseinheit chaotisch, verwirrend, aufregend und überfordernd ist. Kehre in den ersten paar Arbeitseinheiten zu den Grundlagen der einzelnen *Viewpoints* zurück, nachdem die Gruppe einen Gesamteindruck über die Funktionsweise von *Viewpoints* gewonnen hat.

TEMPO

Tempo ist ein guter *Viewpoint*, um mit der Einführung der einzelnen *Viewpoints* zu beginnen.

Bei der Arbeit mit *Tempo* steht nicht im Vordergrund, *was* ausgeführt wird, sondern *wie schnell* oder *langsam* etwas ausgeführt wird: es geht um das Bewusstsein für *Geschwindigkeit*. Um gesondert mit *Tempo* zu arbeiten, kannst du fast jede Bewegung wählen (einen Arm ausstrecken, jemandem zuwinken, den Kopf drehen usw.) und damit in verschiedenen Geschwindigkeiten experimentieren.

ÜBUNG 1: *TEMPO*, DIE GRUNDLAGEN

1. Wähle eine Aktion mit einem klaren Anfang und Ende.
2. Führe sie mehrere Male durch, damit die Aktion präzise und wiederholbar wird.
3. Führe die Aktion in einem mittleren Tempo durch.
4. Führe sie schnell durch.
5. Führe sie langsam durch.

Nimm dabei wahr, wie das Verändern der Geschwindigkeit die Bedeutung der physischen Aktion verändert. Zum Beispiel sitze ich an einem Tisch und strecke meine Hand etwa einen halben Meter über den Tisch aus. (Die meisten zunächst gedanken- und zusammenhangslos ausgeführten Aktionen verlaufen in einem *mittleren* Tempo. Also sagen wir, das ist das Tempo, in dem ich meine Hand ausstrecke.) Dann führe ich die gleiche Bewegung *schnell* aus. Danach *langsam*. Welche Verben werden impliziert, wenn die gleiche Aktion in unterschiedlichen Geschwindigkeiten ausgeführt wird? Die *mittlere* Geschwindigkeit impliziert vielleicht »berühren« oder »holen«, die *schnelle* Bewegung vielleicht »zupacken« oder »schützen« und die *langsame* »verführen« oder »anschleichen«. Das *schnelle* Tempo vermittelt womöglich auch ein Gefühl der Dringlichkeit, das *langsame*, ängstlich zu sein, und beim *mittleren* spüre ich ... tja, überhaupt nichts. Das ist eines der Geschenke, die uns *Viewpoints* macht: Egal, mit welchem *Viewpoint* wir arbeiten, besonders in seinen Extremen eröffnen wir Möglichkeiten, etwas geschehen zu lassen.

Wie alle *Viewpoints* kann *Tempo* sowohl um seiner selbst willen durchgeführt werden (um das Bewusstsein zu schärfen und die Bandbreite an Geschwindigkeiten zu erweitern) oder auch als Werkzeug zur Steigerung der Ausdruckskraft oder um aus dem Stand in eine Szene oder eine Situation zu springen. Es ist wie beim Hanteltraining im Fitnessstudio: Möglicherweise erhöht man das Gewicht einfach um der Sache selbst willen, oder man könnte das Gewicht erhöhen, damit man schwerere Gegenstände zu Hause oder bei der Arbeit heben kann. Ein Schauspieler kann üben, in immer höheren Geschwindigkeiten zu agieren, so dass ihm dieses hohe Tempo schließlich auch auf der Bühne selbstverständlicher und mit größerem Bewusstsein zur Verfügung steht.

ÜBUNG 2: TEMPOWECHSEL

Diese Übung hilft, ein größeres Bewusstsein für *extreme* Geschwindigkeiten zu entwickeln, in denen man sich üblicherweise nicht bewegt. Sie wird die Bandbreite vergrößern und die individuelle Fähigkeit ausbilden, jederzeit radikale und überraschende Tempowechsel vornehmen zu können.

1. Die Gruppe soll einen Kreis bilden (das ist *Topography*, ein *Viewpoint of Space*). Jeder sollte eine Armlänge Abstand von der Person neben sich halten (dies ist *Spatial Relationship*, ein anderer *Viewpoint*

of Space). Achte darauf, dass sich die Gruppe im *Soft Focus* befindet. Zur Förderung der Konzentration macht man vielleicht gemeinsam einige einfache Bewegungsübungen (zusammen einen Arm heben, zurücklehnen usw.).

2. Die Gruppe soll sanft von einem Fuß auf den anderen treten. Jetzt kannst du, vorausgesetzt, dass ein gemeinsames Warm-up absolviert wurde, allen erlauben, sich ganz auf den eigenen Körper und das eigene Geschwindigkeitsempfinden zu konzentrieren. Jeder soll sein Gewicht im eigenen Tempo von einem Fuß auf den anderen verlagern.
3. Richte deine Aufmerksamkeit auf die *Viewpoints Shape* und *Tempo* und beginne allmählich, beide(s) zu steigern: Zuerst ein Knie anziehen, dann das ganze Bein anheben, so dass eine Laufbewegung entsteht, dann von Fuß zu Fuß, von Bein zu Bein wechseln, immer schneller, bis du dich in einem schönen, angenehmen *mittleren* Tempo befindest und auf der Stelle joggst. *Soft Focus* aufrechterhalten. Weiteratmen. Registriere im *Soft Focus* genau, wo du dich im Raum befindest, wo auf dem Boden und in welchem Verhältnis zu den Personen um dich herum: Orte dich! Beim Auf-der-Stelle-Laufen wird die Gruppe dazu tendieren, sich zur Mitte des Kreises zu bewegen und ihn enger zu schließen. Wenn man im *Soft Focus* bleibt und sich feste Orientierungspunkte im Raum sucht, fällt es leichter, an Ort und Stelle zu bleiben. Bezeichne diese Geschwindigkeit als dein *mittleres* Tempo. Ein Tempo, in dem du dich wohlfühlst, das *in der Mitte* liegt. Erinnere dich daran, während du beobachtest, wie es sich für dich anfühlt, wie du dabei atmest, was du siehst. Du wirst später darauf zurückkommen.

   Anmerkung: Sehr oft werden dich, wenn du mit *Soft Focus* zu arbeiten beginnst und das Wort an die Gruppe richtest, einige Personen anschauen – die Anziehungskraft von Sprache ist mächtig. Erinnere die Gruppe oder einzelne Personen so oft wie nötig an *Soft Focus*.
4. Erkläre der Gruppe, dass du nun niedrigere und höhere Geschwindigkeiten zum *mittleren* Tempo hinzufügen wirst, um Schritt für Schritt die Grenzen an beiden Enden des Spektrums zu verschieben. Wenn du in die Hände klatschst, soll die Gruppe in ein *langsam* genanntes Tempo wechseln. Wenn du erneut klatschst, sollen sie zu *mittel* zu-

rückkehren. Mit dem nächsten Klatschen kommt ein *schnelles* Tempo hinzu. Wenn du wieder klatschst: zum *mittleren* Tempo zurückkehren. *Soft Focus*, atmen, Kreis und Abstände aufrechterhalten.

5. Füge jetzt zwei weitere Geschwindigkeiten zum *langsamen* Bereich des Spektrums hinzu. Nenne sie *sehr langsam* und *so langsam, dass man es gerade noch eine Bewegung nennen kann*. Wechsle mit jedem Klatschen unvermittelt in verschiedene Tempi, variiere bei der Abfolge und Zeitdauer (*Duration*, ein zeitlicher *Viewpoint of Time*). Füge dann noch zwei Geschwindigkeiten zum *schnellen* Bereich des Spektrums hinzu: *sehr schnell* und *Höchstgeschwindigkeit. Höchstgeschwindigkeit* sollte den Leuten abverlangen, so schnell – aber so leicht – auf der Stelle zu laufen, wie es ihnen möglich ist.

   Wenn du mit *schnellen* Geschwindigkeiten arbeitest, muss man einen inneren Ausgleich schaffen, indem du ein inneres Gefühl von Stille, Ruhe und *Langsamkeit* aufrechterhältst. Vergleichbar ist das mit dem Prinzip von kontrollieren und nachgeben in Kampfchoreographien. Jede Aktion beinhaltet auch *ihr Gegenteil*. Beim Rennen bist du *äußerlich schnell* und *innerlich langsam*. Dann wechsle zu *äußerlich langsam* und *innerlich schnell*. Wenn du das Tempo verringerst, verringere nicht den Energieeinsatz.

ÜBUNG 3: *TEMPO* AUF EINEM RASTER

1. Die Gruppe läuft in einem *mittleren* Tempo. Auf ein Händeklatschen hin drehen sich alle nach rechts und laufen im Kreis. Sie bewegen sich jetzt *durch* den Raum statt auf der Stelle. Dabei sollen gleichmäßige Abstände zwischen den Körpern beibehalten werden. Sei dir mit *Soft Focus* der gesamten Gruppe, des gesamten Kreises bewusst und werde dir bewusst, dass der Kreis eine Topographie darstellt.
2. Mit dem nächsten Händeklatschen verlässt die Gruppe den Kreis, um sich auf einer neuen Topographie zu bewegen – einem *Raster*. Stell dir lauter gerade Linien vor, die sich in 90-Grad-Winkeln auf dem Boden kreuzen, wie auf einem riesigen Blatt kariertem Millimeterpapier. Die

Linien verlaufen parallel zu den Wänden, ohne Kurven und Diagonalen. Nach dem nächsten Händeklatschen bewegt sich die Gruppe nun überall entlang der Linien dieses imaginären Rasters auf dem Boden. Die Mitwirkenden müssen nicht in einer Gruppe bleiben; jeder ist frei, das Raster in jede Richtung zu erkunden.

3. Konzentriere dich auf das Tempo: Wie schnell bewegst du dich? Arbeite weiterhin mit Raster und *Soft Focus,* führe willkürlich *Tempowechsel* ein. Jeder arbeitet jetzt für sich. Jeder bewegt sich nach eigenem Belieben und folgt einfach den Linien des Rasters in unterschiedlichen Geschwindigkeiten. Achte darauf, ob es Geschwindigkeiten gibt, die du meidest oder denen du dich widersetzt! Wenn ja, füge sie dazu! Bewege dich auch in *Höchstgeschwindigkeit* und *so langsam, dass man es gerade noch eine Bewegung nennen kann.* Registriere, wenn du anfängst, dich zu langweilen. Was musst du tun, um dich selbst zu überraschen? Während du weiter mit Tempowechseln auf dem Raster arbeitest, solltest du jetzt die Aufmerksamkeit auf einen weiteren *Viewpoint* lenken: *Duration.*

DURATION (DAUER)

Tempo verlangt, dass du dir bewusst wirst, *wie schnell* du eine Bewegung machst. *Duration* verlangt, darauf zu achten, *wie lange* du diese Bewegung und/oder dieses Tempo durchführst. Wenn du deine Hand in *sehr langsamem* Tempo ausstreckst, kannst du entscheiden, drei oder zehn Sekunden darin zu verharren. Aber wie folgst du einer Regieanweisung, die eine Pause vorgibt, wie willst du wissen, wann du die nächste Zeile sprechen oder ob du noch drei Sekunden schweigen sollst? Mit *Duration* zu arbeiten verbessert die Fähigkeit des Schauspielers, wahrzunehmen, wann *lang* lang genug ist, um etwas auf der Bühne zu bewirken, und, umgekehrt, wann *lang* zu lange ist und das Ereignis abzusterben beginnt.

Bei der Einführung von *Duration* ist es hilfreich, eine Bewegung zu wählen, die gleich bleibt (in diesem Fall, das Gehen auf einem Raster), in Verbindung mit Tempowechseln, so dass sich niemand darauf konzentrieren muss, *was* er tut, sondern nur, *wie lange.*

ÜBUNG 4: *DURATION* UND *TEMPO* AUF DEM RASTER

Jetzt, da die Gruppe auf dem Raster mit Tempowechseln gearbeitet hat, bitte die Teilnehmer, sich auftretender Muster bewusst zu werden. Nicht nur im Bezug auf die Geschwindigkeiten, die sie bevorzugen oder meiden, sondern auch darauf, wie oft sie das Tempo wechseln. Weise die Gruppe darauf hin, dass fast jeder von ihnen das Tempo wahrscheinlich regelmäßig, rhythmisch und in kurzen Abständen wechselt – ein verbreitetes Muster, wenn man zur Arbeit mit *Duration* kommt.

Wie bei jedem einzelnen *Viewpoint* neigen wir auch bei *Duration* dazu, uns in einem *mittleren* Bereich, einer Grauzone aufzuhalten, in der alles eine angenehme, durchschnittliche, scheinbar in sich stimmige Dauer hat. Wir neigen dazu, vor Dingen zurückzuschrecken, die *sehr lang* dauern oder *sehr kurz*, d. h. sich sehr schnell verändern.

Mit diesen Gedanken im Hinterkopf soll auf dem Raster gearbeitet und mit den Tempowechseln fortgefahren werden, wobei jetzt aber neunzig Prozent deiner Aufmerksamkeit auf *Duration* gerichtet sind. Bleibe länger – oder kürzer – als es dir angenehm ist, bei einem Tempo. Wenn du dich jetzt auf dem Raster bewegst, experimentiert du nicht nur, wie schnell du dich bewegst, sondern auch damit, wie lange du ein Tempo beibehältst.

Achte darauf, dass mit der Zeit eine Art Morsecode entsteht – mit längeren Strichen und kürzeren Punkten. Sei neugierig. Überrasche dich selbst. Bedeutung entsteht mit der Zeit durch die Art und Weise, wie unterschiedliche Zeitspannen miteinander kombiniert werden: Laaaaaaaaaaaang-kurz-kurz-kurz! Mittel-mittel-mittel-mittel-kurz-mittel.

Weiterführende Übungen zu *Duration:*

1. Füge zu den Wechseln von *Tempo* und *Duration* noch *Richtungswechsel* auf dem Raster hinzu. Die Teilnehmer bewegen sich jetzt vorwärts, rückwärts und seitwärts.
2. Füge *Wechsel der Ebene* hinzu, so dass vor dem geistigen Auge das zweidimensionale Raster auf dem Boden zum dreidimensionalen im

Raum wird. Die Mitwirkenden können so hoch wie möglich auf Zehenspitzen gehen oder sich so tief wie möglich kriechend oder sich schlängelnd fortbewegen. Achte darauf, dass der Fokus auf *Tempo* und *Duration* bleibt und niemand anfängt, mit *Shape* zu spielen, weil der vertikale Raum und andere Arten der Fortbewegung eingeführt sind.
3. Nimm *Stopps* und *Starts* dazu.
4. Vergiss für eine Zeit alles, außer *Höchstgeschwindigkeit* und *Stillstand.* Es gibt nur diese beiden. Das sind die einzigen zwei Möglichkeiten. Erobere, *verschlinge* den Raum, ohne Angst. Nimm mit deinem Rücken wahr. Halte die innere und die äußere Energie im Gleichgewicht, so dass du mit einem Gefühl innerer Ruhe und Langsamkeit arbeitest, wenn du dich in Höchstgeschwindigkeit bewegst, und mit einem Gefühl innerer Dynamik, wenn du dich langsam bewegst.
5. Du als Leiter der Gruppe wirst sagen können, ob jemand vorher festgelegt hat, wo er stehenbleibt oder wann er sich in Bewegung setzen wird. Weise darauf hin. Sage: »Ich kann sehen, wo du stehenbleiben wirst, weil du dich schon vorher entschieden hast.« Erinnere immer wieder daran, sich überraschen zu lassen.

KINESTHETIC RESPONSE (KINÄSTHETISCHER REFLEX)

ÜBUNG 5: EINFÜHRUNG *VON KINESTHETIC RESPONSE* AUF DEM RASTER

Fahre mit *Stopps* und *Starts* auf dem Raster fort, beginne damit, den Großteil deiner Aufmerksamkeit weg von *Tempo* und *Duration* auf *Kinesthetic Response* richten. *Kinesthetic Response* ist deine spontane körperliche Reaktion auf Bewegung, die außerhalb von dir stattfindet, auf einen Impuls von außen. Richte deine Aufmerksamkeit auf die anderen im Raum und lasse *sie* bestimmen, wann du stehenbleibst und wann du weitergehst. Deine Entscheidungen, ob du gehst oder stillstehst, werden allein durch die Impulse deines Umfelds bestimmt: wenn jemand an dir vorbeigeht, wenn irgendwo jemand losgeht oder stehenbleibt usw. Indem du dich auf *Kinesthetic Response* konzentrierst, geht es bei deiner Arbeit jetzt mehr darum, *wann* du dich bewegst, und weniger darum, *wie schnell (Tempo)* oder *wie lang (Duration).*

Ein entscheidender Moment im *Viewpoints*-Training

Bis zu diesem Zeitpunkt haben die Teilnehmer mit *Tempo* und *Duration* auf ihre eigene Weise auf dem Raster gespielt. Jetzt kommt der Moment, in dem es gilt, den eigenen Willen aufzugeben (zumindest für den Moment). Du wirst nicht länger entscheiden, was richtig oder falsch, gut oder schlecht ist – sondern *alles nutzen.* Wenn jemand an dir vorbeiläuft – nutze es! Wenn die Gruppe sich plötzlich in Zeitlupe bewegt – nutze es! Lass dich von allem verändern. Dies ist eine der schwierigsten Phasen im Arbeitsprozess, aber sie kann auch die befreiendste sein. Es ist der Moment, in dem du jeden von der Bürde befreist, »interessant sein«, »erfinderisch sein« oder »etwas anbieten« zu müssen. Wenn man offen ist, mit dem ganzen Körper hört, die Welt im *Soft Focus* betrachtet, dann muss man nur *aufnehmen,* um zu reagieren.

Kinesthetic Response (ein *Viewpoint of Time*) ist die unmittelbare, unzensierte Reaktion auf ein äußeres Ereignis.

REPETITION (WIEDERHOLUNG/ NACHAHMUNG)

ÜBUNG 6: EINFÜHRUNG VON *REPETITION* AUF DEM RASTER

Richte als Nächstes das Augenmerk auf *Repetition*. Wann du dich bewegst *(Kinesthetic Response)*, wie schnell *(Tempo)* und wie lange *(Duration)*, wird jetzt durch *Repetition* (Wiederholung und Nachahmung) bestimmt.

1. Denke nicht länger an *Tempo*, *Duration* und *Kinesthetic Response*. Konzentriere dich auf *Repetition*. Deine Bewegungen sollten nun aus der Wiederholung der Bewegungen anderer Personen entstehen, indem du ihren Laufweg nachahmst, ihre Richtung, Geschwindigkeit, Stopps und Starts usw. Folge einer Person, sei ihr Schatten, aber bleibe nicht bei einer Person hängen. Wechsle immer wieder, wenn jemand Neues in dein Wirkungsfeld kommt.
2. Ahme sowohl Personen in deiner Nähe nach als auch welche, die weit von dir entfernt sind.
3. Ahme jetzt zwei Personen gleichzeitig nach statt nur eine. Wiederhole z. B. den Laufweg einer Person und die Geschwindigkeit *(Tempo)* einer anderen.
4. Nutze dein Bewusstsein für *Repetition* auch zeitlich, so dass du Dinge wiederverwenden kannst, die längere Zeit vorher passiert sind. Lass dich davontragen, auf dem Raster treiben, von anderen Körpern mitreißen oder abstoßen: wiederhole einfach alles, was du im *Soft Focus* und mit deinem Rücken wahrnimmst, damit du alle Bewegungen nutzen kannst, die überall um dich herum stattfinden und nicht nur unmittelbar vor dir.

SPATIAL RELATIONSHIP

ÜBUNG 7: EINFÜHRUNG VON *SPATIAL RELATIONSHIP* AUF DEM RASTER

1. Die Gruppe bewegt sich auf dem Raster mit entspannter Aufmerksamkeit, sie lässt sich vom Instinkt tragen statt von einem bestimmten *Viewpoint* geführt zu werden. Lass dies ein oder zwei Minuten geschehen oder bis sich die Gruppe frei und natürlich bewegt, ohne dass ihren Bewegungsmustern irgendetwas aufgezwungen wird oder sie mit Einfällen belastet werden. Klatsche in die Hände, um die Gruppe stillstehen zu lassen.
2. Bitte die Teilnehmer, den Raum zwischen sich und anderen wahrzunehmen. Der Abstand zwischen den Körpern: das ist *Spatial Relationship*. Bitte sie auch, zur Kenntnis zu nehmen, wie gleichmäßig die Abstände sind (was zu diesem Zeitpunkt mehr oder weniger der Fall sein wird).

   Wie wir bereits bei der Einführung anderer *Viewpoints* festgestellt haben, neigen wir dazu, in einem gemäßigten Rahmen, ohne Extreme, in dem wir uns sicher und komfortabel fühlen, zu agieren. Bei *Spatial Relationship* zeigt sich dies in der Einheitlichkeit der Entfernungen zwischen den Körpern – gewöhnlich zwischen einem halben und eineinhalb Metern. Das ist der Abstand, den wir die meiste Zeit unseres Lebens zu anderen halten: beim Plaudern, beim Händeschütteln, beim Essen. Wir neigen dazu, einen Sicherheitsabstand einzuhalten, und wenn wir diesen Abstand verringern oder vergrößern, erzeugen wir Dynamik, Ereignis, *Beziehung*.
3. Auf dein nächstes Klatschzeichen hin beginnt sich die Gruppe wieder in 90-Grad-Winkeln auf dem Raster zu bewegen – jetzt mit gesteigertem Bewusstsein für Raum und Abstand. Dieses Mal sollen sich ihre Entscheidungen darüber, wann sie wohin gehen, nur danach richten, wo sich andere Personen befinden. Sie sollen sich jetzt in Extremen bewegen, entweder *nahe bei* oder *weit weg von* anderen. Versucht, spontan zu sein. Verändert euch, sobald sich andere um euch herum verändern.

4. Halte die Gruppe erneut mit einem nächsten Händeklatschen an. Achte auf die veränderten räumlichen Beziehungen in der Gruppe: Sie sind interessanter, stärker spürbar und kraftvoller. Wenn wir diesem Aspekt Aufmerksamkeit schenken, ereignet sich plötzlich etwas im Raum.
5. Nach der Einführung der einzelnen *Viewpoints* auf dem Raster kannst du Übungen anschließen, die die *Viewpoints* oder Bestandteile auf verschiedene Weise bei der Arbeit auf dem Raster kombinieren:
   - Arbeite auf dem Raster ausschließlich mit *Höchstgeschwindigkeit* und *Stillstand.*
   - Laufe ohne Angst. Laufe frei und mit Vertrauen.
   - Arbeite auf dem Raster mit *Ebenen* und *Spatial Relationship*.
   - Arbeite auf dem Raster nur mit *Höchstgeschwindigkeit* und *Stillstand* unter Einbeziehung von *Ebenen* und *Spatial Relationship* usw.

Du kannst die einzelnen Bestandteile so kombinieren, wie sie dir für die jeweilige Gruppe am hilfreichsten und forderndsten erscheinen.

TOPOGRAPHY

Übergang vom Raster zu *Topography*

1. GRUNDMUSTER: Führe *Topography* ein, indem du darauf hinweist, dass es sich beim Raster selbst um eine Topographie handelt, dass die Gruppe bereits mit *Topography* gearbeitet hat. Verwandle jetzt das Raster in Kreise. Bewege dich in Kurven und Spiralen, dann in Zickzacklinien und Diagonalen.

   Bei der Arbeit mit dem Raster hast du vielleicht *Ebenen* eingeführt – fordere die Gruppe auf, sich das Raster nicht nur zweidimensional auf dem Boden, sondern dreidimensional vorzustellen, als imaginäre Struktur, die in den Raum aufsteigt. Mit diesem Bild vor Augen kann die Gruppe *Höhen* und *Tiefen* auf dem Raster erforschen, die Topographie einer mehrdimensionale Landschaft und nicht nur ein Bodenmuster.

2. **Auf dem Boden malen:** Lass das Raster sich unter deinen Füßen auflösen und stell dir an seiner Stelle eine neue *Topography* vor, die sich jeder selbst erfindet. (Jetzt muss jeder Einzelne mit dem Fokus von der Gruppe wieder auf sich selbst wechseln.) Stell dir vor, an deinen Fußsohlen sei rote Farbe und du bemalst jetzt den Boden damit. Male so alle möglichen Topographien auf den Boden. Erstelle ständig wechselnde Kombinationen aus Kreisen, Zickzack- und geraden Linien.
3. **Grösse der Fläche:** Kehre für den Augenblick zu einem einzigen, einfachen Bodenmuster zurück. Behalte die Form des Musters exakt bei, während du seine *Größe* veränderst. Wenn du z. B. mit kleinen Kreisen gearbeitet hast, dehne diese Kreise über die Fläche des gesamten Raums aus. Wenn du raumgreifend auf der gesamten Bodenfläche gearbeitet hast, verwende dasselbe Bodenmuster in Miniatur in einer einzigen Ecke usw.
4. **Form der Fläche:** Füge nun deiner Aufmerksamkeit ein Bewusstsein für die *Form* deiner Spielfläche hinzu. Wenn du zum Beispiel gerade in einer Ecke des Raums arbeitest, markiere sie für dich mit einer unsichtbaren Grenze. Arbeite innerhalb eines Quadrats. Oder innerhalb eines Kreises in der Mitte des Raums. Oder arbeite in einem Rechteck an der Rampe der Bühne. Ihr arbeitet jetzt mit dem *Muster* selbst, der *Größe* des Musters und der *Form (Shape)* der Spielfläche.

   Während du mit *Form* und *Größe* der Spielfläche und einem *Muster auf* der Spielfläche arbeitest, ändere eines dieser Elemente, aber behalte die beiden anderen bei. Du arbeitest zum Beispiel mit Zickzacklinien in einem kleinen Quadrat. Ändere jetzt das Bodenmuster. Mache lauter ineinanderliegende Kreise. Jetzt behalte das Muster (d. h. die Kreise) bei, aber ändere die Form der Spielfläche, indem du beispielsweise die Kreise in einem Dreieck machst. Jetzt ändere die Größe der Spielfläche, indem du das Dreieck so vergrößerst, dass es in drei Ecken des Raums reicht.

Bei der Arbeit mit *Topography* ist es anfangs oft nötig, dass die Gruppe zehn Prozent der Aufmerksamkeit auf *Tempo* richtet. Die natürliche Tendenz einer Gruppe bei der Arbeit mit *Topography* wird sein, sich *schnell,* aber *unangestrengt* zu bewegen (so wie wir später feststellen werden, dass es natürlich ist, sich zu Beginn bei der Arbeit mit *Shape langsam* zu bewegen). Wenn man mit *Topography* in einem *sehr schnellen* oder *sehr langsamen* Tempo arbeitet, entstehen neue Muster.

Sollte es nötig sein, eine Pause zu machen, wäre jetzt der richtige Zeitpunkt, bevor man die *Viewpoints Shape, Gesture* und *Architecture* einführt. Sorge dafür, dass du keine zu lange Pause machst, bevor nicht alle *Viewpoints* eingeführt und entweder mit *Open Viewpoints* oder *Lane Work* (beide Arbeitsweisen werden in den folgenden Kapiteln detailliert beschrieben) zusammengeführt wurden. Zwei bis fünf Minuten (um auf die Toilette zu gehen oder etwas zu trinken) sind ausreichend. Fünfzehn Minuten, in denen man »abkühlt« und/oder wieder Gedanken wälzen kann, sind zu lang. In den ersten *Viewpoints*-Einheiten ist es sehr nützlich, die Gruppe *voranzutreiben* – sie in einen Zustand erhöhter und fordernder körperlicher und geistiger Konzentration zu versetzen.

SHAPE (FORM/GESTALT)

ÜBUNG 8: EINFÜHRUNG VON *SHAPE* – DIE GRUNDLAGEN

1. **Gerade Linien:** Jeder steht für sich irgendwo im Raum auf den eigenen Körper konzentriert und zu Beginn in einer neutralen, entspannten Position *(Soft Focus)*. Sei dir bewusst, dass dein Körper bereits eine Form erzeugt, d.h. ein Umriss im Raum, eine Kontur ist. Mach dir ein klares Bild von dieser Form, als würden ihre Umrisse auf einen Rundhorizont projiziert. Bleib an deinem Platz und mache neue Formen, indem du Teile deines Körpers bewegst, konzentriere dich zunächst auf Formen, die *gerade* oder *winklig* sind. (In der Malerei ist es üblich, Form als eine Kombination von Linien und Kurven zu dekonstruieren und zu verstehen.) Bilde also erst einmal nur Formen, die Winkel, gerade Linien, Kanten haben. Benutze andere Teile deines Körpers als nur deine Arme und Beine: deine Ellbogen, deine

Knie, deine Zunge. Achte auch auf die *Lesbarkeit*, d. h. wie leicht kann die Form von außen *gelesen* werden.

2. **Kurven**: Nun wandle die Formen in *geschwungene* und *runde* um. Jede Form, die du herstellst, sollte jetzt aus gerundeten Linien und Kanten bestehen. Registriere, dass Kurven im Vergleich zu Winkeln unterschiedliche Gefühle bei dir hervorrufen.
3. **Kombination**: Kombiniere Linien und Kurven deines Körpers durch die Isolierung einzelner Körperteile, die hier eine gerade Linie, dort eine sanfte Kurve bilden. Experimentiere mit unterschiedlichen Kombinationen (von Linien und Kurven). Schaffe Gegensätze, Nebeneinanderstellungen und erzeuge Spannung mit deinen verschiedenen Formen.
4. **Fliessend und spontan**: Achte darauf, wie du eine Form machst, beendest, dann eine neue beginnst. Die Bewegung soll fließend sein, so dass eine Form zur nächsten führt, und der Prozess besteht darin, dass eine Form sich zu einer anderen *entwickelt*. Die Form selbst soll dich führen, nicht du die Form. Füge als Nächstes Tempowechsel hinzu und achte darauf, wie verschiedene Geschwindigkeiten verschiedene Arten von Formen hervorbringen. Lass zu, dass die vielen unterschiedlichen Tempi deine Spontaneität fördern; in einem schnelleren Tempo zu arbeiten, lässt dir weniger Zeit, etwas im Voraus festzulegen.
5. **In Bewegung**: *Shape* kann an einem festen Platz stattfinden oder sich durch den Raum bewegen. Bewege dich exakt in der Form, in der du dich befindest, durch den Raum. Lasse die Form bestimmen, auf welche Weise du den Raum durchquerst. Was daraus entsteht, wird wahrscheinlich unerwartet und unüblich sein. Während du den Raum durchquerst, erlaube der Form, sich weiterzuentwickeln. Finde neue Formen, in und mit denen du dich durch den Raum bewegen kannst.
6. **Die anderen**: *Shape* kann allein oder mit anderen gebildet werden. Tritt, während du dich durch den Raum bewegst, mit anderen Formen (d. h. mit anderen Personen) in Kontakt. Erlaubt euren Formen zu verschmelzen und ineinander überzugehen, so dass ihr jetzt *eine* Form aus zwei oder drei Körpern bildet.

An diesem Punkt beginnt die Gruppe üblicherweise bei der Arbeit mit *Shape*, die Formen nach innen zu kehren und zu einem einzigen unförmigen Haufen umherkriechender Körper zu werden. Die Gruppe wird wahrscheinlich ineinander verschlungen, in einem gestaltlosen, nicht zu definierenden Klumpen auf dem Boden enden. Du musst sie darauf hinweisen und bitten, das zu registrieren. Ermutige sie, zu zweit oder zu dritt, starke und klar konturierte Formen zu bilden, die sich nach außen wenden, statt nach innen gekehrt sind.

7. **Sich mit anderen bewegen:** Bewege dich in der mit deinem Körper und dem Körper deiner/s Partner/s gebildeten Form durch den Raum. Lass zu, dass sich die Form während der Bewegung verändert. Wenn du anderen Personen begegnest, trenne dich von deinem/n *Shape*-Partner/n und finde dich in neuen Formen mit neuen Partnern wieder. Übe dich darin, dich irgendwo, in irgendeiner Stellung, in irgendeiner Form, ohne Planung wiederzufinden. Lasse zu, dass Dinge einfach geschehen. Sei offen für überraschende Begegnungen.

GESTURE

Bei der Arbeit mit *Gesture* werden wir zwei Kategorien untersuchen: *Behavioral Gestures* und *Expressive Gestures. Behavioral Gestures* (verhaltensbezogene Gesten) gehören zum Alltag, sind Bestandteile des menschlichen Verhaltens, wie wir es kennen und beobachten. Alles, was Menschen tatsächlich im echten Leben tun: wie sie sich bewegen, gehen, kommunizieren. *Expressive Gestures* (expressive Gesten) sind Gesten, die eher zur Innen- als zur Außenwelt (des Verhaltens) gehören; sie drücken Gefühle und Bedeutungen aus, die nicht auf andere Weise unmittelbar zum Ausdruck kommen. Man könnte sagen, *Behavioral Gestures* sind *prosaisch* und *Expressive Gestures poetisch.*

ÜBUNG 9: *EXPRESSIVE GESTURE*

1. **Beginnen**: Solltest du nach der Einführung von *Shape* zu *Gesture* übergehen, empfiehlt es sich, zunächst mit *Expressive Gesture* zu arbeiten. Ermutige die Gruppe, einfach das, was sie gerade tut, nicht mehr als *Shape*, sondern als *Expressive Gesture* anzusehen. Ändern wird sich, dass wir uns jetzt 1. mit etwas *hinter* der Bewegung (einem Gefühl, einem Gedanken, einer Idee) befassen und 2. der Bewegung einen Anfang, eine Mitte und ein Ende geben.
2. **Gefühle zum Ausdruck bringen**: Etwas mit deiner Geste zum Ausdruck bringen. Ein Gefühl zum Ausdruck bringen. Mache eine Geste, die ein Gefühl der *Freude* zum Ausdruck bringt. Mache eine Geste, die ein Gefühl des *Zorns* zum Ausdruck bringt. Mache eine Geste, die ein Gefühl der *Angst* zum Ausdruck bringt. Mache eine Geste, die ein Gefühl der *Traurigkeit* zum Ausdruck bringt. Bewege dich mit dieser Geste durch den Raum. Wiederhole sie. Verfeinere sie. Lass sie sich entwickeln.
3. **Ideen zum Ausdruck bringen**: Arbeite jetzt an Gesten, die eine Idee zum Ausdruck bringen. Bringe zum Beispiel die Idee von *Freiheit* in einer Bewegung zum Ausdruck. Drücke die Idee von *Gerechtigkeit* aus. Mache dasselbe für *Krieg, Gleichgewicht, Chaos, den Kosmos.*

   Es ist hilfreich, die Gruppe zu bitten, darauf zu achten, welche Körperteile sie gewöhnlich einsetzen und welche sie ignorieren. Alle neun *Viewpoints* können als eine Art persönlicher Lackmustest dienen, um zu prüfen, wo die individuellen Stärken und Schwächen liegen, welche Gewohnheiten wiederholt und welche Bereiche unerforscht sind.
4. **Den ganzen Körper benutzen**: Beziehe die Teile deines Körpers mit ein, mit denen zu arbeiten du nicht gewohnt bist – beziehe *alle* Teile deines Körpers mit ein. Arbeite von den Füßen aufwärts bis zum Kopf. Bilde eine *Expressive Gesture* zuerst mit den Zehen, dann mit den Fersen, dann mit dem ganzen Fuß, dann mit dem Knöchel usw.

ÜBUNG 10: *BEHAVIORAL GESTURE*

1. **Beginnen:** Egal, mit welcher Geste du befasst bist, nimm sie und entwickle aus einer expressiven eine verhaltensbezogene. Das bedeutet, etwas relativ Abstraktes zu nehmen, was du normalerweise bei niemandem sehen würdest, und es in etwas relativ Konkretes zu verwandeln, was du wahrscheinlich jederzeit auf der Straße, zu Hause oder im Büro beobachten könntest.

   Wichtig ist, dass die Gruppe dazu angehalten wird, eine Menge von unterschiedlichen Gesten schnell zu produzieren, ohne zu planen oder zu bewerten. Zweifellos werden diese ersten Gesten voller Klischees und Stereotype sein. Das ist nicht nur in Ordnung, es ist sogar erwünscht. Es ist wichtig, dass wir mit genau dem beginnen, was wir *sind*, was wir denken, was wir uns vorher ausdenken, anstatt von vagen Vorstellungen auszugehen, wer wir sein *sollten* oder was wir denken *sollten*. Noch einmal, wenn wir spontan und ehrlich arbeiten, ist das *Viewpoints*-Training eine Einladung, uns selbst zu sehen, eine Tür, die zu mehr Bewusstheit führt.
2. **Körper und Gesundheit.** Mache Gesten, die Auskunft über den Körper einer Person und ihren physischen Gesundheitszustand geben. Dazu gehören Wunden, Narben, Behinderungen; Reaktionen auf/Ausdruck von Gesundheit und Krankheit, wie ein Niesen, Gähnen, schwungvoller Gang, den Kopf im Nacken kreisen lassen usw.; und Reaktionen auf Wetter und Temperatur, wie Zittern, Schweiß abwischen, sich Luft zufächeln, einen Knopf zuknöpfen, die Hand ausstrecken, um Regen oder Schnee zu spüren usw.
3. **Epochen und Kulturen.** Mache Gesten, die zu einer bestimmten Epoche oder einer bestimmten Kultur gehören, zum Beispiel Gesten aus der Elisabethanischen Zeit; oder Gesten aus den 1920er, 1950er oder 1960er Jahren; Gesten, die nur »heute« gemacht werden; oder Gesten, die typisch sind für die französische oder italienische oder deutsche Kultur. Finde heraus, ob bestimmte Epochen bestimmte Tempi, Formen, oder einen bestimmten Gebrauch von Architektur heraufbeschwören. Vielleicht wirst du zum Beispiel bei der Arbeit mit Gesten

aus den 1920er Jahren feststellen, dass die Gruppe sich in schnellem Stakkato bewegt und eher eckige als runde Formen verwendet usw. Bitte die Gruppe, solche aufkommenden Muster zur Kenntnis zu nehmen.

Dies ist ein wichtiger Weg, wie *Viewpoints*-Training direkt in den Probenprozess führen kann, sei es bei der Arbeit an einem vorhandenen Text oder bei einer Stückentwicklung. Wir nennen es die *Point-and-name-Methode*, um ein Vokabular für ein spezielles Stück (siehe Kapitel 10, »*Viewpoints* auf der Probe«) zu entwickeln. Indem du auf Muster, die aus einem vorgegebenen Thema oder einem Gegenstand hervorgehen, *hinweist* und diese *benennst*, beginnst du, ein spezifisches körperliches Vokabular für deine Produktion nach Themen und Inhalt zu definieren.

4. **Eigenarten**. Mache Gesten, die von den Verschrobenheiten, Marotten und Gewohnheiten einer bestimmten Person erzählen: ein Zucken, die Art, sich zu kratzen, mit dem Kopf zu wackeln, die Lippen zu kräuseln, die Nase zu rümpfen, mit dem Fuß aufzustampfen, den Ellbogen seltsam anzuwinkeln.
5. **Genres**. Mache Gesten, die zu einem bestimmten Genre gehören, zum Beispiel:
   - Welche Gesten gehören zum Film Noir?
   - Welche Gesten gehören zum Western?
   - Welche Gesten gehören zum Slapstick, zu Quizshows, zur Commedia dell'Arte usw.
6. **Konnotation**. Mache eine Reihe von Gesten, die etwas über einen Gedanken und/oder die Absicht dahinter *aussagen.* Mache zum Beispiel im Hinblick auf *Absicht* eine Geste, die deine *Absicht*, jemanden zu verführen oder jemanden zu verletzen, ausdrückt; oder arbeite an »jemanden unterhalten« oder »warnen« oder »beruhigen«.

   Für Gesten, hinter denen ein *Gedanke oder Worte* stehen, bedeutet das, diese durch Gesten auszudrücken. Sage zum Beispiel Folgendes durch Gestik: »Hallo«, »Du kannst mich mal!«, »Wie geht's?«, »Komm her!«, »Jetzt reicht's!« usw. Mache weitere Gesten. Kommuniziert miteinander. Wenn du die Gruppe auf direkte Weise durch Gesten miteinander kommunizieren lässt, erinnere sie an *Soft Focus*, so dass der Austausch durch Gestik erfolgt und nicht durch Blickkontakt.

Als Variante und um die Genauigkeit im Detail zu vergrößern kannst du gründlicher an ein oder zwei Sätzen arbeiten, indem du mit Rang und Beziehung spielst. Mache zum Beispiel eine Geste für »Hallo«, dann wiederhole das wie für jemanden, den du gut kennst, dann wie für jemandem, den du noch nie getroffen hast. Mache neue Gesten für: »Nett, dich kennenzulernen.« Mache eine Geste, die eher »Hallihallo!« ausdrückt als nur ein »Hallo«. Dann fahre fort, Gesten durch Nuancen zu variieren: »Sei gegrüßt«, »Willkommen!«, »He, Leute«, »Was geht?«

7. **Den ganzen Körper benutzen.** Benutze mehr Teile deines Körpers, um *Behavioral Gesture* zu entwickeln. Verwende kleinere Körperteile, einen Finger, einen Zeh, eine Augenbraue, den Mundwinkel.

ARCHITECTURE

ÜBUNG 11: EINFÜHRUNG VON *ARCHITECTURE*

1. **Der Boden unter deinen Füssen.** Richte deine Aufmerksamkeit auf die Architektur – die ja schon da ist, mit der du schon arbeitest (wenn auch wahrscheinlich unbewusst). Wir setzen uns ständig, im Großen wie im Kleinen, zu Dingen ins Verhältnis: Wände, Gegenstände, auf denen wir sitzen oder vor denen wir stehen, nah oder weitab, Pfosten, an die wir uns lehnen, Tische, auf die wir uns stützen, oder Räume, in deren Mitte oder Ecken wir uns stellen usw.

   Achte auf den Boden unter deinen Füßen. Gibt es irgendwelche Muster oder Markierungen auf dem Boden? Achte auf die Wände und wie nah oder weit weg sie von dir sind. Wie kommt das Licht in den Raum? Wie fühlt sich die Oberfläche des Holzes an, auf dem deine Hand liegt? Werde dir genau bewusst, wo exakt du dich befindest, und lass die Architektur deine Bewegungen anregen. Tanze mit dem Raum. Lass dir von ihm sagen, was du zu tun hast, wohin du gehen, wie du dich bewegen sollst. Lasse den Raum alles bestimmen: *Shape, Gesture, Tempo, Topography.*

2. **Feste Stoffe.** Lass dich von allen möglichen Dingen, den festen Stoffen im Raum zur Bewegung anregen: Tanze nach der Form eines Stuhls. Gehe an der Wand entlang. Klettere aufs Fensterbrett. Lehne dich an eine Stange.
3. **Textur.** Konzentriere dich nicht mehr auf die Form oder das Gewicht oder die Struktur eines Elements, sondern auf die Beschaffenheit seiner Oberfläche, seine Textur. Nicht darauf, *was* es ist, sondern *woraus* es gemacht ist. Wenn du mit einer Maske arbeitest, werde dir bewusst, ob sie aus Stoff oder Metall oder Holz ist, ob sie warm oder kalt ist – lasse dadurch dein Tempo bestimmen, *deine Gestalt* usw. Bewege dich durch den Raum und verändere dich, je nachdem, mit welchem Material du in Berührung kommst.
4. **Licht.** Spiele mit dem Licht im Raum. Arbeite mit der Struktur der Beleuchtung – wie die Lampen im Raum angebracht sind – oder mit den Fenstern. Arbeite mit dem oder gegen das Licht. Bewege dich ins Licht hinein oder aus ihm heraus. Erzeuge Schatten.
5. **Farbe.** Farbe im Raum bestimmt den Tanz. Vielleicht bewegst du dich zwischen roten Punkten im Raum, oder deine Bewegung wird inspiriert durch die Farbe der Kleidung, die andere tragen. Vielleicht wird die Farbe Rot zu einem Motiv und regt eine Geschichte oder ein Thema an. Was immer du tust, werde sensibel für Farbmuster, die normalerweise übersehen werden.
6. **Gegenstände.** Tanze mit kleineren Gegenständen oder Requisiten im Raum. Finde Gegenstände, die sich mit dir durch den Raum bewegen, mit dir wandern können oder sich öffnen und schließen: ein Stuhl, ein Besen, ein Buch, ein Kleiderständer, eine Farbbüchse. Bewege dich mit dem Gegenstand. Entwickle eine Beziehung zu ihm. Lass dich von ihm verhöhnen, herausfordern, aufhalten. Spiel mit ihm. Verwandle ihn in etwas anderes. Betrachte und benutze ihn mehr im Hinblick auf seine Wesensmerkmale, seine Eigentümlichkeiten, und nicht im Hinblick auf seine Funktion.
7. **Andere miteinbeziehen.** Beziehe Gegenstände mit ein, die andere benutzen, schließe dich ihrer Arbeit an. Versteife dich nicht auf dein eigenes Handeln und schotte dich dadurch von dem ab, was

sonst noch auf deinem Weg passiert. Gehe weiter, von einem Ereignis im Raum zum nächsten ... und wieder zum nächsten.

8. **Der ganze Raum**. An diesem Punkt wird die Gruppe höchstwahrscheinlich immer noch innerhalb der Grenzen ihres jeweiligen *Spielraums* agieren. Ermutige sie, den gesamten Raum einzubeziehen und sich nicht nur brav in einem Bereich aufzuhalten, den vorgefasste Begriffe als »Bühne« definieren würden. Weise sie an, die Vierte Wand zu durchbrechen. Geht hinter die Tische, benutzt die Rollläden, den Abfalleimer, die Tür zum Flur. Seht die Gesamtheit des Raums und schließt alles mit ein. Arbeitet nicht nur in den beleuchteten Bereichen oder dem freien Raum.
9. **Entferntere Architektur**. Verschiebe den Fokus deiner Aufmerksamkeit, so dass du jetzt nicht mehr nur mit der Architektur arbeitest, die sich unter deinen Füßen befindet oder in deiner Hand, sondern auch mit der Architektur, die weit von dir entfernt ist, auf der anderen Seite des Raums. Verhalte dich zur gegenüberliegenden Tür. Trete in einen Dialog mit einem entfernten Objekt.

ENDE DER ERSTEN GROSSEN ARBEITSEINHEIT

Behandle jeden *Viewpoint* nach und nach noch einmal. Erinnere die Teilnehmer daran, dass sie jetzt mit allen *Viewpoints* arbeiten: *Architecture, Shape, Gesture, Topography, Kinesthetic Response, Repetition, Spatial Relationship, Tempo* und *Duration*. Erlaube der Gruppe mit *Open Viewpoints*, also frei mit allen *Viewpoints* zu arbeiten, während du sie gelegentlich an die *Viewpoints* erinnerst, die sie nicht zu beachten scheinen. Deine Anleitung kann helfen, sie in neue, lebendigere Sphären zu katapultieren. Lass sie für zehn bis fünfzehn Minuten arbeiten: mit allen *Viewpoints*, den ganzen Raum nutzend. Um die Einheit zu beenden, sollen die Teilnehmer dort anhalten, wo sie sind. Sie sollen atmen, sich der Energie um sie herum bewusst sein, der *Viewpoints*, ihres *Spatial Relationship*, *Shape* usw. Sie sollen die Augen schließen und sich all dessen bewusst werden, was sie durch Geruch, Klang, Energie spüren können. Sie sollen erkennen, wie dominant die Augen von Natur aus sind und wie viel mehr Informationen es aufzunehmen gibt, wenn sie sich nicht nur auf das Sehen verlassen. Und sie sollen sich *entspannen*.

Zusätzliche Übungen zu den einzelnen *Viewpoints*

Es gibt viele Arten, die einzelnen *Viewpoints* einzuführen. Hier ist eine andere Reihenfolge, die wir oft benutzen: 1. *Spatial Relationship*, 2. *Kinesthetic Response*, 3. *Tempo*, 4. *Duration*.

ÜBUNG 1: ALTERNATIVE EINFÜHRUNG VON *SPATIAL RELATIONSHIP* IM *OPEN SPACE*

Spatial Relationship eignet sich gut, um den zweiten oder dritten Trainingstag zu beginnen oder für den Start einer Wiederholungs-Session. Dieser *Viewpoint* konzentriert die Aufmerksamkeit jedes Einzelnen sofort auf die Gruppe und erreicht, dass sich jeder als Teil eines größeren Ganzen erlebt. Du kannst ganz ungezwungen und entspannt anfangen, mit *Spatial Relationship* zu arbeiten, indem du die Gruppe bittest, sich einfach durch den Raum zu bewegen (mit allem, was sie an Energie an diesem Tag mitbringt). Beginne dort, wo du bist, mit dem, was du hast. Nimm wahr, was um dich herum geschieht, und lass dich davon tragen. Nimm jeden Druck von der Gruppe, erfinderisch oder unterhaltsam sein zu müssen.

ÜBUNG 2: ERSTER FOKUS – EXTREME ABSTÄNDE

Die Gruppe bewegt sich in beliebigem Tempo durch den Raum, inklusive *Starts* und *Stopps* (wie immer mit *Soft Focus*). Konzentriere dich auf *Spatial Relationship*. Registriere, wann du spüren kannst, dass sich etwas ereignet. Arbeite mit radikaleren Raumaufteilungen und Beziehungen im Raum. Suche die extreme Nähe zu anderen: Berühre sie, höre ihren Atem, rieche sie. Dann arbeite mit jemandem weit weg von dir: Spüre die Spannung und vergrößere sie, so dass sie den ganzen Raum anfüllt. Das einzige Ziel dieser Übung ist, *extreme* Nähe oder Distanz aufrechtzuerhalten, sich diesem lebendigen Zustand hinzugeben und eine Sensibilität dafür zu entwickeln, wann er abzusterben beginnt und nichts mehr passiert, um dann den Ereignismotor wieder anzuwerfen, indem man sich einfach näher zu einem anderen Körper hin- oder weiter von einem Körper wegbewegt.

ÜBUNG 3: LINIEN UND CLUSTER

Stellt euch vor, ihr seid Leuchtpunkte auf einem Bildschirm, die verschiedene Konstellationen und Muster bilden, die sich anordnen – auflösen – umgestalten. Bildet Cluster, Linien, Spiralen. Wenn die Gruppe an diesem Punkt ohne präzise definierte Muster arbeitet, ermutige sie, sich ausschließlich darauf zu konzentrieren, miteinander Linien zu bilden und diese so lange zu halten, bis alle stillstehen und spüren können, in welchem besonderen räumlichen Verhältnis sie gerade zueinander stehen. Bitte dann eine Person, sich zu entfernen, irgendwohin zu gehen und stehenzubleiben. Die Übrigen sollen sich sofort anschließen und eine neue Position aufsuchen, durch die sie eine neue Linie oder Diagonale mit einer neuen Länge etc. bilden, und sich dabei an der Person orientieren, die sich als erste bewegt hat. Das Gleiche kannst du mit Clustern machen.

ÜBUNG 4: ANZAHL

Arbeite weiter mit *Spatial Relationship* und konzentriere dich auf die Dynamik, die durch unterschiedliche Anzahl entsteht. Angenommen, die Gruppe hat zwölf Teilnehmer, dann bitte sie, »einer gegen elf« zu arbeiten. Sie sollen sich – mit Fokus auf *Spatial Relationship* – im Raum bewegen, dabei aber immer Formationen im Verhältnis 11:1 bilden (dies kann bedeuten, dass elf auf eine Seite des Raums gehen und einer auf die andere oder dass elf einen Kreis um eine Person bilden usw.). Du kannst das Zahlenverhältnis ändern, zum Beispiel zwei Gruppen mit je sechs Personen oder sechs Paare mit je zwei Personen bilden.

ÜBUNG 5: BODENMUSTER *(FLOOR PATTERN)* – CHARAKTERE AUSDRÜCKEN

Denke an jemanden in deinem Leben, der dich beeindruckt oder eine starke Wirkung auf dich hat oder eine besonders schillernde Persönlichkeit besitzt. Drücke seinen *Charakter* in einem Bodenmuster *(floor pattern)* aus. Ist das jemand, der zielstrebig und gradlinig ist und sich auch so bewegt? Oder ist es jemand, der immer und überall anzutreffen ist und ein Jackson-Pollock-Gemälde auf dem Boden hinterlässt? Oder jemand, der viel Raum einnimmt? Oder jemand, der sich eher am äußeren Rand versteckt? Wähle dann eine andere Person, deren Wesen du, so wie du es wahrnimmst, in einem Bodenmuster ausdrückst. Dann noch eine. Achte darauf, dass diese drei Personen deutlich voneinander zu unterscheiden sind.

ÜBUNG 6: BODENMUSTER – LEBENSGESCHICHTE

Drücke deine Lebensgeschichte durch *Topography* aus. Erschaffe ein Bodenmuster, das eine Reise beschreibt (Anfang, Mitte und Ende sollten klar sein) mit Veränderungen, entsprechend deiner *Lebensabschnitte*: Beginnt dein Leben groß oder klein? Verlaufen deine frühen Jahre gradlinig oder kreisförmig? Gibt es einen Zeitraum, in dem du einfach *innehältst*? Gehst du zurück und wiederholst Verhaltensmuster? Gibt es eine Zeit, während der du unerwartet vorpreschst? Gibt es überhaupt eine klare Richtung, ein Ziel – oder schlängelt sich dein Weg so dahin?

Alternative: Jemand soll seine Geschichte zeigen. Dann kannst du Zuschauer aus der Gruppe bitten, die Geschichte nachzuerzählen, so wie sie sie wahrgenommen haben. Hier gibt es kein Richtig oder Falsch! Es ist kein Ratespiel, sondern eine Gelegenheit, um festzustellen, was lesbar, ausdrucksstark, bewegend war.

Alternative: Jemand soll seine Geschichte zeigen, während er sie aus der Innenperspektive erzählt, also in der ersten Person Präsens. Er braucht dabei nichts *darzustellen*, Ereignisse zu erzwingen oder irgendetwas zu erklären. Jeder soll einfach einen Bewusstseinsstrom für sich in Worte fassen (aber laut genug, damit alle es hören können). Das ist alles, was ihm aus oder zu diesem besonderen Lebensabschnitt einfällt, während er ihn *erlebt.* Zum Beispiel: »Ich bin so klein … ich laufe im Kreis, weil ich keine Ahnung habe, was alle von mir wollen … Mama sagt mir dies … Papa sagt mir das – Kreise, Kreise, noch mehr Kreise … Was?! Ich bleibe stehen, ich stehe – irgendwas verändert sich – schau, es gibt einen Ausweg … Ich folge ihm. Was ist das? Eine Linie – ich folge ihr, ich gehe jetzt zur Schule, ich weiß, was ich tue. Ich kann lesen. Ich lese viel. Ich halte mich weiter an diese Linie – aaah! Wieder ein Kreis – ich bin wieder verwirrt …«

Diese Übung eignet sich gut für eine Gruppe, die sich gerade kennenlernt. Sie bietet die Möglichkeit, einen einzelnen *Viewpoint* genauer zu betrachten und sich damit auseinanderzusetzen, sie fordert aber auch Mut von ihren freiwilligen Teilnehmern und gibt dem *Viewpoints*-Training eine persönliche Note, so dass die Gruppe unmittelbar auch die emotionale Kraft dieser Arbeit kennenlernt.

ÜBUNG 7: *TOPOGRAPHY* – UND DIE GRUPPE

Arbeitet an der Erstellung individueller *Topography.* Richtet die Aufmerksamkeit auch auf *Tempo* und *Duration.* Nach einiger Zeit auf *Repetition* (was die Gruppe dazu bringt, wieder als Einheit zu agieren). Lass individuelle Topographien sich durch das verändern, was andere anbieten. Lass

Topographien aus der Arbeit mehrerer Personen entstehen, indem sie wie eine einzige agieren. Füge jetzt auch *Kinesthetic Response* hinzu, so dass der Impuls für Veränderungen der *Topography* (Laufrichtung, Muster etc.) von außen kommt (durch eine andere Gruppe oder einen Einzelnen).

ÜBUNG 8: *SHAPE* – DER STROM

Bildet einen Kreis. Eine Person läuft in die Kreismitte, bildet eine *Shape* und hält diese. Dann läuft eine zweite Person in die Mitte und fügt eine *Shape* zur ersten hinzu, so dass aus beiden eine neue hervorgeht. Dann kommt eine dritte Person dazu, eine vierte usw., bis alle in die Mitte gelaufen sind und eine große gemeinsame Form bilden. Wähle zwei oder drei Personen aus, die in der Mitte bleiben sollen, und bitte alle anderen, sich zu entfernen und die Form zu betrachten, die von den Übriggebliebenen gebildet wird. (Die Personen, die in der Mitte bleiben, sollten selbstverständlich eine Form bilden, die ausdrucksstark, klar und dynamisch ist.) Die Gruppe außen soll die Form in der Kreismitte zusammen betrachten, sie beobachten und darauf hinweisen, was sie so ausdrucksstark macht.

Erkenne mögliche *Gegensätze*; registriere Wiederholungen, falls es sie gibt; beachte, dass starke Formen, zu allem, was sich nach *innen kehrt*, auch ein Gegenstück haben, das sich nach *außen kehrt*. (Form oder genauer gesagt »Skulptur ist die Kunst der Buckel und Höhlungen«, wie der Bildhauer Auguste Rodin schrieb.)

Löse dann die Form auf. Hole die zwei oder drei Leute in der Kreismitte einzeln in den Kreis zurück, *wiederhole* die Übung.

ÜBUNG 9: STAFFEL-*SHAPE*

Alle stehen im Kreis. Eine Person läuft in die Mitte und macht eine *Shape*. Eine zweite kommt dazu und ergänzt sie. Wenn die dritte Person zur Mitte läuft, verlässt gleichzeitig die erste Person diese wieder. Wenn die vierte dazu kommt, geht die zweite; wenn die fünfte dazukommt, geht die dritte usw. In der Mitte sollte sich immer eine *Shape* aus exakt zwei Körpern bilden – nicht mehr und nicht weniger.

Diese Übung animiert die Gruppe, Formen zu bilden, ohne darüber nachzudenken. Das Wichtigste hierbei ist, in Schwung und im Fluss zu bleiben und dabei einen gemeinsamen Rhythmus innerhalb der Gruppe zu finden.

ÜBUNG 10: *SHAPE* – DIE REISE

Soft Focus. Werde zu einem Gefäß für *Shape.* Beginne, mit *Shape* durch den Raum zu wandern, mit der Konzentration auf die Spannung und das stete Wechselspiel zwischen *Expansion* und *Kontraktion*: öffnen und schließen, nach außen und nach innen wenden. Lass dich von *Shape* auf eine Reise mitnehmen. Lass andere deine Reise beeinflussen, während du wanderst. Reagiere als *Shape* auf *Shape.* Triff Entscheidungen auf der Grundlage anderer Formen, ihrer Muster von Expansion und Kontraktion und lass dich von ihren Formen auf die Reise schicken. Nimm sie auf, lass sie deine Richtung bestimmen, lass dich von ihnen im Raum führen.

ÜBUNG 11: *ARCHITECTURE*

Sammle die Gruppe in der Mitte des Raumes. Bitte sie, sich umzuschauen und den Raum als Bühnenbild zu betrachten und sich einen bestimmten Teil der Architektur auszusuchen, der sie zu einer Bewegung inspiriert. Dann bitte einen Freiwilligen, zu dem *Teil* zu laufen, den er ausgesucht hat, und damit eine Aktion durchzuführen und zu wiederholen. Bitte eine weitere Person sich anzuschließen. Die beiden sollen ihre Bewegung in ihrem vorgegebenen »Setting« entwickeln. Hole sie zurück in die Gruppe. Fordere den nächsten Teilnehmer auf. Wiederhole die Übung.

Bei dieser Übung ist es wichtig, dass du die Teilnehmer weg vom Buchstäblichen und Offensichtlichen lotst. Sie sollen ermutigt werden, sich zu bewegen, ohne zu wissen, warum, und etwas zu tun, ohne zu wissen, was es ist.

Dies ist ein gutes Beispiel dafür, wie man sich im *Viewpoints*-Training in *Vorstellungskraft* und *Spontaneität* übt. Wenn wir wissen, was eine Tür ist und wozu sie da ist, beschränken wir sowohl uns selbst als auch die Möglichkeiten der Tür. Wenn wir offen sind für ihre *Form* und *Beschaffenheit* und ihre *Shape*, kann eine Tür alles Mögliche werden. *Viewpoints*-Training befähigt uns, Altes mit neuen Augen zu sehen, die schlafende Form zu wecken, einen Raum wie zum ersten Mal zu erleben, überraschende und neue Möglichkeiten in uns, unserer Umgebung und in unserer Kunst zu finden.

BEOBACHTUNGEN

Tun, was man nicht tun sollte, oder »Achtet nicht auf den Mann hinter dem Vorhang«.

Es gibt ein Problem, das sich häufig im frühen Stadium des Trainings zeigt: Obwohl die ganze Arbeit darauf ausgerichtet ist, endlich die Gedankenmaschine im Kopf abzuschalten, werden ständig neue Ideen eingeführt und Anweisungen gegeben, die von den Teilnehmern verlangen, nachzudenken. Die Teilnehmer hören deine Worte, und es ist unmöglich, *nicht* zu denken. Es ist, wie wenn man sagt: »Denkt jetzt nicht an rosa Elefanten« oder »Achtet nicht auf den Mann hinter dem Vorhang«. Weise die Gruppe auf dieses Dilemma hin. Es ist natürlich und unvermeidlich. Wir arbeiten mit *Viewpoints*, um unser Bewusstsein zu schärfen. Aber zuerst fühlt es sich wie Befangenheit an, wie *Selbstbeobachtung*. Später, mit mehr Übung und Ausdauer, löst sich diese Befangenheit auf in eine Art Hyperbewusstheit, einen andauernden Zustand erhöhter Aufmerksamkeit, der ohne Anstrengung und ohne nachzudenken erreicht wird. Er wird einfach ein Teil von dir und der Art und Weise, wie du die Welt wahrnimmst.

Die Grauzone oder »Wenn schon, denn schon«

Nutzt das frühe *Viewpoints*-Training, um die Grauzone zu verlassen, in der alles absehbar, sicher, bequem und gemäßigt ist. Erreicht einen Zustand, in dem ihr sagt: »Wenn schon, denn schon.« Tue etwas voll und ganz. Lebe extrem. Wenn wir uns an die äußersten Grenzen von Tempo, Entfernung oder *Shape* wagen, gewöhnen wir uns an diese Extreme und können leichter darauf zugreifen, wenn sie für unsere Arbeit nötig sind: Die Ausdrucksmöglichkeiten des Künstlers werden größer. Noch einmal: Beim *Viewpoints*-Training geht es darum, neue Möglichkeiten zu eröffnen und so unsere Palette zu vergrößern.

Du wirst womöglich wieder zu Nuancierung und Subtilität zurückkehren, doch dann wird die »Grauzone« eine von dir bewusst getroffene und gestaltete Wahl sein und kein unvermeidliches Ausweichmanöver, das der Angst entspringt. Stürze dich fürs Erste in die Extreme, wo es nur Schwarz und Weiß gibt; sei entschieden, klar, wagemutig, radikal.

Der Lackmustest – *Viewpoints* als Spiegel

Die einzelnen *Viewpoints* sind für den Schauspieler eine Art Lackmustest: Sie dienen als Checkliste, um Fähigkeiten und Grenzen zu beurteilen. Ermutige die Gruppe, auf persönliche Neigungen und Vermeidungsverhalten zu achten, auf die Teile des Körpers, die wehtun und die man ausblendet, darauf, wann sie ausweichen oder in unbewusste Muster zurückfallen.

Zu Beginn der Arbeit mit *Viewpoints* kann man nicht vermeiden, sich selbst zu begegnen. Jeder Einzelne wird hypersensibel in der Wahrnehmung aller möglichen Dinge: wie weit er neben sich steht, wie verzögert seine Reaktionszeit ist, wie sehr er die Länge seiner Arme hasst oder seinen hüpfenden Gang. Der Spiegel wird so groß und beängstigend. Erinnere die Gruppe immer wieder daran, dass hier kein Weg *vorbei*, sondern nur *hindurch* führt: Selbstbeobachtung bedeutet Befangenheit, Bewusstheit bedeutet Freiheit.

Lass Worten Taten folgen

Es ist unbedingt notwendig beim Unterrichten von *Viewpoints,* nicht nur offen zu sein für das, was du dir erhoffst, was geschehen *sollte,* sondern für das, was *tatsächlich* in der Gruppe geschieht. *Viewpoints*-Training bedeutet: *Alle* trainieren, *üben sich* in etwas, Lehrer/Kursleiter/Regisseur genauso wie die Teilnehmer. Wir haben *Viewpoints* nur dann »scheitern« gesehen, wenn der Lehrer eine starre und unflexible Unterrichtsmethode hatte, einen festgelegten Plan für den Kurs. *Viewpoints* erfordert extreme Achtsamkeit vonseiten des Lehrers. Bleibe offen für die spezifischen Schwierigkeiten und Dynamiken innerhalb deiner Gruppe: Passe deinen Plan an, bleibe, nötigenfalls länger bei einem einzelnen *Viewpoint*, überspringe einen anderen, wenn es die Situation verlangt, beobachte mit Adleraugen und leite die Gruppe mit Gespür für den *Augenblick* – und sollte die Arbeit eine unerwartete Richtung einschlagen, dann gehe mit!

Das Ausüben von *Viewpoints* verlangt Offenheit, von den Darstellern genauso wie von den Lehrern. Es ist dasselbe, wie wenn ein Schauspieler die Bühne betritt: Wissen, was man will, auftreten und bereit sein, sich auf das einzulassen, was man vorfindet. Von allen vorgefassten Meinungen loslösen und dort sein, wo man *tatsächlich* ist – im Hier und Jetzt. Zuhören. Wahrnehmen. Reagieren. *Es benutzen.*

Tinas Erlebnis

Ich sollte einen dreiwöchigen Workshop an der Steppenwolf Summer School in Chicago geben. Ich hatte gerade eine Produktion *(Bells Are*

Ringing)[7] beendet, war mit einer sehr frühen Maschine geflogen und nicht in der Stimmung, Unterricht zu geben. Ich kam dort an, um zu entdecken, dass wir einen anderen Raum bekommen hatten als den, in dem ich im vergangenen Sommer unterrichtet hatte. Der neue Raum war die »Steppenwolf-Garage«, die gerade für Proben einer anderen Produktion genutzt wurde. Die *Viewpoints*-Klasse war in eine Art Abstellkammer verbannt worden: ein schmales, durch schwarze, mit Bildern vollgehängte Vorhänge abgetrenntes kleines Eckchen. Ich wandte mich an den Verwalter und beschwerte mich: »Man kann in diesem Raum unmöglich *Viewpoints* machen. Das müsste ihnen doch klar sein! Es gibt nicht genug Platz, um sich zu bewegen, und wir müssen auf die Bilder aufpassen, was das genaue Gegenteil von Freiheit und Ungehemmtheit ist. Ich kann hier nicht arbeiten!« Er ging, um zu sehen, ob er einen anderen Ort finden könne. In der Zwischenzeit nahm ich mit den Studenten Platz, stellte mich widerwillig vor und fragte sie, wie ihre ersten Unterrichtsstunden am Tag zuvor gewesen seien. Sie waren zufrieden, außer dass sie zu viel herumgesessen und geredet hätten. Nach dem ganzen Gerede von gestern und bei der kühlen Luft an diesem Morgen konnten sie es nicht erwarten, auf die Beine zu kommen und sich zu bewegen. Oh, nein! dachte ich und erzählte ihnen, dass ich kurz davor war, die Arbeitseinheit abzusagen und einfach nur zu reden. Aber das hätte allen Prinzipien von *Viewpoints*, die ich mit ihnen teilen wollte, widersprochen. Ich sagte ihnen, dass *Viewpoints* für mich vor allem bedeutet, zu lernen, mit dem zu arbeiten, was man vorfindet, Hindernisse als Chance zu sehen. Ich atmete tief durch, wir standen auf und begannen mit dem Training.

Meine Arbeit mit dieser Gruppe endete nach drei Wochen. In den letzten drei Wochen ihres neunwöchigen Sommerkurses trainierten sie wieder *Viewpoints*, aber mit einer anderen Lehrerin (einer Schauspielerin aus Chicago, mit der ich in drei Produktionen gearbeitet hatte und die ich empfohlen hatte). Ich kehrte nach Chicago zurück, um beim letzten Unterricht zuzuschauen, zu dem auch »Vorführungen« vor Publikum gehörten. Die Gruppe arbeitete gerade sehr gut mit *Open Viewpoints* (siehe Kapitel 6), als die Kursleiterin anfing, Stichwörter, Themen und

7 Premiere am 12. April 2001. (Anm. d. Red.)

Anweisungen anzusagen. Zuvor hatte sie angekündigt, das Thema der Session sei »Fliegen, Freiheit, Spiel«. Die Gruppe war gerade dabei, eine faszinierende Sequenz von Gefahr und Ungleichgewicht zu entwickeln, als sie sagte: »Das Thema ist *Fliegen.*«

Manchmal ist es wundervoll, die Richtung absichtlich radikal zu ändern, um bewusst alles ins Gegenteil zu verkehren, aber in diesem Fall war klar, dass die Lehrerin dieses vorgefasste Thema im Kopf hatte und sich als Ziel vorgenommen hatte, es dem kleinen, geladenen Publikum vorzuführen. Es hatte nichts mit dem zu tun, was die Gruppe gerade erlebte, weshalb es ihr unmöglich war, umzuschalten. Ich saß etwa fünfzehn Minuten da und hörte zu, wie die Leiterin Begriffe rief, die die Gruppe in die gewünschte Richtung lenken sollten. Vor ihren Augen spielte sich ein überraschender und bedeutungsvoller Moment nach dem anderen ab, aber sie verpasste sie alle, weil sie so darauf fixiert war, ein bestimmtes Ereignis zu erzwingen.

DIE EINZELNEN *VIEWPOINTS* VERBINDEN

Sobald Vertrautheit mit den *Physical Viewpoints* erreicht ist, ist es Zeit, dass sie alle miteinander verbunden werden. Die einleitenden Übungen aus Kapitel 4: »Wie anfangen?«, gewährleisten, dass jeder in der Lage ist, auf der Bühne spontan und mit einem umfassenden Bewusstsein für andere zu arbeiten. Die Übungen aus Kapitel 5: »Einführung der einzelnen *Viewpoints*« machen mit den einzelnen *Viewpoints* bekannt und fördern die Sensibilität für das Gesamtbild, für alles, was auf der Bühne stattfindet. Diese Übungen sind die Voraussetzung für die nächste Stufe im *Viewpoints*-Training.

DIE PRAXIS VERTIEFEN

ÜBUNG 1: ZÄHLEN

1. Beginne mit einer Zähl-Übung, bei der jeder im Raum mit einer ähnlichen Geschwindigkeit, aber in eine beliebige Richtung geht. Wenn die Gruppe zum Beispiel aus zwanzig Leuten besteht, bitte sie, von eins bis zwanzig zu zählen, ohne dass jemals mehr als eine Person auf einmal spricht, so dass jeder eine andere Zahl laut nennt. Jeder kommt bei dieser Übung »Bis zwanzig zählen« nur einmal an die Reihe. Sobald jemand eine Zahl genannt hat, darf er keine weitere Zahl nennen. Wenn mehre Personen gleichzeitig sprechen, muss die Gruppe wieder von vorne mit dem Zählen anfangen. Bereitet die Übung Schwierigkeiten, fordere die Teilnehmer auf, zuzuhören und ihre Aufmerksamkeit stärker auf das Ganze zu konzentrieren.
2. Um das Zuhören noch weiter zu entwickeln, lass die Beteiligten mit

einer größeren Bewusstheit für ihre Geschwindigkeit weiter mit *Soft Focus* umhergehen. Alle sollen mit der gleichen Geschwindigkeit gehen. Sobald das Tempo festgelegt ist, sollte jeder seine Geschwindigkeit beschleunigen, wieder in Abstimmung mit den anderen Gruppenmitgliedern. Dann sollen alle zusammen zu rennen anfangen. Wenn eine Spitzengeschwindigkeit erreicht ist, sollen alle zusammen als Gruppe die Geschwindigkeit wieder verlangsamen. Bei einer mittleren Geschwindigkeit soll die gesamte Gruppe versuchen, im gleichen Augenblick stehenzubleiben. In dem Moment, in dem der Körper stillsteht, wird die innere Energie beschleunigt.

3. Nach einigen Augenblicken des Stillstands versucht die Gruppe im exakt selben Moment wieder loszugehen und sich sofort gemeinsamen in derselben Geschwindigkeit zu bewegen.

ÜBUNG 2: DER *FLOW*

Sobald die Gruppe auf diese Weise mit *Tempo* gearbeitet hat, soll sie sich weiterhin mit *Soft Focus* bewegen, aber mit einem erhöhten Bewusstsein für den Raum. Jetzt werden die fünf Optionen, aus denen der *Flow* besteht (also die Punkte 1 bis 5 aus der folgenden Liste), nacheinander eingeführt. Mit jeder neuen Option sollten die vorherigen im Spiel bleiben, bis alle fünf zusammen funktionieren. *In Viewpoints erfolgen Entscheidungen immer intuitiv und aufgrund von Ereignissen, die um einen herum stattfinden.* Lass immer einige Minuten verstreichen, bis du die nächste Option einführst. So können die Beteiligten ausführlich erkunden, was durch die neue Möglichkeit passiert.

1. Gehe durch den Raum zwischen zwei Personen hindurch. Stell dir vor, dass dieser Raum eine *Türöffnung* zum *Durchgehen* ist. Gehe weiter durch den Raum und gehe durch alle verfügbaren *Türen*, die sich um dich herum auftun. Weil ständig überall neue Türen auftauchen, wirst du dich auch ständig in unerwartete Richtungen bewegen.
2. Tempowechsel. Die Tempowechsel werden dadurch angeregt, dass

andere ihre Geschwindigkeit ändern. Außerdem wirst du, je nach Größe des Zwischenraums, zwischen zwei Personen und je nachdem, wie schnell sich dieser Raum verändert, auch deine Geschwindigkeit anpassen müssen.

3. Füge die Möglichkeit, anzuhalten, hinzu. Wie zuvor werden die Stopps durch äußere Ereignisse angeregt, d. h. wenn andere Personen stehenbleiben oder weitergehen. Während des Stillstands sind hohe Energie und Wachheit gefordert.
4. Folge einer anderen Person. Es kann vorkommen, dass dadurch Personen in einer Reihe hintereinander hergehen.
5. Anstatt durch eine Tür durchzugehen, kannst du jetzt auch die Laufrichtung ändern oder umkehren, sobald du in die Nähe einer anderen Person kommst.
6. Sobald alle fünf Optionen im Spiel sind, lässt du die Gruppe eine Art *natürlichen Fluss* finden. Nach einiger Zeit kannst du sie bitten, eine Diagonale im Raum zu bilden, während die fünf Optionen weiter im Spiel bleiben. So wird ein wunderbar fließender Wechsel aus Bewegung und Stillstand entstehen. Lass die Gruppe für mindestens drei bis vier Minuten erforschen, welche Freiheiten sie innerhalb der Form einer Diagonale hat.
7. Gib die Übung wieder für den ganzen Raum frei. Nach einiger Zeit sind verschiedene Varianten innerhalb der fünf Optionen möglich. Die Gruppe soll sich verschiedener Arten von Linien im Raum bewusst werden. Bildet zum Beispiel 1. im hinteren Bühnenbereich *(upstage)* eine Reihe von links nach rechts. Unter Beachtung der fünf Optionen wendet sich immer eine Person nach vorn zur Rampe *(downstage)*, während sich alle übrigen nach hinten wenden. Jeder muss wahrnehmen, wer gerade nach vorn gewandt ist, damit, wenn sich diese Person wieder umdreht, sich jemand anderes nach vorn wenden kann. 2. Reiht euch am hinteren Bühnenende *(upstage)* von links nach rechts, mit Blickrichtung nach vorne, auf. Während die fünf Optionen im Spiel bleiben, bewegen sich alle zusammen langsam zum vorderen Teil der Bühne, um sich schließlich an der Rampe wieder aufzureihen. Die Übung ist zu Ende, wenn alle still in einer Reihe so nahe wie möglich an der Rampe stehen, mit Blick ins Publikum.

Hinweis: Der *Flow* ist eine unmittelbare Einladung zu instinktiver Bewegung und einem Gespür für fließende Bewegungen im Verhältnis zu anderen Personen. Es ist hilfreich, den *Flow* häufig zu üben. Wenn es genug Teilnehmer gibt, ist es gut, sie gelegentlich in zwei Gruppen einzuteilen, so dass der eine Teil zusehen kann, während der andere den *Flow* praktiziert. Wenn man andere beobachtet, wird einem oft vieles klar. Und von einer Gruppe beobachtet zu werden, steigert den Einsatz auf der Bühne.

ÜBUNG 3: *LANE WORK* (BAHNEN)

1. Fünf bis sieben Teilnehmer stehen *upstage*, also am hinteren Ende der Bühne, in einer horizontalen Linie, von links nach rechts. Die Abstände zwischen den Personen sind gleich und betragen mindestens einen Meter. Der Raum vor jeder Person bildet eine Bahn (stell dir ein Schwimmbecken vor). Die Teilnehmer blicken Richtung Rampe, sind bewegungslos und aufmerksam, hören aufeinander. Wenn sie beginnen sich zu bewegen, gelten folgende Einschränkungen:
2. Jeder muss auf seiner Bahn bleiben. Die Bahn ist im Idealfall sechs bis sieben Meter lang. Jeder darf sich auf seiner Bahn vor- und zurückbewegen. Aber:
3. Bewegung ist ausschließlich auf fünf Möglichkeiten beschränkt: 1. gehen, 2. rennen, 3. springen, 4. auf den Boden fallen oder legen, 5. stillstehen.
4. Jeder muss den gesamten Raum, der durch alle Bahnen gebildet wird, wahrnehmen und steht mit den anderen Teilnehmern in jedem Augenblick im Einklang.
5. Alle Entscheidungen werden mit besonderem Augenmerk für folgende *Viewpoints* getroffen: *Kinesthetic Response, Spatial Relationship, Repetition, Duration und Tempo.* (In dieser Übung sollte es keinen offensichtlichen Gebrauch von *Architecture, Shape* oder *Gesture* geben.) Die Topographie ist bereits durch die Bahnen festgelegt. Während *Lane Work* ist keine Zeit, über die einzelnen *Viewpoints* nachzudenken, die

Beteiligten sollen vielmehr alles anwenden, was sie bisher gelernt haben, *intuitiv*, augenblicklich und als Antwort auf das, was bereits geschieht.

6. Wenn die Beteiligten bereit sind und ihre Ausgangsposition eingenommen haben, weise sie an, zu beginnen. Die Bewegung jedes Einzelnen entsteht ausschließlich als Antwort auf die Bewegung eines anderen. Um diese Bewegungen wahrzunehmen zu können, bedarf es eines konstant hohen Maßes an Aufmerksamkeit und Bereitschaft zum Zuhören. *Soft Focus* macht direkten Augenkontakt überflüssig. Die Bewegung muss unmittelbar und mit vollem körperlichem Einsatz erfolgen. Der Beginn der Bewegung sollte organisch und leicht erscheinen, als gäbe es niemanden, der führt oder folgt. Solltest du beim Start feststellen, dass sich alle auf einmal bewegen oder die Bewegung erzwingen, dann unterbrich die Übung und bitte alle, wieder ihre Ausgangsposition einzunehmen. Erinnere sie daran, eineinander zuzuhören und alles, was sie tun, *zu sich kommen* zu lassen, anstatt es zu erzwingen. Manchmal bedeutet das für eine Gruppe, mehrere Sekunden oder sogar eine ganze Minute einfach stillzustehen, bevor Bewegung stattfindet. Das ist in Ordnung. Das Ziel dieser Aufgabe ist, das Zuhören zu üben und nicht, Bühnenereignisse zu kreieren.

Hinweis: Achte während *Lane Work* auf die Tendenz, nur dem Anfang, dem Start einer Bewegung Aufmerksamkeit zu schenken, diese dann aber in Beliebigkeit zerfallen zu lassen, ohne Bewusstsein für ihren Abschluss. Diese Tendenz, mit vollem Einsatz auf einen Impuls zu reagieren, dann aber willkürlich aufzuhören, um auf den nächsten Impuls zu warten, führt dazu, dass die Improvisation stockt und zusammenhanglos wird.

Wenn eine im *Viewpoints*-Training unerfahrene Gruppe mit *Lane Work* beginnt, fällt es ihr oft schwer, dem eingeschränkten Vokabular zu vertrauen. Es ist ein angeborenes Bedürfnis des Schauspielers, zu unterhalten oder zu beeindrucken, so dass zum Beispiel aus Gehen plötzlich ein Hüpfen oder Hoppeln wird. Lass nichts anderes zu als die elementaren Grundaktionen Gehen, Laufen, Springen und Fallen. Ermutige die Schauspieler, auf Einfachheit und Minimalismus in der Bewegung zu vertrauen. (Eine Gruppe von Menschen, die langsam, gleichzeitig einen Fuß hebt, kann einen kraftvollen dramatischen Moment erzeugen.)

Lane Work zeigt, wie notwendig es ist, sich ganz auf eine Handlung einzulassen, diese aber gleichzeitig, aufgrund neuer Ereignisse, korrigieren und verändern zu können. Sich vollständig auf etwas einzulassen und zugleich offen für Veränderungen zu sein, ist ein körperliches Paradox, das – wenn man es meistert – zu einem Gefühl außergewöhnlicher Freiheit führt.

Durch *Lane Work* wird auch deutlich, wie viel man *sehen* kann, ohne sich umzusehen: Der Körper kann hören, was auf der gesamten Bühne geschieht. Eine Person im vorderen Bühnenbereich kann *hören*, wenn sich jemand im hinteren Bühnenbereich bewegt, und darauf mit einer Bewegung reagieren.

ÜBUNG 4: *GRID WORK* – ARBEIT MIT DEM RASTER

Jetzt ist es an der Zeit, alle *Viewpoints* zusammenzubringen und mit einem Raster, einem *floor pattern,* zu arbeiten (für eine ausführliche Beschreibung von *floor pattern* siehe die Abschnitte *Architecture* und *Topography* im vorigen Kapitel).

1. Für diese Übung sind (in dieser Phase) mindestens fünf und höchstens neun Teilnehmer ideal. Wie bei *Lane Work* steht zu Beginn jeder *upstage* in einer horizontalen Linie. Anders als bei *Lane Work* braucht der Abstand zwischen den Teilnehmern nicht einheitlich zu sein. Deswegen müssen Entscheidungen in Bezug auf *Spatial Relationship* und *Shape* getroffen werden. Die Improvisation beginnt aus dem Stillstand, die Aufmerksamkeit ist auf die gesamte Bühne und alle Mitwirkenden gerichtet.
2. Die Übung beginnt, wie üblich, indem alle aufeinander hören und reagieren. Die Beteiligten können sich in jede Richtung bewegen, die dem Raster entspricht (keine Diagonalen oder Kurven). Die Improvisation kann beliebig lang dauern. Damit die Beteiligten die neue Arbeitsform kennenlernen, gib ihnen allerdings *mindestens* fünf Minuten, um die neue Freiheit zu erforschen, die *Grid Work* ermöglicht.

**Bewege dich niemals ohne Grund.
Das Bedürfnis nach Abwechslung ist
kein ausreichender Grund.**

In allen Improvisationen sollte es für jede Bewegung einen Grund geben: keinen psychologischen, sondern einen formalen, kompositorischen und intuitiven Grund. *Viewpoints* heißt, Entscheidungen bezüglich Raum und Zeit zu treffen. Jede Bewegung geht von dem aus, was *bereits* geschieht. Der Grund, sich zu bewegen, kann ein kinästhetischer Reflex *(Kinesthetic Response)* auf eine Bewegung sein oder kann der Klärung einer räumlichen Beziehung *(Spatial Relationship)* dienen, oder man wählt eine bestimmte Geschwindigkeit in Bezug auf das bereits auf der Bühne vorhandene Tempo. Eine Bewegung kann sich einem Bodenmuster oder der Dauer *(Duration)* einer Aktion anpassen, die innerhalb der Gruppe entsteht. Eine Entscheidung kann in Bezug auf die vorhandene Architektur getroffen werden oder kann eine Wiederholung *(Repetition)* einer Form *(Shape)* oder einer Geste *(Gesture)* sein. Aber keine Bewegung sollte willkürlich oder aus einem Bedürfnis nach Abwechslung stattfinden.

ÜBUNG 5: *OPEN VIEWPOINTS* (OFFENE *VIEWPOINTS*)

Jetzt sind die Teilnehmer bereit für einen Versuch mit *Open Viewpoints*, einer freien Form des *Viewpoints*-Trainings, wo kein Bodenmuster, wie etwa Bahnen oder Raster, festgelegt ist. Fünf bis neun Personen finden gemeinsam einen Weg, die Improvisation zu beginnen, in der sie alle Parameter, die *Viewpoints* bereitstellt, anwenden dürfen. Vor allem aber sollen sie in jeder Hinsicht großzügig und aufgeschlossen sein und aufmerksam aufeinander hören.

1. Die Improvisation sollte mit *Spatial Relationship* als Ausgangspunkt beginnen. Wenn sie die Bühne betreten, sollten die Teilnehmer klare Entscheidungen treffen, *wo* sie aufgrund der Anordnung der ande-

ren Personen um sie herum beginnen. Das Anfangsarrangement sollte nicht zu barock sein (d.h. nicht zu viele ungewöhnliche *Shapes*). Stattdessen sollte sich eine einfache, klar erkennbare Raumaufteilung ergeben, in der sich jedem das gesamte Bild, das sich auf der Bühne ergibt, erschließt. Es wird aus dem Stillstand begonnen.

2. Die Beteiligten sollen aus dem Stillstand beginnen, aufeinander und auf die Umgebung zu hören. Sie hören mit ihrem gesamten Körper. Es gibt keinen Grund zur Eile und keinerlei Zwang, etwas geschehen zu lassen (zu Beginn von *Open Viewpoints* ist Geduld ein wichtiger Verbündeter). Die Qualität des Zuhörens schafft die Voraussetzungen für das Geschehen: Die Teilnehmer widmen sich einander und dem Zuhören voll und ganz. Unter Verwendung des *Viewpoints*-Vokabulars ergeben sich ihre Handlungen aus diesem Zuhören.
3. Die Teilnehmer sollten das Bewegungsvokabular, das während der ersten Minuten der Improvisation entsteht, aufnehmen und versuchen, dieses begrenzte Vokabular weiterzuentwickeln, statt sich neue Bewegungen auszudenken. Wenn zum Beispiel eine bestimmte Geste wie *Zeigen, Winken* oder *Salutieren* ausgeführt wird, bleibe bei diesen Formen, anstatt neue zu erfinden. Neue Formen entstehen von selbst, wenn man das vorhandene *Viewpoints*-Vokabular anwendet.

Idealerweise hat sich in *Lane Work* die maximale Wirkung einer minimalen Bewegungspalette bereits gezeigt. Die Schriftstellerin Gertrude Stein benutzte zum Beispiel einen extrem kleinen Wortschatz. Sie schuf unzählige Bedeutungen, indem sie die gleichen Wörter auf unterschiedliche Weise nebeneinanderstellte: »Das Gleiche, nur anders«, würde sie sagen (siehe Kapitel 15). Das *Viewpoints*-Training speist sich stark aus einem ähnlichen ästhetischen Verständnis: Das Ziel ist nicht, ein ständig wachsendes Vokabular zu schaffen, sondern Formen durch Wiederholung mit neuen Bedeutungen aufzuladen.

Beobachte genau, was während der *Open Viewpoints*-Session auf der Bühne geschieht, und gib den Beteiligten, wenn nötig, Hinweise. Wenn so viele verschiedene Dinge gleichzeitig geschehen, dass es dir nicht möglich ist, das Gesamtbild und jeden Einzelnen darin zu sehen, weise die Beteiligten an, ihr Vokabular zu vereinfachen und zu reduzieren. Die Beteiligten sollten nicht *auf mehreren Hochzeiten tanzen,* d.h. alle arbeiten an demselben Ereignis, anstatt an mehreren. Es gibt eine riesige Bandbreite an Handlungsmöglichkeiten innerhalb eines Ereignisses, aber es gibt *nur ein* Ereignis. Wenn die Gruppe auf mehreren Hochzeiten tanzt, folgt daraus Chaos ohne Fokus und Richtung; findet die Gruppe aber zu einem gemeinsamen Handeln, kann das Ergebnis atemberaubend sein. Das muss allerdings nicht bedeuten, dass sich alle auf einem Haufen oder nahe beieinander befinden; »ein Ereignis« kann mit zwei oder drei im Raum verteilten Gruppen stattfinden.

Hinweis: Letztlich ist die beste Möglichkeit, *Viewpoints* zu erlernen, die Praxis. Eine *Open Viewpoints*-Improvisation sollte in der Regel zehn bis fünfzehn Minuten dauern. Zu einem frühen Zeitpunkt ist es ratsam, zwanzig Minuten für eine ausführliche Erfahrung mit *Open Viewpoints* zu ermöglichen. Danach bitte jeden, der in der längeren Improvisation mitgewirkt hat, der folgenden Gruppe einen Rat unter dem frischen Eindruck des gerade Erlebten zu geben. Die Ratschläge sollten knapp, praktisch und prägnant sein. Oft werden die Teilnehmer grundlegende Konzepte artikulieren, wie »aufeinander achten«, »nicht zu viel nachdenken«, »mit dem ganzen Körper hören«, »Spaß haben«, »loslassen«, »den anderen vertrauen« usw. Wie bei jeder Form des Lernens kommt der beste Rat von dem, der gerade selbst eine Erfahrung gemacht hat, und nicht von einem Außenstehenden.

ÜBUNG 6: *SATS*

Eugenio Barba, der künstlerische Leiter des Odin Teatret in Dänemark, stellte einmal die Frage: »Was haben alle Schauspieler in der ganzen Welt, ungeachtet ihrer sprachlichen und kulturellen Unterschiede, gemeinsam?« Als Antwort auf diese Frage nennt Barba den »Sats«,[8] ein norwegi-

8 »*Sats* kann mit den Worten ›Schwung‹ oder ›Impuls‹, ›Einsatz‹, ›Bereitschaft‹ übersetzt werden. In unserer Arbeitssprache bezeichnet es unter anderem den Moment, in dem jemand bereit ist zu handeln, den Augenblick, der der Hand-

scher Begriff, der die Qualität der Energie im Moment *vor* einer Handlung beschreibt. Die Handlung selbst, »Post-Sats«, hängt von der Kultur des jeweiligen Schauspielers ab. Aber die Qualität der Energie *vor* der Handlung ist das, was alle Schauspieler auf der ganzen Welt teilen. Die Qualität der Vorbereitung, oder *Sats*, bestimmt den Erfolg der Handlung.

Betrachten wir zum Beispiel das Bogenschießen. Der Schütze zieht die Bogensehne mit dem Pfeil zurück und visiert das Ziel an. Der Moment vor dem Loslassen des Pfeils ist *Sats*. Der Erfolg des Pfeilflugs wird durch die Qualität dieses Moments entschieden und nicht vom Abschuss selbst.

Genauso sollte ein Schauspieler auf der Bühne ein Bewusstsein für *Sats*-Energie entwickeln und mit dieser Art von Energie vertraut sein. In *Viewpoints* ist *Sats* sichtbar und spürbar. Wenn eine Bewegung von einer Energie mit *Sats*-Qualität eingeleitet wird, erscheint sie dringlicher und sichtbarer. Die folgende Übung hilft, mit *Sats*-Energie vertraut zu werden.

1. Sieben bis neun Personen bilden am hinteren Bühnenende von links nach rechts eine Reihe. Jeder in dieser Reihe hat das Gefühl, sanft am Kopf nach oben und an den Füßen nach unten in die Erde gezogen zu werden: kräftige Beine, *Soft Focus*, lockere Arme, »offenes Herz«. Für den Moment nennen wir diese Position *Sats-Position*. Wenn diese Position einmal etabliert ist, dürfen die Teilnehmer die Reihe verlassen, sich unter Anwendung der *Open Viewpoints* frei bewegen und nach Belieben wieder in die *Sats-Position* zurückkehren.
2. Man darf jederzeit in die Reihe zurückkehren, um den körperlichen Zustand der Bereitschaft oder des *Sats* erneut zu erleben und sich daran zu erinnern. Jedoch sollte sich jeder Teilnehmer, wenn er sich *auf*

lung vorausgeht, in dem die ganze Energie schon präsent ist, in dem sie bereit ist einzugreifen, aber noch innegehalten und in der Faust verschlossen wird: Tiger oder Schmetterling, zum Sprung bereit.« (Eugenio Barba: *Ein Kanu aus Papier*, Köln 1998, S. 59.)

Das Sanskrit-Wort *sat* bedeutet *sein, existieren, stattfinden, anwesend sein.* (Anm. d. Ü.)

der Bühne befindet, voll und ganz auf *Viewpoints* konzentrieren; wenn er in der Reihe steht, voll und ganz auf *Sats*. Um die *Sats-Position* wieder einzunehmen, müssen die Teilnehmer nicht an die gleiche Stelle der Reihe zurückgehen.

Die *Sats-Position* eröffnet auch die Möglichkeit für die Teilnehmer, sich auch auf kleinere Gruppen zu fokussieren, indem man kleinere Konstellationen für *Viewpoints* einführt: Solo, Duett oder Trio.

Hinweis: Wenn die Energie in der *Sats-Position* intensiver und schneller herstellbar wird, kann das für den Zuschauer äußerst fesselnd werden. Da der *Sats*-Zustand so konzentriert und aufgeladen ist, wird jede Bewegung, die aus *Sats* in *Open Viewpoints* führt, dringlicher und klarer erscheinen. Durch *Sats* werden natürlicherweise die Einsätze erhöht.

Genaugenommen gibt es so etwas wie eine *Sats-Position* nicht, da *Sats* eine Art von Energie ist, die auf der Bühne vor jeder Handlung ständig im Einsatz ist. Das Konzept von *Sats* ist aber für diese Übung und für die Entwicklung einer stärkeren Präsenz im *Viewpoints*-Training nützlich.

ÜBUNGEN ZUR WEITEREN VERTIEFUNG

Die folgenden Übungen verbessern Verständnis, Präzision, Differenzierung und Klarheit in *Open Viewpoints*.

ÜBUNG 1: *THE FLYING PHRASES* (DIE FLIEGENDEN PHRASEN)

Jeder Teilnehmer entwickelt allein in zwei oder drei Minuten eine kurze Kombination von Bewegungen oder eine »Phrase«, die auf einer Seite des Raums beginnt und auf der anderen endet. Diese Phrase sollte sich wie Fliegen anfühlen; sie sollte raumgreifend sein, einen klaren Anfang, eine Mitte und ein klares Ende haben und für andere schnell erlernbar sein (und niemand sollte sich dabei verletzen). Teilnehmer mit Tanzausbildung dürfen natürlich ihre Erfahrung bei der Ausarbeitung einer Bewegungskombination nutzen.

1. Teile die Teilnehmer in fünf Gruppen ein.
2. Wähle eine Person aus, damit sie ihre Bewegungskombination allen Gruppen vorführt. Alle fünf Gruppen müssen diese Kombination nur durch Beobachtung sofort lernen.
3. Die Person, die sich die Bewegungskombination ausgedacht hat, stellt sich in die Mitte. Die erste Gruppe muss jetzt diese Choreographie gemeinsam und im Einklang vorführen und sich dabei von einer Seite des Raums zur anderen bewegen. Gib ihnen dafür ein Startsignal (zähle beispielsweise rückwärts: drei, zwei, eins, los!). Die Teilnehmer sollen sich dabei vorstellen, dass sie diese Choreographie fünf Wochen lang an einem renommierten Theater geprobt haben und jetzt die Premiere stattfindet. Mit dieser Einstellung sollen sie als Ensemble agieren, mit einem wachen Bewusstsein dafür, was die anderen tun, und zwar in jedem einzelnen Augenblick. Außerdem sollte die Choreographie ein klares, entschiedenes Ende haben, mit dem *alle gleichzeitig* abschließen. Wenn die Gruppe Schwierigkeiten hat, zusammen zu agieren, fordere sie auf, zumindest das Ende so gut wie möglich »zu verkaufen« und den Zuschauer glauben zu machen, dass sie ein echtes Ensemble sind.
4. Nachdem die erste Gruppe diese Aufgabe zufriedenstellend ausgeführt hat (vermutlich sind mehrere Versuche erforderlich), soll die zweite Gruppe einen Versuch unternehmen, wieder mit dem »Erfinder« in der Mitte. Danach ist die dritte Gruppe dran. Und so weiter. Wenn eine Gruppe wirklich gut ist, bitte sie, die Phrase doppelt so schnell, dann halb so schnell zu probieren.

Hinweis: Es geht bei dieser Übung nicht um den Schwierigkeitsgrad der Choreographie, sondern um die Qualität des Gruppenauftritts. Wie bekommt die Gruppe das Problem, plötzlich etwas miteinander aufführen zu müssen, in den Griff? Sie sollten so gut wie möglich zusammen agieren und die Bewegungen im Gleichklang durchführen, aber auch lernen, »Fehler« würdevoll zu integrieren.

Diese Übung verbessert den Umgang mit *Repetition*. Mit *Repetition* ist hier nicht Nachahmung gemeint, sondern die Qualität von *Shape* und *Tempo* anderer *zu übernehmen*.

ÜBUNG 2: *THE RELAYS* (STAFFELLÄUFE)

1. Teile die Gruppe in vier Staffelmannschaften auf (A, B, C, D). Jedes Team startet am gleichen Raumende auf einer eigenen Bahn. Das erste Teammitglied auf der Bahn erhält die Nummer »1«, als Nächstes kommt »2« usw.
2. Jedes Team erarbeitet unabhängig von den anderen Teams sein eigenes Material auf seiner eigenen Bahn. Da alle Mannschaften gleichzeitig arbeiten, ist es notwendig, dass ein Außenstehender den Überblick über den ganzen Raum behält und klare Anweisungen gibt, wann sich die Teams bewegen sollen.
3. Am besten lässt man mit dem Kommando »Alle Einser fertig, los!« die Nummer 1 jeder Gruppe starten. Jeder Teilnehmer mit dieser Nummer durchquert den Raum und erfindet dabei eine Bewegung/Aktion. Das kann eine Drehung sein, ein Sprung oder ein Hopser mit einem Händeklatschen. Die Aktion sollte so klar wie möglich ausgeführt werden, da sie für alle aus dem Team sichtbar und sofort erlernbar sein muss.
4. Sobald alle Einser mit ihrer Aktion fertig sind, gehen sie neben der Bahn zurück, ans Ende ihrer Reihe. Achte darauf, dass jeder im Team sehen konnte, was die Nummer 1 gemacht hat. Wenn nicht, lass sie es noch mal tun.
5. Dann heißt es »Alle Zweier fertig, los!«. Alle Zweier in den Bahnen wiederholen jetzt, was die Einser getan haben. Sobald die Zweier beginnen, schicke die Dreier los usw., bis alle Teilnehmer, darunter *auch noch einmal* die Einser, die erste Aktion wiederholen. Sobald die Beteiligten ihre Bewegung durch den Raum beendet haben, kehren sie immer *neben den Bahnen* wieder ans Ende ihrer Reihe zurück.
6. Sobald alle die erste Aktion abgeschlossen haben, sollten die Zweier

ihre Staffelteams anführen. Die Zweier werden jetzt, jede auf ihre Art, eine Aktion/Bewegung, entweder am Anfang oder am Ende von Aktion 1 anfügen. Schicke die Zweier los. Achte wieder darauf, dass alle gesehen haben, was ihre Zweier hinzugefügt haben.

7. »Alle Dreier fertig, los!« und so weiter, bis die Zweier noch einmal an der Reihe waren. Jetzt werden natürlich die Dreier etwas Neues hinzufügen, was alle anderen wiederholen.
8. Dann sind alle Vierer dran und so weiter, bis alle Beteiligten eine Bewegung hinzugefügt haben und es genügend Material gibt, um Gedächtnis und Geschicklichkeit herauszufordern. Es ist möglich, bis zu zehn oder sogar zwölf Schritte hinzuzufügen, ohne die Teilnehmer zu überfordern.
9. Sobald die Bewegungskette abgeschlossen ist, soll das A-Team am hinteren Ende der Bühne eine Reihe bilden und, wie bei den *Flying Phrases*, gemeinsam und im Einklang, die ganze Bewegungsserie zeigen wie bei einer Aufführung, so, als hätten sie sie wochenlang geprobt.
10. Jedes Team führt seine Bewegungsserie ein Mal auf.
11. Bitte als Nächstes alle Einser, sich am hinteren Ende der Bühne aufzustellen und mit ihrem Wissen über *Spatial Relationship* und *Architecture* einen Platz zu finden, um zusammen eine Improvisation zu beginnen. Jetzt sind vier Personen mit vier unterschiedlichen Bewegungskombinationen auf der Bühne. *Wo* man sich bewegt, sollte immer davon abhängen, wo sich die anderen Personen befinden. *Wann* man sich bewegt, ist abhängig von *Kinesthetic Response* oder einer Reaktion auf die Bewegung einer anderen Person. Jeder durchläuft ein Mal seine Bewegungskombination, ohne Wiederholungen, aber mit geschärfter Aufmerksamkeit dafür, *wo* und *wann* sie sich in Wechselwirkung mit den drei anderen Personen auf der Bühne bewegen. Nach Beendigung eines Bewegungsablaufs sollte jeder Einser seine Position halten, bis alle fertig sind.
12. Als Nächstes starten die Zweier diese Improvisation von einer neuen Ausgangsposition aus, bis alle Gruppen an der Reihe waren. Danach ist es möglich, die Gruppen zu mischen und sieben oder neun Personen an einer Improvisation teilnehmen zu lassen.

Durch diese Staffelübung entwickelt man ein besseres Bewusstsein für *Kinesthetic Response* und einen vertrauteren Umgang damit, sowohl beim Improvisieren selbst als auch beim Zuschauen.

ÜBUNG 3: *THE OBSTACLE COURSE* (DER HINDERNISPARCOURS)

1. Eine Hälfte der Gruppe geht auf die Bühne, während die andere Hälfte zuschaut. Bitte alle in einem unerwarteten Augenblick, ihre Positionen zu halten [bei uns ist es üblich, diesen Vorgang »freeze« zu nennen, in *Viewpoints* wird er einfach mit »hold: halten« bezeichnet, Anm. d. Ü.]. Wähle dann eine Person auf der Bühne aus, die der Anführer sein soll. Alle anderen sollen jetzt, ohne sich umzusehen, die *Shape* des Anführers einnehmen. Da alle an ihrem Platz erstarrt sind und sich nicht umsehen können, sind die Beteiligten plötzlich auf diejenigen Personen angewiesen, die sie sehen *können*. Sollte ein Teilnehmer überhaupt keine Person um sich herum sehen können, sollte er versuchen, mit dem Rücken zu »spüren« und eine *Shape* im Vertrauen auf Intuition und Gespür einnehmen.
2. Der Anführer beginnt dann, sich durch den Raum zu bewegen, im Bewusstsein, dass ihm die anderen folgen. Alle anderen sollen versuchen, sich genau zur gleichen Zeit, in der gleichen Form und im gleichen Tempo wie der Anführer zu bewegen. Entscheidend ist, dass es nicht so aussieht, als folge die Gruppe dem Anführer; vielmehr sollte es für den Zuschauer so aussehen, als ob sie die gleichen Handlungen genau zur gleichen Zeit, im Einklang, mit großer Präsenz und Ensemblegeist ausführen. Niemand sollte verstohlen auf den Anführer schauen.
3. Achte besonders auf die Stopps. Wenn der Anführer stehenbleibt, stehen alle augenblicklich still, egal, wo sie sich gerade auf der Bühne befinden. Die Stopps sollen klar, präzise und dramatisch sein.
4. Nachdem die Gruppe ein Gespür für das Ensemble und für die gemeinsame Qualität der Arbeit gefunden hat, wechsle den Anführer.

Dieser neue Anführer sollte neue Tempi, neue *Shapes* und Bewegungen einführen. Es ist jederzeit möglich, einen neuen Anführer zu wählen.

Achte darauf, dass die Gruppe, die zugeschaut hat, die Gelegenheit bekommt, diese Übung selbst zu machen, während die andere Gruppe zuschaut und die Chance erhält, aus der Beobachtung zu lernen.

Diese Übung verlangt von der Gruppe, mit derselben Einstellung zu agieren wie bei einer Premiere vor Publikum. Die »Folge-dem-Anführer-Struktur« sollte für die Zuschauer unsichtbar sein; sie ist lediglich die geheime Ursache, die Motivation für die Aktionen. Für die Zuschauer sollte das Geschehen die Energie und Anmut einer Aufführung ausstrahlen.

Diese Übung fördert außerdem das Bewusstsein für das *Ende* einer Aktion *(Stopps)* und dessen Wirkung auf das Publikum. Wenn die Stopps vage und verwischt sind, geht für den Zuschauer ihr dramatisches Potential verloren. Wenn die Stopps präzise und exakt sind, schaffen sie auf der Bühne ein aufregendes körperliches Ereignis.

ÜBUNG 4: *FLOCKING* – DER SCHWARM

Die Hälfte der Gruppe verteilt sich auf der Bühne mit Blickrichtung zum Publikum, während die andere Hälfte zusieht. Ähnlich wie in Übung 3 wird die Gruppe gemeinsam das tun, was ein Anführer vorgibt. Dieses Mal jedoch wird der *Anführer* derjenige sein, der die anderen nicht sehen kann. Da die Übung mit Blickrichtung zum Publikum startet, wird also derjenige Anführer sein, der am weitesten vorn steht. Der Anführer beginnt sich zu bewegen, und die anderen wiederholen im Einklang seine Formen und Bewegungen. Wenn sich der Anführer während einer Bewegung umdreht und jetzt imstande ist, andere zu sehen, verliert er seine Rolle als Anführer. Nun wird diejenige Person, die niemand anderen sehen kann, der neue Anführer. So geht die Übung weiter, während immer neue Personen die Führung übernehmen.

SCHLECHTE ANGEWOHNHEITEN UND AUSWEICHREFLEXE

Wir haben festgestellt, dass sich bei den Teilnehmern zu Beginn des *Viewpoints*-Trainings immer wieder typische Ausweichreflexe zeigen. Wir zählen hier einige Tendenzen auf, auf die man achten sollte (und auf die auch die Gruppe hingewiesen werden sollte, wenn sie auftreten). All diese Angewohnheiten dienen nur als Ersatz dafür, sich auf das, was gerade tatsächlich geschieht, einzulassen.

- Sich mit abgespreizten Armen vorbeugen, in einer »Ich-bin-für-alles-bereit-Pose«.
- Einen anderen Teilnehmer packen und ihn dort hinziehen oder -schieben, wo man ihn haben möchte. (Dieser Vorgang zeigt, dass man ein Geschehen *erzwingen* möchte, anstatt darauf zu vertrauen, dass bereits *etwas geschieht*.)
- Durch Fußestampfen oder Händeklatschen ein vorhersehbares rhythmisches Muster erzwingen.
- Auf den Boden fallen und sich undefiniert, wie Spaghetti oder Brezeln, auf dem Boden verbiegen.
- *Soft Focus* aufgeben, um zu sehen und zu überprüfen, ob man gerade »das Richtige tut«.
- *Kinesthetic Response* nur auf Auf-den-Boden-Fallen beschränken.
- Beteiligung *vortäuschen*, statt sich tatsächlich zu beteiligen. (Was sich oft darin äußert, dass man steif wie ein Roboter herumläuft.)
- Die ganze Gruppe steht in einer Art Kreis herum, verliert jedes Gefühl für *Spatial Relationship* und stampft mit den Füßen oder klatscht rhythmisch in die Hände, wie bei einer Art Stammestanz. (Dies ist ein natürliches, vielleicht sogar notwendiges Muster in der frühen *Viewpoints*-Arbeit. Du wirst feststellen, dass die Gruppe, wenn sie länger zusammengearbeitet hat, eine größere Subtilität erreicht und diese primitive Form der Gruppenbewegung nicht mehr vorkommt.)
- Alle arbeiten in der Mitte des Raumes, außerstande, sich von der tief verwurzelten Vorstellung zu befreien, dass es nur einen wirkungsmächtigen Ort auf der Bühne gibt – das Resultat ist eine »tote« Mitte.
- Während die Gruppe mit einem Vorgang oder einer Handlung be-

schäftigt ist, wird der Moment mutwillig zerstört, weil jemand eine »neue Idee« hat.

EMOTIONALITÄT

Das Geschenk, das uns *Viewpoints* macht, ist, dass es uns zur Emotionalität hinführt und nicht weg von ihr. Ein häufig auftauchendes Missverständnis ist, zu glauben, das Ziel sei, einen Zustand der Neutralität oder Taubheit herzustellen, anstatt der Lebendigkeit, Aufnahmefähigkeit und des echten Erlebens. Es ist wichtig, sich zu erinnern, dass das Ziel bei *Viewpoints*, wie bei allen anderen »Schauspielmethoden«, ist, auf der Bühne lebendig und wirklich beteiligt sein zu können.

Das Schöne an *Viewpoints* ist, dass wir dieses Ziel erreichen können, ohne etwas aus uns *herauszwingen* zu müssen, sondern die Dinge einfach von anderen und von uns selbst *entgegennehmen* können.

Kapitel 7

GRUPPENIMPROVISATIONEN

Es ist sinnvoll, *Open Viewpoints* in die tägliche Praxis aufzunehmen. Es gibt aber noch zusätzliche Übungen, die die Fähigkeiten der Gruppe und ihre Beweglichkeit und Sensibilität verbessern, um theatrale Ereignisse mit Zeit und Raum zu erschaffen.

ZUSÄTZLICHE ÜBUNGEN

Improvisationsübungen

Die folgenden Gruppenimprovisationen dienen der Vergrößerung von Bandbreite und Kompetenz im *Viewpoints*-Training.

IMPROVISATION 1: DREI OBEN/ZWEI UNTEN

1. Fünf Teilnehmer befinden sich auf der Bühne. Wenn die Improvisation beginnt, sollten drei Personen aufrecht stehen (*oben* sein) und sich zwei Personen in einer tiefen Hocke befinden (*unten* sein). Während sich die Beteiligten bewegen, also in die Hocke gehen oder aufrichten, müssen sie sich immer an die Regel halten, dass drei Personen oben und zwei unten sein müssen. Sichtbare und klare Entscheidungen helfen, die Aktionen im Fluss zu halten. Jeder kann sich zu jedem Zeitpunkt aufrichten oder in die Hocke gehen. Die Prinzipien von *Viewpoints* können weiterhin im Spiel bleiben, das Hauptaugenmerk sollte aber darauf liegen, wie viele Personen oben und wie viele unten sind.
2. Nachdem jeder »Drei oben/Zwei unten« gemacht hat, probiere mit sieben Leuten »Vier oben/Drei unten«. Natürlich ist der Schwierig-

keitsgrad dieser Übung wesentlich höher, doch die Probleme bleiben die gleichen. Wenn sie erfolgreich gemeistert wird, mache weiter mit neun Leuten und »Fünf oben/Vier unten«, dann mit elf und »Sechs oben/Fünf unten«.

Größere Fertigkeit in »Drei oben/Zwei unten« wird einen merklichen Unterschied in *Open Viewpoints* erzeugen. Die Übung vergrößert das Bewusstsein für den vertikalen Raum und erzeugt einen Sinn für Ebenen in jeder Improvisation.

Dass der Umgang mit Ebenen in *Open Viewpoints* ein Problem darstellt, wird klar, wenn du siehst, dass sich alle Beteiligten gleichzeitig oben oder unten befinden und keinen Sinn für Balance zeigen.

IMPROVISATION 2: AUFTRITTE UND ABGÄNGE

Für diese Improvisation muss ein Bereich für Auftritte und Abgänge bestimmt werden. Wenn auf einer Guckkastenbühne gearbeitet wird, macht es Sinn, dafür die Seitenbühnen zu benutzen. Wenn der Raum, in dem gearbeitet wird, eine Tür oder einen Off-Bereich hat, dürfen die Beteiligten dorthin abgehen und wieder auftreten. Auftritte und Abgänge erlauben den Beteiligten, jederzeit aus dem Sichtfeld der übrigen Gruppe und der Zuschauer zu verschwinden und im passenden Moment wieder zu erscheinen.

1. Alle Beteiligten beginnen *offstage* oder von außerhalb des Raums. Wenn es Seitenbühnen oder mehrere Türen gibt, teile die Gruppe auf unterschiedliche Orte auf. Diese Improvisation beginnt, wie jede *Viewpoints*-Übung, mit zuhören und wahrnehmen. Es ist offensichtlich, dass die Fähigkeit, aufeinander zu hören, augenblicklich durch die schlichte Tatsache besser wird, dass es jetzt schwieriger ist, sich gegenseitig wahrzunehmen. Wie beginnt nun diese Improvisation? Wann beginnt sie? Die Grundregeln sind dieselben, wie bei jeder *Open Viewpoints*-Improvisation, nur dass bei dieser

Ausgangslage einige der Teilnehmer für die anderen nicht sichtbar sind.

2. Die Beteiligten beginnen die *Open Viewpoints*-Session, können aber zum ersten Mal abgehen und auftreten, also den sichtbaren Spielbereich verlassen und wieder betreten. Es gibt keine Regeln, wann oder wie sie auftreten oder abgehen müssen, außer, dass sie sich sämtlicher *Viewpoints* bewusst sein und sie anwenden sollen.

Diese Improvisation eröffnet viele neue Möglichkeiten mit *Viewpoints*. Es können bemerkenswerte Momente entstehen, wenn eine Person allein auf der Bühne zurückbleibt. Oder wenn die Bühne leer ist. Oder wenn alle Teilnehmer in einer Reihe auftreten und dabei eine bestimmte Geste wieder und wieder aufnehmen. Jeder Auftritt oder Abgang bietet immer eine Chance für etwas Wunderbares, das Gefühl, dass alles möglich ist. Abgänge und Auftritte können große Gefühle von Verlust erzeugen oder zum Schreien komisch sein. Verschwinden und Erscheinen lösen oft starke Reaktionen aus.

Ein russischer Regisseur sagte einmal, er könne Stanislawskis Schauspielansatz mit zwei Sätzen erklären: 1. »Dreh dich nicht um, es sei denn, jemand ruft deinen Namen.« 2. »Wenn du auftrittst, musst du einen sehr überzeugenden Grund haben; und wenn du für mehr als einen Augenblick bleibst, musst du einen außerordentlichen Grund haben.«

»Jeder Abgang ist ein Auftritt an einem anderen Ort.«[9]
Tom Stoppard

---

9 Im Original: »Every exit is an entrance somewhere else«, aus: Tom Stoppard, *Rosencrantz and Guildenstern are Dead (Rosenkranz und Güldenstern sind tot).*

IMPROVISATION 3: SCHUHE

1. Vier Schuhe formen den Raum, in dem eine *Open Viewpoints*-Session stattfindet. Platziere zu Beginn die Schuhe relativ nah zueinander und bilde zum Beispiel ein kleines Quadrat. Fünf Personen beginnen innerhalb dieses kleinen Raums von etwa eineinhalb mal eineinhalb Metern zu improvisieren.
2. Im Verlauf der Improvisation verschiebst du die Schuhe, um Größe und Rahmenbedingungen des Raums zu ändern. Zum Beispiel kannst du eine lange und schmale Fläche bilden, die sich von links nach rechts erstreckt, oder einen Korridor, der vom hinteren *(upstage)* zum vorderen *(downstage)* Teil der Bühne verläuft.

   Eine Gruppenimprovisation innerhalb eines eng begrenzten Raumes macht jede Bewegung bedeutsamer und sichtbarer. Die Raumaufteilung wird sofort zu einer größeren Herausforderung und jede kleinste Bewegung verändert die gesamte Komposition radikal. Durch die Hindernisse, die ein eng umgrenzter Raum erzeugt, werden die Auswirkungen jedes einzelnen *Viewpoints,* der ins Spiel kommt, verstärkt.
3. Stelle zum Schluss die Schuhe so weit auseinander, wie es der Raum zulässt.

Die Schuh-Übung verbessert den Sinn für Grenzen und Beschränkungen und für die Form der vorhandenen Architektur. Sie fördert das Bewusstsein und das Verantwortungsgefühl der Teilnehmer für die gesamte Bühne und nicht nur für den Raum, den sie selbst gerade einnehmen. Außerdem verbessert diese Übung die Wahrnehmung des gesamten verfügbaren Raums und zeigt den Teilnehmern, dass der Luxus eines großen und weitläufigen Raums nicht als selbstverständlich betrachtet werden sollte.

Eines Tages unterrichtete Anne einen *Viewpoints*-Kurs und versuchte etwas über die persönliche Verantwortung zu sagen, die jeder Schauspieler für die gesamte Bühne trägt. Schließlich stellte einer ihrer Schüler einen Vergleich mit dem Basketballer Magic Johnson an. Er sagte, was Magic Johnson zu einem großen Spieler gemacht hätte, sei seine Fähigkeit gewesen, nicht nur aus einer *bestimmten* Zone hervorragend zu werfen, sondern jeden Zentimeter des Platzes nutzen zu können. Dasselbe gilt für einen Schauspieler: Er muss sich jeden Zentimeter der Bühne zu eigen machen können.

IMPROVISATION 4: KREIS, KLUMPEN, LINIE

1. Bitte acht Personen auf die Bühne und fordere sie auf, schnell einen Kreis zu bilden. Sobald ein Kreis erkennbar ist, bitte sie, eine Art »Klumpen« zu bilden, sich zu einem Pulk zusammenzudrängen. Dann eine Linie. Noch einmal einen anderen Kreis, einen anderen »Klumpen«, noch eine andere Linie usw.
2. Nach einigen Minuten oder sobald die Gruppe mit der Wiederholung dieser Muster vertraut scheint, fordere sie auf, sich frei von einer dieser drei Möglichkeiten zu einer anderen zu bewegen, in beliebiger Reihenfolge und ohne Anweisung. Die einzige Bedingung ist, dass alle acht Teilnehmer auf die gleiche Form zur gleichen Zeit hinarbeiten. Der Sinn dieser Improvisation ist, gemeinsam einen Weg von einer Form in die nächste zu finden.
3. Lass die Gruppe so viele Kreis-, Klumpen- und Linien-Kombinationen wie möglich finden. Beachte, wie Beziehungen und Ereignisse sich natürlich und mühelos zu entfalten scheinen.

Hinweis: Die zentrale Frage bei allen *Viewpoints*-Improvisationen ist die Suche nach Übereinstimmung. Die Gruppe findet, ohne zu sprechen, einen Weg, die Aufgabe spielerisch und künstlerisch zu lösen.

IMPROVISATION 5: PLATZWECHSEL

1. Fünf Personen finden für sich nacheinander einen Ort auf der Bühne. Am Ende sollte durch die fünf Personen eine klare Raumkompositi-

on entstanden sein. Ihre Entscheidung, wohin sie gehen und welche *Shape* sie bilden, richtet sich nach den Positionen der anderen Personen, was diese tun, und nach der vorhandenen Architektur. Sobald alle fünf an ihrem Platz sind, bitte jeden auf der Bühne, sich umzusehen und sich die *Shapes* und Plätze einzuprägen.
2. Fordere sie dann auf, die Plätze mehrere Male zu wechseln, bis sich jeder mit den anderen vier *Shapes* und Plätzen vertraut gemacht hat. Dann sollen sie eine Improvisation beginnen, in der sie sich spielerisch und frei, von einem Platz zum anderen bewegen. Sie sollen dabei mit Gespür für *Kinesthetic Response, Repetition, Tempo* usw. arbeiten.
3. Mache dieselbe Improvisation mit sieben Personen, dann mit neun usw.

Mit dieser *Viewpoints*-Übung trainieren die Teilnehmer ihre Fähigkeit, in jedem Augenblick exakt wahrnehmen und unterscheiden zu können, wo sich die anderen Personen gerade auf der Bühne befinden und wie sie diese Informationen in die Improvisation einbeziehen können.

IMPROVISATION 6: *REPETITION*

1. Beginne eine *Open Viewpoints*-Improvisation mit fünf Teilnehmern.
2. Nach ungefähr zehn Sekunden hältst du die Improvisation an und forderst die Beteiligten auf, zu ihrem Ausgangspunkt zurückzukehren und exakt zu wiederholen, was sie gerade getan haben, Zeit und Raum in genau der gleichen Weise zu handhaben wie zuvor.
3. Lass sie die ersten zehn Sekunden ihres Materials wiederholen und füge dann weitere zehn oder fünfzehn Sekunden einer neuen Improvisation an.
4. Halte noch einmal an, lass sie zum Anfang zurückgehen und die gesamte Sequenz wiederholen, gefolgt von einer neuen *Open Viewpoints*-Improvisation.
5. Halte nochmals an. Lass die ganze Sequenz wiederholen und neues Material anfügen. Setze den Prozess auf diese Weise fort.

6. Probiere diese Übung mit sieben oder neun Teilnehmern. Die Aufgabe bleibt dieselbe: zu lernen, improvisiertes Material exakt zu wiederholen und gleichzeitig mit den Bewegungen der anderen Teilnehmer zu koordinieren.

Ein Aspekt des *Viewpoints*-Trainings ist, zu lernen, jedes Ereignis, das auf der Bühne stattfindet, im Gedächtnis aufzubewahren und alles jederzeit wieder ins Vokabular einer Improvisation aufnehmen zu können. Diese Wiederholungsübung hilft, diese Fertigkeit zu entwickeln.

IMPROVISATION 7: ANFANG, MITTE, ENDE

1. Eine Gruppe von beliebig vielen Teilnehmern geht für eine *Open Viewpoints*-Session auf die Bühne. Alle anderen sehen zu. Jeder der Zuschauer kann zu jedem Zeitpunkt, der ihm passend erscheint, »Ende!« rufen und damit die Improvisation beenden.
2. Eine neue Gruppe beginnt mit einer Improvisation, bis ein Zuschauer »Ende!« ruft.

Hinweis: Da die Dauer der Improvisation von Außenstehenden bestimmt wird, steht auf der Bühne mehr auf dem Spiel, und Anfang, Mitte und Ende sind sichtbarer und bedeutungsvoller. Der Zuschauer lernt zu erkennen, was ein Ende ausmacht (siehe *Jo-Ha-Kyu*, das detailliert in Kapitel 11 beschrieben wird), und die Schauspieler auf der Bühne lernen einen verantwortungsbewussteren Umgang mit Zeit.

Hilfreiche Ergänzungsübungen

ERGÄNZUNGSÜBUNG 1: GEWICHT AN EINEN PARTNER ABGEBEN

1. Diese Übung kann von einer beliebigen Anzahl von Personen durchgeführt werden. Allerdings ist es hilfreich, wenn mindestens sechzehn Teilnehmer gleichzeitig arbeiten. Bitte alle Beteiligten, sich mit *Soft Focus* durch den Raum zu bewegen.
2. Anstatt sich zwischen Personen hindurchzubewegen, gehen die Teilnehmer auf eine andere Person zu, bis sich Paare gebildet haben. Ohne zu sprechen entscheidet jedes Paar, wer Gewicht an den anderen abgibt. Beginne damit, exakt zehn Prozent des Körpergewichts abzugeben. Auch wenn nicht klar ist, wie viel genau zehn Prozent sind, soll mit großer Exaktheit gearbeitet werden, so, als wüsste man genau, wie viel zehn Prozent des Körpergewichts sind. Es ist auch möglich, dass zwei oder mehr Personen, das Gewicht einer anderen tragen. (Es gilt, wie immer, so zu arbeiten, dass sich niemand dabei wehtut oder verletzt!)
3. Sobald man Gewicht abgegeben oder getragen hat, nutzt man einfach die Kraft der Trägheit, um sich wieder zu trennen und durch den Raum zu bewegen. Versucht nicht, Körperkontakt zu meiden! Schon bald wird man einen neuen Partner gefunden haben und eine stillschweigende Vereinbarung getroffen haben, wer an den anderen sein Gewicht abgibt.
4. Findet mit jedem neuen Partner neue Lösungen, wie man das Gewicht abgeben und tragen kann. Verwendet immer neue Körperteile und findet gemeinsam Möglichkeiten, die nicht dem gewohnten höflichen Umgang entsprechen.
5. Erhöht jetzt die Gewichtsabgabe auf fünfundzwanzig Prozent; das heißt, dass man immer noch fünfundsiebzig Prozent des Körpergewichts an den Boden abgibt. Dies verlangt noch mehr Genauigkeit und neue Lösungen in der Zusammenarbeit. Mit wachsender Prozentzahl, wird es wichtiger, dass auch zwei oder mehr Personen das

Gewicht einer anderen tragen können. Noch mal: Findet, ohne verbale Absprache, mit jedem neuen Partner neue Lösungen.

6. Erhöht die Prozentzahl nach einer Weile auf fünfzig; das heißt, die Hälfte des Körpergewichts wird noch an den Boden abgegeben. Verkrampft dabei nicht; findet flüssige Bewegungen und nutzt die Kraft der Trägheit, um von einer Situation in die nächste zu gelangen.
7. Als Nächstes versucht es mit fünfundsiebzig Prozent.
8. Jetzt versucht es mit neunzig Prozent. Das ist besonders schwierig, weil genau zehn Prozent des Körpergewichts am Boden bleiben sollen.
9. Gebt schließlich hundert Prozent des Körpergewichts ab oder hebt es an. Findet mit jedem Partner neue Lösungen. Es sollen zwei, drei, vier oder noch mehr Personen zusammenarbeiten. Die Beteiligten sollen in Bewegung bleiben und dabei das Gewicht durch den Raum tragen, um in jeder neuen Begegnung neue Möglichkeiten zu finden.
10. Bilde jetzt zwei Gruppen, die sich auf den beiden gegenüberliegenden Seiten des Raums in jeweils einer Reihe aufstellen sollen, der anderen Gruppe zugewandt. Bitte jeden, sich aus der Reihe gegenüber, acht Personen (oder weniger, wenn weniger als sechzehn Personen beteiligt sind) auszusuchen und genau zu studieren. Sie sollen sich dabei genau einprägen, wie diese Personen aussehen, was für Kleidung sie tragen etc. Dann sollen sie versuchen, sich mit geschlossenen Augen an die Details aller acht Personen zu erinnern und sie zu unterscheiden.
11. Wenn alle acht Personen eingeprägt sind, sollen sie die Augen öffnen und im Einklang den Laut »Aaah« intonieren (lass die Gruppe einige Augenblicke lang üben, gemeinsam diesen Ton zu singen, solange sie sich noch gegenüberstehen, da dieser Vorgang später in der Übung entscheidend sein wird). Jeder kann, zu jeder Zeit, die Tonhöhe ändern; die Gruppe sollte jedoch immer versuchen, im harmonischen Gleichklang zu bleiben. Jeder Einzelne ist für den Zusammenklang der Tonhöhen verantwortlich, so dass die Gesamtheit des Klangs kräftig, voll und melodisch ist.
12. Sobald die Gruppe begonnen hat, gemeinsam zu singen, gib einer Seite das Signal, sich auf die andere Seite zu bewegen, jeder soll zu einer der acht Personen gehen, die er sich eingeprägt hat. Dann trägt jeder, immer noch singend, eine der acht Personen die gesamte Strecke, von

einer Seite zur anderen. Sobald die Übung begonnen hat, kann jeder, zu jeder Zeit, eine seiner acht eingeprägten Personen durch den Raum tragen, egal von welcher Seite, allerdings nicht von der Mitte des Raumes aus. Der Träger ist für das Gewicht und die Sicherheit seines Partners verantwortlich. Wenn eine kleinere Person Schwierigkeiten hat, eine größere zu tragen, darf ihr geholfen werden. Der Helfer darf diese Person allerdings nicht zu seinen acht dazuzählen. (Erinnere wirklich jeden daran, so zu tragen, dass er dem anderen nicht wehtut oder ihn verletzt. Es handelt sich bei dieser Übung auch nicht um ein Wettrennen: Es gibt keinen Grund zur Eile!)

13. Das Ganze dauert so lange, bis jeder Beteiligte seine vorher ausgewählten acht Personen durch den Raum getragen hat, dabei wird so lange gesungen, bis jeder mit Tragen fertig ist. Dann finden alle gemeinsam ein eindrucksvolles Ende für den Gesang und beenden damit die Übung.

    Da die Übung sehr anstrengend ist, erinnere die Teilnehmer daran, dass sie gewöhnlich vergessen werden zu singen, wenn sie erschöpft sind, und der harmonische Gleichklang verlorengeht. In solchen Momenten bitte sie, mit den anderen in Harmonie volltönend weiterzusingen.

Hinweis: Diese Übung dient dazu, ein Gespür dafür zu entwickeln, wie stark wir unsere Handlungsmöglichkeiten plötzlich einschränken, sobald wir mit Körperkontakt arbeiten. Die Teilnehmer müssen, ohne Worte, neue Wege finden, sich zu begegnen.

ERGÄNZUNGSÜBUNG 2: FEEDBACKÜBUNG

1. Teile Dreiergruppen ein. Jede Gruppe soll festlegen, wer jeweils die Nummer eins, zwei und drei ist. Frage alle Einser, was sie sich wünschen, nach welchen Empfindungen sie sich sehnen, was sie brauchen. Fünf Minuten lang dürfen die Einser von den Zweiern und Dreiern verlangen, alles zu tun, das diese Bedürfnisse erfüllen könnte. (Sie

können alles verlangen, solange sie nicht den Raum verlassen müssen.) Es kann eine Rückenmassage sein, es könnte sein, dass sie hochgehoben werden wollen oder sie sich wünschen, dass ihnen vorgesungen wird oder sie gelobt werden wollen. Die Einser sollten nicht nur einfordern, was sie sich wünschen, sondern sich auch darauf konzentrieren, es mit offenen Sinnen zu empfangen. Sie sollen aufmerksam und feinfühlig darauf achten, wann das Bedürfnis befriedigt ist oder es sich verändert hat, und ihre Forderungen dementsprechend ändern. Die Einser sind die einzigen, die sprechen dürfen, es sei denn, sie fordern die Zweier und Dreier ausdrücklich zum Sprechen auf.

2. Nach fünf Minuten ohne Diskussion wechseln: Jetzt dürfen die Zweier von den Einsern und Dreiern verlangen, zu tun, was sie wünschen.
3. Nach fünf Minuten sind die Dreier an der Reihe.
4. Nachdem alle drei Teilnehmer in jeder Gruppe ihre fünf Minuten Bedürfnisbefriedigung genossen haben, soll die Nummer 1 jeder Gruppe die Augen schließen. Nun ist es an den Zweier- und Dreier-Nummern, die »blinden« Einser auf eine fünfminütige Reise mitzunehmen. Sie müssen versuchen, den Einser durch Körperkontakt zu führen, aber ohne dafür ihre Hände zu benutzen. Die Reise muss außerdem innerhalb des Raums stattfinden und bestimmte Empfindungen enthalten, die die Einser erleben müssen: So sollten sie sich an irgendeinem Punkt der Reise so fühlen, als würden sie fliegen; an einem anderen Punkt sollten sie frei, ohne Angst und ohne berührt zu werden durch den Raum rennen können. Wenn die fünf Minuten vorbei sind und die Einser die Augen öffnen dürfen, sollten sie überrascht darüber sein, wo sie sich befinden.
5. Ohne Diskussion zu den Zweier-Nummern wechseln, die ihre Augen schließen und sich mit den Einsern und Dreiern auf ihre Fünf-Minuten-Reise begeben.
6. Zum Schluss gehen die Dreier mit den Einsern und Zweiern auf die Reise. In den Wechseln soll nicht diskutiert oder über das Erlebte gesprochen werden.
7. Anschließend soll die ganze Gruppe im Kreis in die Hocke gehen, Kopf vornübergebeugt, Fersen am Boden. Bitte alle, die Augen zu schließen und die Reise, die sie gerade unternommen haben, wieder

zu durchleben. Sie sollen nicht zögern, Reaktionen auf ihre Empfindungen, an die sie sich erinnern, zu artikulieren. Bitte Einzelne, eine Erfahrung, die sie während ihrer Reise gemacht haben, zu beschreiben. Sie könnten Begriffe wie »Orientierungslosigkeit« oder »fliegen« oder »Vertrauen« oder »aufregend« oder »Abenteuer« nennen. Weise sie darauf hin, dass dies Schlüsselbegriffe für *Feedback* sind.

Hinweis: In dieser Übung lernen wir die Bedeutung des *Feedback* im *Viewpoints*-Training kennen. Wir haben bereits die Bedeutung der Balance zwischen *Feedforward* und *Feedback* erörtert (siehe Kapitel 4, S. 45). Dabei ist nicht nur jeder Beteiligte verantwortlich für das *Feedforward* – für die ausgehende Energie, die Großzügigkeit und Anpassungsfähigkeit der Gruppe, dem Publikum und dem Ereignisbogen gegenüber –, vielmehr muss jeder auch zulassen, die unwillkürlichen Empfindungen, die durch die Handlungen ausgelöst werden, ohne Einbeziehen des Verstandes wahrzunehmen. Diese Aufnahme von Empfindungen nennt sich *Feedback*. Und *Feedback* kann nicht vorgetäuscht oder gespielt werden; es ist immer unmittelbar.

Wenn wir zum Beispiel an den Schauspieler Alan Cumming denken, der am Broadway die Rolle des Zeremonienmeisters in *Cabaret* spielte, erinnern wir uns hauptsächlich an das ansteckende Vergnügen an seinem Auftritt. Wir gehen nicht nur ins Theater, um einem Handlungsstrang zu folgen, sondern auch, um den Nervenkitzel des Schauspielers im Erleben einer Fiktion nachzuempfinden. Als Zuschauer koppeln wir uns an die Erlebnisse des Schauspielers an: Der Schauspieler ist wie ein Astronaut, der für uns in den Weltraum hinausgeht, um uns das Universum zu erschließen.

In dieser *Feedback*-Übung geht es darum, die Sinne für das Erleben der unmittelbaren Eindrücke zu öffnen, die die Reise für einen bereithält. Bei der Arbeit geht es nicht nur um eine stimmige räumliche Beziehung oder die Bewegung im richtigen Tempo; vielmehr geht es auch um die akute Empfindung, die *Viewpoints* hervorruft. Und letztlich muss ein Schauspieler fähig sein, dieses Erlebnis mit dem Publikum zu teilen.

VIER ARTEN VON ENERGIE

Es gibt vier spezifische Arten von Energie, die jedem Schauspieler in jedem einzelnen Augenblick zur Verfügung stehen.

1. **Horizontale Energie** verbindet Schauspieler untereinander und mit der Welt um sie herum. Zu Beginn des *Viewpoints*-Trainings besteht die Tendenz, sich zu sehr auf die horizontale Energie zu stützen.
2. **Vertikale Energie** verbindet den Schauspieler mit der Natur und dem Universum. Wie ein Baum wird der Schauspieler zur verbindenden Linie zwischen Himmel und Erde. Diese Energie reicht tief in den Boden und gleichzeitig hoch hinauf, in den Himmel, und vereint den Schauspieler mit der Unermesslichkeit des Universums.
3. **Schwere Energie** ist eine jugendliche, ungestüme, deutlich sichtbare, rohe Energie. Sie wirft sich gegen Wände und scheint niemals ihre Vitalität zu verlieren. Am Anfang des *Viewpoints*-Trainings kann man schwere Energie am einfachsten abrufen.
4. **Leichte Energie** ist schwieriger zu kultivieren; sie ist reif und subtil. Sie ist weniger sichtbar nach außen, während innen mehr vor sich geht.

Es ist möglich, diese Energien im Körper zu verändern und gezielt und kunstvoll zwischen ihnen zu wechseln. Wenn zum Beispiel zwei Schauspieler eine intensive Szene spielen, in der sie sich sehr nahe sind, arbeiten sie gewöhnlich mit zu viel horizontaler Energie und zu wenig vertikaler. Sie kriechen förmlich ineinander hinein und schließen manchmal sogar das Publikum aus. In Momenten großer Nähe sollte man die vertikale Energie intensivieren, um der natürlichen Neigung, den in solchen Situationen besonders starken horizontalen Kräften nachzugeben, entgegenzuwirken. Dazu bedarf es eines stärkeren Bewusstseins für das eigene Verhältnis zum vertikalen Raum, das zunächst eine innerliche Anpassung bewirkt, normalerweise aber auch eine sichtbare äußere Veränderung zur Folge hat. Ähnlich neigt man in Szenen der Distanz und Isolation dazu, zu sehr die vertikale Energie zu betonen. In solchen Momenten sollte man die horizontale Energie intensivieren.

BEZIEHUNG

Hinsichtlich unserer Erforschung des Theaters als horizontalem und vertikalem Schauplatz ist es auch interessant, sich zu fragen: »An wen richte ich mich?«, »Für wen spiele ich?«. In der Geschichte des (westlichen) Theaters hat sich das primäre Beziehungsverhältnis des Schauspielers auf der Bühne mehrfach verschoben. Wir können zwischen fünf grundlegenden Bezugspunkten unterscheiden:

1. **Zu den Göttern.** In den antiken griechischen und römischen Amphitheatern sprachen Schauspieler direkt zu den steinernen Götterstatuen, die hoch über und hinter dem Publikum standen. Jeder Zuschauer war also buchstäblich in der dramatischen Beziehung zwischen dem Menschlichen und dem Göttlichen gefangen.
2. **Zu Fürsten und Königen.** In der Renaissance und zur Blütezeit des Hoftheaters spielten die Schauspieler direkt vor und für die zentral platzierten fürstlichen bzw. königlichen Persönlichkeiten, die in der Regel im ersten Rang saßen, nicht so hoch wie *die Götter*, aber immer noch über den Massen.
3. **Zum Publikum.** Ab dem 19. Jahrhundert wurden Schauspieler meistens dazu angehalten, direkt über die Rampe nach vorn zu spielen: für das breite Publikum, was in populären Unterhaltungsformen wie Melodrama und Vaudeville gipfelte.
4. **Zu anderen Schauspielern.** Mit dem Aufkommen des Naturalismus und Dramatikern wie Ibsen und Tschechow begannen die Schauspieler, sich einander zuzuwenden. Die »vierte Wand« war geboren, und sie beeinflusst unser Theater bis heute.
5. **Zum Nichts.** Dann tauchte Samuel Beckett auf, und es beginnt die Beziehung des Schauspielers mit der Leere, dem Nichts. Die zentrale Beziehung des Schauspielers hat sich vom Kosmischen über das Menschliche zum Existentiellen verschoben. Es ist eine trostlose und eindeutige Beziehung.

Im Geiste der Postmoderne nehmen wir uns die Freiheit, aus der gesamten Theatergeschichte diejenige Beziehung zu wählen, die wir gerade für nützlich erachten. Das Theater des 21. Jahrhunderts bewegt sich frei, oft auch innerhalb eines Stücks, zwischen diesen Beziehungsformen.

Kapitel 8

ARBEIT MIT MUSIK

Die Einführung von Musik eröffnet neue Möglichkeiten im *Viewpoints*-Training. Sie sollte stattfinden, wenn die einzelnen *Viewpoints* geläufig sind und zusammengeführt wurden. Musik ist ein enorm mächtiges und verführerisches Mittel im Theater. Sie einzusetzen, bevor die einzelnen *Viewpoints* verinnerlicht worden sind, kann eine zu große Versuchung, ein zu starker Anreiz sein. Wenn sie aber im richtigen Moment eingesetzt wird, öffnet Musik neue Türen; sie wird zur Inspiration, zum Verstärker – und zur Herausforderung.

Musik einzuführen ist wie einen weiteren Schauspieler auf die Bühne zu bringen. Der Einzelne und die Gruppe müssen nun mit dem Zeitgefühl eines weiteren *Künstlers* umgehen, sich darauf einstellen und in ihre Arbeit einbeziehen. Musik ist ein Partner. Und auch ein großes Geschenk, denn wie *Viewpoints*-Training selbst führt Musik zur Erweiterung unserer Möglichkeiten.

GRUNDSÄTZLICHES VORAB

Es gibt zwei Möglichkeiten, in den Sessions mit Musik zu arbeiten: mit Live-Musik oder mit Musik »vom Band« (CD, MP3-Audiodateien etc.). In beiden Fällen steuert eine Person die Musik, die dadurch in gewisser Weise ebenfalls mit der Gruppe *»viewpointed«*, weil sie durch ihre Auswahl, die Dauer der Stücke, die Lautstärke etc. eingreift. Es ist eine wesentliche Bedingung, dass jeder Einzelne auf das hört und reagiert, was akut im Raum stattfindet. Wie ein guter DJ auch, ist der Lehrer dazu da, Anstöße zu geben, Vorgänge neu aufzuladen und das Feuer am Brennen zu halten. Das kann mal bedeuten, dass man mit der Musik das Tempo aufnimmt und anschiebt, ein andermal, dass man die Gruppe in Stille arbeiten lässt.

Für die folgenden Übungen nehmen wir an, dass die Musik vom Band kommt, von einer Tonanlage aus eingespielt und vom Lehrer, Regisseur oder Tontechniker kontrolliert wird. Es spielt keine Rolle, was für ein Audiosystem zum Einspielen der Musik verwendet wird, entscheidend ist, dass die gesamte Gruppe die Musik überall im Raum deutlich hören kann. Ein blechener Ghettoblaster würde in Räumen wie einer Turnhalle oder einem Ballsaal nicht gut funktionieren. Es empfiehlt sich, mit einem System zu arbeiten, das schnelle Wechsel zwischen den Musikstücken möglich macht, ohne stoppen und neu starten zu müssen, oder zwei unabhängige Systeme zu benutzen, so dass man eines abspielen kann, während auf dem zweiten ein neues Musikstück ausgewählt wird.

Wenn es nur eine Musikquelle gibt, ist es wichtig zu variieren, wann und wie man die Musikstücke beginnt und beendet, damit kein vorhersehbares Muster entsteht. Zum Beispiel kann man die Musik einmal langsam ausblenden, ein andermal plötzlich stoppen; man kann für kürzere oder längere Phasen Stille einkehren lassen und dann sehr plötzlich die Musik laut einspielen oder die Musik langsam, fast unmerklich einblenden.

Das Erste, was dir auffallen wird, wenn du beim *Viewpoints*-Training Musik einspielst, ist, dass sich die Gruppe sofort dazu bewegen wird und dadurch die Unvorhersehbarkeit und Offenheit der Arbeit eingeschränkt werden. Die Gruppe beginnt *zur* Musik zu *tanzen*: Sie ist gefangen statt befreit.

Es gibt viele Aspekte, warum Musik die Bewegungen eher *diktieren*, als *motivieren* oder *anregen* kann:

1. **Tempo**. Spiele ein langsames Musikstück und die Menschen werden sich langsam dazu bewegen; spiele ein schnelles und sie werden sich schnell bewegen.
   Dasselbe gilt für:
2. **Rhythmus**: Spiele einen Walzer und alle werden immer den ersten von drei Schlägen betonen.
3. **Harmonie**. Spiele einen harmonischen Choral und die Gruppe stellt runde, schöne Bilder her; spiele etwas Dissonantes und die Arbeit wird abgehackt, nicht fließend, ungestüm sein.

4. **Dynamik oder Lautstärke.** Spiele etwas Ruhiges und die Bewegung wird wenig Raum beanspruchen, spiele etwas Lautes und die Bewegung wird raumgreifend sein. So ist es immer … am Anfang.

Diese Wirkungszusammenhänge in der Beziehung von Musik und Bewegung sind völlig natürlich. Beides, Musik und Bewegung, sind etwas Organisches und entspringen der Intuition und einem angeborenen Körperrhythmus. Außerdem sind beide in höchstem Maße assoziativ und speisen sich aus einem unerschöpflichen und (wahrscheinlich) halbbewussten Reservoir an kulturellen Bildern und Prägungen. Wir sind an diese Instinkte und Assoziationen gebunden, die sich über die Jahre in Gewohnheiten verwandelt haben, derer wir uns nicht einmal bewusst sind. Der Einsatz von Musik bei der Arbeit mit *Viewpoints* ist eine weitere Möglichkeit, die Wahrnehmung dieser Muster zu verbessern und so unsere Auswahl- und Handlungsmöglichkeiten zu vergrößern.

Es ist nicht falsch, Sklave der Musik zu sein, wenn sie zum ersten Mal eingeführt wird, *solange man sich dessen bewusst ist.* Unser oberstes Ziel bei der Arbeit mit Musik ist nicht, ihr Gefangener zu werden, sondern sie als Sprungbrett zu nutzen, um neue Wege zu eröffnen, statt zu verschließen. Uns unserer Einschränkungen bewusst zu werden, ist oft der erste Schritt in Richtung dieser Erweiterung. Und im Falle dieses mächtigsten aller Werkzeuge ist er manchmal unvermeidlich.

ÜBUNG 1: ZUR MUSIK UND GEGEN DIE MUSIK

Die Gruppe beginnt durch den Raum zu gehen. Spiele ein Musikstück und weise die Gruppe an, ihren Gang von der Musik beeinflussen zu lassen. Wähle Musik, die in Rhythmus und Tempo eindeutig ist: einen Marsch, Techno-Beats, eine Hymne. Die Gruppe wird unweigerlich beginnen, *zur* Musik zu gehen. In manchen Fällen werden sie die Musik sogar illustrieren, ihre Vorstellung von der Musik *darstellen.* (Sie werden womöglich auch mit *Shape* und *Gesture* arbeiten.) Fordere sie auf, dies zu registrieren und sich jetzt *gegen* das Tempo und/oder den Rhythmus zu bewegen, sich *konträr* dazu zu bewegen. Erinnere sie, wenn nötig, daran, dass sie nur *gehen* dürfen, dass im Moment nichts anderes in ihrem Vokabular existiert. Sie können schnell oder langsam oder in Höchstgeschwindigkeit etc. gehen, aber sie dürfen *nur gehen.* Erforscht mindestens fünf oder sechs verschiedene Gehgeschwindigkeiten zu einer Musik, die in ihrem Tempo konstant sind. So üben wir auf eine sehr einfache Weise, uns vom Diktat der Musik zu befreien.

ÜBUNG 2: MIT MUSIK BEGINNEN

Als Alternative kann man Musik auch einführen, indem man sie zu Beginn der Arbeitseinheit zum Aufwärmen spielt. Das Warm-up kann alles Mögliche sein, vom Sonnengruß (siehe Kapitel 4, Übung 2) bis hin zu einem allgemeinen, zwanglosen Stretching. Die Gruppe soll sich nach dem Aufwärmen durch den Raum bewegen. Lass die Musik einfach weiterlaufen. Für diese Übung ist es am besten, ein ruhiges, gleichmäßiges Stück auszuwählen, vielleicht ein klassisches Adagio oder ein atmosphärisches New-Age-Instrumental. Richte jetzt nach und nach die Aufmerksamkeit auf die *Viewpoints*: zuerst auf *Spatial Relationship*. Dann *Kinesthetic Response*. Dann *Tempo, Duration* und *Repetition*. Die Gruppe wird ganz selbstverständlich mit Klang und Struktur der Musik arbeiten, aber mit einer neuen Vielfalt von Tempi.

Hinweis: Wenn die Gruppe exakt das tut, was die Musik diktiert, schalte die Musik aus. Die Gruppe wird sich ertappt fühlen und wissen, dass sie nicht wach genug war. Gib ihr Zeit, sich erst einmal wieder in Stille durch den Raum zu bewegen (mit Bewusstsein für *Tempo, Duration, Kinesthetic Response, Spatial Relationship* und *Topography*). Spiele dann ein neues Musikstück.

Das endgültige Ziel ist es, weder ausschließlich *zur* Musik noch *gegen* sie zu arbeiten, sondern sich mit ihr *abzustimmen*. Stell dir die Musik als einen Mitspieler vor, als ein weiteres Mitglied der Gruppe. Ihre Aufgabe ist es, dich zu inspirieren und zu bewegen. Deine Aufgabe ist es, offen dafür zu sein. Gehe mit der Musik um wie mit der Architektur, die da ist, um *mit* ihr zu spielen, *mit* ihr zu tanzen, sie in einem Moment zu umarmen und im nächsten zu ignorieren. Selbstverständlich kannst du die Musik illustrieren. Aber du kannst sie auch bekämpfen, kommentieren, mit ihr flirten, ihr zujubeln.

Letztendlich geht es darum – sowohl für den Schauspieler, als auch für das Publikum –, den Eindruck zu erwecken, dass die Musik aus dem Körper des Schauspielers kommt – sie sollte organisch integriert sein.

ÜBUNG 3: *OPEN VIEWPOINTS* OHNE RHYTHMUS

Wähle eine Musik aus, die relativ abstrakt oder atmosphärisch ist, etwas mit viel Klangtextur und wenig Rhythmus (zum Beispiel Ambient Musik oder New Age). Eröffne eine *Open Viewpoints*-Session mit dieser Musik. Die Gruppe wird sich daran gewöhnen, diese Musik zu hören, ohne dabei von ihr manipuliert zu werden, weil sie mit einem Klangteppich arbeitet, der präsent ist, aber keinen alles beherrschenden Rhythmus vorgibt.

ÜBUNG 4: *OPEN VIEWPOINTS* MIT RHYTHMUS

Wähle eine ähnliche Musik wie in Übung 1: starker, repetitiver Rhythmus. Eröffne eine *Open Viewpoints*-Session mit dieser Musik. Lenke das Bewusstsein der Gruppe verstärkt auf *Tempo, Duration* und *Kinesthetic Response*, damit sie nicht an der Musik hängenbleibt und den Kontakt mit den *Viewpoints* verliert. Ermutige sie, genauso überraschend und variantenreich zu arbeiten wie in der Übung zuvor, als die Musik weniger offensichtlich und maßgebend war.

ÜBUNG 5: MUSIK ALS THEMA

Wähle eine kleinere Gruppe aus idealerweise drei bis sechs Personen, um im Raum zu arbeiten. Lass sie eine Ausgangsposition finden: eine räumlich und architektonisch starke Eröffnungsposition. Sie sollen mit *Open Viewpoints* starten, aber unmittelbar nach ihrem Start schaltest du Musik ein. Die Musik sollen sie als *Thema,* als *Inspiration* benutzen. Sie sollen zulassen, dass die Musik den Kosmos ihres Stückes durchdringt und erschafft. Die Musik soll sie zu Genauigkeit in *Gesture* und zu einem besonderen Gebrauch von *Architecture* führen. Das entspricht der Beschäftigung mit einem Thema bei den *Open Viewpoints* (siehe dazu Kapitel 13, besonders »*Composition* für ein Stück« und die Themen-Übungen). Du solltest eine Musik wählen, die sehr suggestiv und charakteristisch ist: Spieldosenmusik, die Erinnerungen an Kindheit oder an Zirkus hervorruft, einen Militärmarsch, der Drill oder Krieg suggeriert, Musik aus Italo-Western, Charleston, eine Sechzigerjahre-Drogen-Trip-Gitarre oder Sitarmusik usw.

ÜBUNG 6: MUSIK ALS KONTRAPUNKT

Eine kleine Gruppe (drei bis sechs Personen) arbeitet mit *Open Viewpoints.* Ihre Aufgabe ist es, im *Widerspruch* zur Musik zu agieren: Wenn die Musik beruhigend ist, sollte die Bewegung aggressiv sein, ist die Musik schnell, sollte die Bewegung langsam sein usw. Wechsle oft die Musik.

Jonglieren können. Bei dieser Übung ist entscheidend, dass der Einzelne in der Lage ist, das Bewusstsein für die Gruppe aufrechtzuerhalten und nicht beginnt, als Solist mit der Musik zu arbeiten. Ziel ist es, die Wirkung der Musik mit der Wirkung von Open *Viewpoints* in Balance zu halten. Wenn die Musik das Kommando übernimmt, schalte sie sofort aus und erinnere die Gruppe, während sie weiterarbeitet, daran, *miteinander* zu arbeiten. Wiederhole die Sätze: »Haltet euch an die *Viewpoints.*« »Hört eineinander zu.« »Richtet euren Fokus auf andere.«

In Kapitel 5 haben wir es bereits erwähnt: Die einzelnen *Viewpoints* zu lernen, ist wie Jonglieren lernen. Anfangs ist man vielleicht nur in der Lage, zwei Bälle in der Luft zu halten. Durch Übung schafft man bald drei, dann vier und so weiter. Musik ist ein weiterer Ball, der in der Luft gehalten werden muss. *Text* wird noch ein weiterer sein (siehe nächstes Kapitel). Es erfordert Übung, zusätzlich mit Musik zu jonglieren, ohne einen der anderen Bälle fallen zu lassen. Musik sollte nie auf Kosten eines einzelnen *Viewpoints* eingesetzt werden: Sie sollte hinzugefügt werden, wenn die Gruppe mit genügend Bällen gleichzeitig (und mit genügend Leichtigkeit) jonglieren kann, so dass ein völlig neues Element das Bewusstsein für *Viewpoints* nicht beeinträchtigt. Wahrscheinlich lässt du ein oder zwei Bälle fallen, was aber nicht weiter schlimm ist. Heb die Bälle wieder auf, beginne von Neuem, finde deinen Rhythmus und höre dann wieder auf die Musik.

ÜBUNG 7: DEN EINSATZ ERHÖHEN

Beginne *Open Viewpoints* mit atmosphärischer Musik. Wechsle dann zu einer Musik, die ein bisschen bewegter ist: mit Wechseln, Pausen, plötzlichen Ausbrüchen. Wenn die Gruppe mit der Musik vertraut wird, sie wie einen zusätzlichen Schauspieler behandelt, beginnst du, die Einsätze durch deine Musikauswahl zu erhöhen: (1) Wechsle zu zunehmend dramatischen Musikstücken; (2) baue unerwartete Intervallsprünge ein; (3) springe von einem Musikstil in sein Gegenteil; (4) spiele zwei Stücke auf einmal, arbeite mit Extremen und lade die Gruppe dazu ein, dasselbe zu tun.

ÜBUNG 8: DER KLANG DER STILLE

Nachdem du eine Weile mit Musik gearbeitet hast, kehre für *Open Viewpoints* zur *Stille* zurück. Weise darauf hin, wie voll die *Stille* in Wirklichkeit ist, voll von Geräuschen und Klängen, die zunächst nicht wahrgenommen oder für unwichtig gehalten werden. Arbeitet mit diesen Geräuschen und Klängen. Geht mit ihnen um wie mit Musik. Hört genau hin und arbeitet mit dem Geräusch, das sich bewegende Körper machen, mit dem Knarzen des Bodens, mit dem Hupen eines Autos auf der Straße, einer Sirene usw.

ERGÄNZUNGSÜBUNGEN ZUR ARBEIT MIT MUSIK

ERGÄNZUNGSÜBUNG 1

Verwende eine Auswahl von Musik, die gesprochenen Text beinhaltet. Fordere die Gruppe auf, sowohl mit dem Text, als auch mit der Musik zu arbeiten. Wenn du diese Übung machst, nachdem du bereits Sprache eingeführt hast, ermutige die Teilnehmer, sich zu dem, was du einspielst, zu bewegen und auch zu sprechen: Echo zu sein, zu antworten, es zu verdrehen oder zu konterkarieren.

ERGÄNZUNGSÜBUNG 2

Wähle ein thematisch eindeutiges Musikstück oder klar identifizierbare Genremusik. Gib der Gruppe einen Schauplatz oder Charaktertypen oder beides vor. Dann beginne eine *Open Viewpoints*-Session. Lass die Gruppe zum Beispiel an einer Wand oder mit einer bestimmten Tür oder in einer Ecke arbeiten. Dann bestimme einen Schauplatz: eine Gasse oder eine Bar oder eine nächtliche Straße. Dann gibst du das Thema vor, beispielsweise Film Noir, und spielst Cool Jazz aus den Fünzigerjahren oder etwas aus einem Film Noir.

WAS WIR AUS DER ARBEIT MIT MUSIK GELERNT HABEN

- Beim Hören der Musik kannst du sowohl aus der Komposition als auch aus der Spielweise lernen. Die Art, wie Glenn Gould Bach spielt, ist auffallend anders als die Art, wie Keith Jarrett es tut. Dieselben Noten – eine völlig andere Welt.
- Musik kann einschläfernd wirken. Wir haben bei einer *Viewpoints*-Session zugesehen, in der die Lehrerin ein Musikstück (einen zeitgenössischen Popsong, den sie liebte) einspielte und ihn drei oder vier Minuten lang laufen ließ. Damit steckte die Gruppe in ihren Handlungen und ihrem Tempo fest, ohne jede Möglichkeit zur Veränderung. Der Mangel an Veränderung wirkte wie eine Schlaftablette auf die Gruppe. Hinsichtlich der *Viewpoints* machten sie alles richtig, aber sie funktionierten wie auf Autopilot. Die Vorhersehbarkeit der Musik schläferte sie ein. Wenn man im *Viewpoints*-Training die Aufgabe des DJs übernimmt, muss man besonders sensibel mit *Duration* umgehen: Wie lange oder wie kurz lasse ich ein Stück laufen? Wann wechsle ich – und in Reaktion auf was? Zur Erinnerung: Bei *Duration* geht es darum, zu wissen, wie lange man etwas tun muss (in diesem Fall, wie lange man ein bestimmtes Musikstück spielt), damit etwas geschehen kann. Man muss den Moment des unmittelbaren Ereignisses auskosten können, ohne ihn zu lang werden zu lassen, so dass das Ereignis sich wieder verflüchtigt oder abstirbt.
- Sehr bekannte oder aktuelle Popsongs sind nicht besonders gut geeignet, außer fürs Warm-up oder in sehr kurzen Arrangements. Lieder, die die Gruppe kennt (und mitsingen oder dazu tanzen möchte), sind in der Regel die, die am stärksten einschränken.
- In den verschiedenen Stadien des *Viewpoints*-Trainings benutzt man am besten auch verschiedene Arten von Musik. Grundsätzlich sollte man mit der am wenigsten aufdringlichen beginnen.

Musik für die Anfangsphase von *Viewpoints*

Verwende Stücke ohne Text, die atmosphärisch, repetitiv und offen sind:

Will Ackerman
Cirque du Soleil
Philip Glass
Henryk Górecki
Gregorianische Gesänge
John Hodian
Wim Mertens
Michael Nyman
Penguin Cafe Orchestra
Rachel's
Steve Reich
Adagios (z. B. Samuel Barbers »Adagio for Strings«, Gustav Mahlers Vierte Symphonie, Maurice Ravels »Pavane pour une infante défunte« (»Pavane für eine tote Prinzessin«)

Musik für die mittlere Phase

Führe Stücke ein, die Zeit, Orte, Genre, Assoziationen heraufbeschwören:

Johann Sebastian Bach
Carla Bley
John Lurie
Wolfgang Amadeus Mozart
Arvo Pärt
Astor Piazzolla
Tom Verlaine
Tom Waits
Big Band/Swing (Cab Calloway, Tommy Dorsey, Glenn Miller)
Country (Johnny Cash, Patsy Cline, Hank Williams)

Musik für die fortgeschrittene Phase

Führe Musik ein, die ungleichmäßig, unvorhersehbar, extrem und dominant ist:

Ludwig van Beethoven
Heiner Goebbels
György Ligeti
Gustav Mahler
Einstürzende Neubauten
Arnold Schönberg
Igor Strawinsky
Anton Webern
John Zorn

Kapitel 9

STIMME UND SPRECHEN

Nachdem im Laufe des Arbeitsprozesses immer mehr Elemente zusammengekommen sind, kommt jetzt der Augenblick für die Stimme. Die *Vocal Viewpoints* befassen sich in gleicher Weise mit Laut und Klang, wie sich die *Physical Viewpoints* mit Bewegung befassen. Das heißt, sie dienen dazu, das Bewusstsein für den reinen Klang zu schärfen, jenseits von psychologischen und sprachlichen Bedeutungen. Anstatt nur zu hören, was ein bestimmtes Wort bedeutet, beschäftigen wir uns mit dem Klang selbst, was er ausdrückt und welche Informationen er enthält. Gewohnheiten und Angst erzeugen beim Schauspieler häufig ein sehr enges Spektrum an physischen und stimmlichen Möglichkeiten. *Vocal Viewpoints* lenken die Aufmerksamkeit auf die stimmliche Eingeschränktheit und fördern einen radikaleren und dynamischeren Gebrauch der Stimme.

Durch *Vocal Viewpoints* entsteht ein experimentierfreudigerer Umgang mit dem Potential der Stimme und ein radikalerer Umgang mit Freiheit, Kontrolle und Reaktionsfähigkeit. Als Werkzeug im Schauspieltraining kann die Einführung dieser *Viewpoints* von unschätzbarem Wert für die Entwicklung stimmlicher Virtuosität sein. Bezieht man *Vocal Viewpoints* in die Probenarbeit ein, lernt man, auf nicht psychologische Weise mit Stücktexten umzugehen, was wiederum zahlreiche neue Möglichkeiten für die szenische Arbeit eröffnet. Stimmliche und klangliche Veränderungen können auch Bedeutung und Wirkung verwandeln.

Die *Vocal Viewpoints* unterscheiden sich etwas von den *Physical Viewpoints* (z. B. arbeiten wir nicht mit *Topography*). Bei der Arbeit mit *Vocal Viewpoints* benutzen wir *Tempo, Duration, Repetition, Kinesthetic Response, Shape, Gesture, Architecture, Pitch* (Tonhöhe), *Dynamic* (Dynamik – Lautstärke), *Acceleration/Deceleration* (Beschleunigung/Verlangsamung), *Timbre* (Klangfarbe) und *Silence* (Stille). Diese *Viewpoints* sollten einzeln und nacheinander eingeführt werden. Sich jeden *Viewpoint* einzeln zu erschließen, wird zu einem auffallend veränderten Bewusstsein für das Potential des stimmlichen Instruments führen – sowohl für den Sprecher, als auch für den Zuhörer.

EINFÜHRUNG DER EINZELNEN *VOCAL VIEWPOINTS*

Allein beginnen

Jeder Teilnehmer arbeitet zunächst allein und wählt einen Platz im Raum, wo er sich am besten auf seine eigene Stimme und den Klang konzentrieren kann. Bitte jeden, sich ein dreisilbiges Kauderwelschwort auszudenken, z. B. »ka-bing-zong«, »jipp-iih-doh« o. Ä.

ÜBUNG 1: *PITCH* (TONHÖHE)

1. Beginne mit deinem dreisilbigen Kauderwelsch so tief wie möglich, wiederhole es immer wieder und erhöhe mit jeder Wiederholung deinen Ton um eine Stufe. Die Übung ist zu Ende, wenn du den höchstmöglichen (und sicheren) Ton in deinem Tonumfang erreicht hast.
2. Arbeite allein und experimentiere damit, die Tonhöhe mit jeder Silbe deines Wortes zu wechseln. Probiere beispielsweise tief/tief/hoch oder sehr hoch/sehr hoch/halbtief usw. Erstelle so viele Kombinationen wie möglich.

Hinweis: Diese Übung erhöht das Bewusstsein für unseren üblicherweise beschränkten Tonumfang und stärkt die Fähigkeit, diesen zu vergrößern. Das Gleiche gilt für die folgenden Übungen, die die Bereiche der Dynamik, die Möglichkeiten im zeitlichen Bereich usw. vergrößern.

ÜBUNG 2: *DYNAMIC* (DYNAMIK – LAUTSTÄRKE)

1. Beginne so leise du kannst (also kaum hörbar). Wiederhole dein Kauderwelschwort und werde mit jeder Wiederholung etwas lauter. Die Übung ist zu Ende, wenn du dein Wort so laut wie möglich (aber immer noch sicher) aussprichst.
2. Experimentiere jetzt mit dem Wechseln der Lautstärke bei jeder Wortsilbe, beispielsweise laut/kaum hörbar/mittel *oder* leise/laut/leise usw.

ÜBUNG 3: *TEMPO* UND *DURATION*

Wende denselben Übungsablauf auf *Tempo* und *Duration* an. Steigere dich von der langsamsten möglichen Sprechgeschwindigkeit zur schnellsten. Dann wechsle *Tempo/Duration* mit jeder Silbe.

ÜBUNG 4: *TIMBRE* (KLANGFARBE)

Experimentiere mit deinem Kauderwelsch, indem du unterschiedliche Resonatoren deines Körpers benutzt, um den Klang herzustellen, beispielsweise nasal, mit dem Bauch, mit der Kehle usw. Wechsle und kombiniere wie oben.

ÜBUNG 5: *SHAPE*

1. Bitte die Teilnehmer, die immer noch für sich arbeiten, die Vokale und Konsonanten ihres Kauderwelschs so zu verändern, dass das Wort aus *runden* Formen besteht. Welche Klänge fühlen sich *rund* an?

Warum? Welche tun das eindeutig nicht? Dann verändere die Silben so, dass die Form des Wortes *gerade* oder *gezackt* erscheint.

2. Wechsle und kombiniere wie oben beschrieben.
3. Überlege dir erkennbare Wörter aus dem Deutschen (oder jeder anderen Sprache), die besonders *rund, weich* oder *fließend* sind oder besonders *scharf, spitz* oder *hämmernd.*

ÜBUNG 6: *GESTURE*

Genau wie *die Physical Viewpoints* können auch die *Vocal Viewpoints* expressiv oder verhaltensbezogen *(behavioral)* sein. Wir lernen, *Vocal Gestures* zu machen, die Klänge bzw. Töne mit einem Anfang, einer Mitte und einem Ende sind, sich aber von Wörtern mit einer spezifisch sprachlichen Festlegung unterscheiden.

Expressive: Jeder entwickelt eigenständig eine Reihe von *Expressive Vocal Gestures*. Das sind Klänge, die nicht vom Alltagsverhalten bestimmt werden, sondern auf eine abstraktere Weise einen Gemütszustand, ein Gefühl oder eine Idee ausdrücken.

Was zum Beispiel ist eine *Vocal Gesture,* die Trauer ausdrückt? (Achte auf die Unterscheidung zwischen einer *Behavioral Vocal Gesture*, etwa ein schluchzender oder klagender Laut und einer *Expressive Vocal Gesture*, z. B. ein langgezogenes hohes »eiiiiiiiiiiiiiiii« gefolgt von einem tiefen, leisen »oh … ooooh«.) Was ist eine *Vocal Gesture*, die Freiheit ausdrückt? Oder Schrecken? Was ist mit einer *Vocal Gesture*, die die Idee von Ausgeglichenheit ausdrückt? Von Gerechtigkeit? Oder Geborgenheit?

Behavioral: Ebenso wie bei *Physical Viewpoints* sind *Behavioral Vocal Gestures* Beobachtungen des täglichen Lebens, ob öffentlich oder privat, und geben konkrete Informationen über Zeit, Ort, Befindlichkeit und Charakter sowie über spezifische Bedeutung und Absicht eines Menschen.

1. Erstelle eine Reihe von *Behavioral Vocal Gestures*, die Menschen um dich herum jeden Tag auf der Straße, im Bus, in der U-Bahn usw. machen. Das kann Räuspern, Schlucken, Ausatmen, Schniefen usw. sein.

2. Erstelle eine Reihe von *Behavioral Vocal Gestures*, die Auskunft geben über das Wetter (Zähneklappern) oder Gesundheit (Husten) oder Alter (Keuchen).
3. Erstelle eine Reihe von *Behavioral Vocal Gestures*, die Auskunft geben über Persönlichkeit oder Verhalten eines Menschen, zum Beispiel Zähneknirschen, ständiges Glucksen, leises Pfeifen usw.
4. Erstelle eine Reihe von *Behavioral Vocal Gestures*, hinter denen ein Gedanke oder eine Absicht steht, benutze aber keine Worte. Zum Beispiel ein lautes, absichtliches Räuspern: »ah-hem«, ein tadelndes »ts-ts«, ein lustvolles Stöhnen usw.

ÜBUNG 7: *ARCHITECTURE*

Kehre zum Kauderwelsch zurück, wiederhole das dreisilbige Wort in verschiedenen Lautstärken, um den Raum zu erforschen, in dem du arbeitest. Tue also genau das, was ein Tontechniker oder ein Sänger tut, wenn er auf der Bühne steht und in die Hände klatscht, um zu hören, wie *lebendig* oder *tot* der Raum akustisch ist. Erkunde die Ecken, die Wände, ihre unterschiedlichen Oberflächen und Materialien, Entfernungen, Gegenstände usw.

Weiter in der Gruppe

ÜBUNG 8: *REPETITION*

1. Die Gruppe sitzt im Kreis. Zwei Personen gehen in die Mitte des Kreises. Person A führt und Person B wiederholt. Mit einem dreisilbigen Kauderwelschwort erzeugt Person A eine Reihe von expressiven Lauten, indem sie mit Tonhöhe, Lautstärke, *Tempo* und *Duration* experimentiert. Person B wiederholt diese so exakt wie möglich.
2. Gleicher Ablauf wie oben, außer dass Person B einen *Viewpoint* verän-

dert, während sie die anderen genau wiederholt. Beginne mit sich wiederholender Tonhöhe (hoch/tief), aber sich verändernder Lautstärke (laut/leise). Wenn z. B. Person A das Wort »X–Y–Z« auswählt und sagt: X (hoch und leise), Y (hoch und leise), Z (tief und laut), könnte Person B die Tonhöhe wiederholen, aber die Lautstärke verändern, indem sie das Wort so spricht: X (hoch und laut), Y (hoch und laut), Z (tief und leise). Damit fortfahren, bis die Person, die wiederholt, in der Lage ist, auf spontane und spielerische Weise zu reagieren.
3. Gleicher Ablauf wie oben, außer dass Person B die Lautstärke genau wiederholt, aber die Tonhöhe verändert. Diese Übung kann mit jeder Kombination der *Vocal Viewpoints* fortgesetzt und verfeinert werden (z. B.: wiederhole Tonhöhe und Lautstärke, aber wähle ein anderes Tempo usw.)
4. Tauscht die Rollen: B gibt vor, A wiederholt.

ÜBUNG 9: *KINESTHETIC RESPONSE* UND STILLE

Vier Personen sitzen mit geschlossenen Augen in der Mitte eines Kreises. Jeder wählt ein Wort, entweder Kauderwelsch oder nicht, nach Wunsch des Lehrers. Der Lehrer kann auch ein Wort oder einen Satz vorgeben, mit dem die ganze Gruppe arbeitet. Da die Möglichkeit, die Worte zu verändern, ausgeschlossen ist, fokussieren sich die Teilnehmer ganz auf die Reize, die von außen kommen. Dadurch konzentriert sich jeder Einzelne nur darauf, *wann* er spricht, und nicht, *was* er sagt. Das *Was* ist bereits mit dem gewählten Wort oder der Wortfolge festgelegt. Es geht ausschließlich um das *Timing*, das *Wann*, das nur durch die spontane Reaktion auf die Laute der anderen bestimmt wird.

Hinweis: Diese Übung hat große Ähnlichkeit mit *Lane Work* in den *Physical Viewpoints*: Es gibt ein eingeschränktes Vokabular (das ausgewählte Wort oder die Wortfolge), eine kleine Gruppe von Teilnehmern und dadurch die Gelegenheit, Kontrolle zugunsten einer einfachen, direkten Reaktion auf ein äußeres Ereignis (in diesem Fall Klang) aufzugeben – sich auf das, was geschieht, *einzulassen*. So wie *Stillstand* in den *Physical View-*

points funktioniert, funktioniert hier Stille. Es kann sein, dass die Teilnehmer daran erinnert werden müssen, der Stille zu vertrauen und sie in einer initiativen und kreativen Weise einzusetzen und nicht in einer passiven. Die Stille verwandelt sich dadurch von einer untätigen Zeitspanne des Wartens zu einem eigenständigen Klangfeld, das selbst etwas ausdrückt.

DER NÄCHSTE SCHRITT

Dialogarbeit

ÜBUNG 1: SPRECHEN UND ATMEN

1. Teile die Teilnehmer in zwei Gruppen ein, A und B. Die Gruppen sitzen sich in einem Kreis gegenüber. Gib ihnen einen kurzen Dialog, den sie sofort auswendig lernen sollen, idealerweise sechs bis zwölf Zeilen, die prägnant und in ihrer Bedeutung offen sind. Zum Beispiel einen Dialog zwischen Sarah und Richard aus Harold Pinters *Der Liebhaber*:

   A: Richard?
   B: Hmmm?
   A: Denkst du manchmal an mich … wenn du mit ihr zusammen bist?
   B: Ab und zu. Nicht oft. Wir reden über dich.
   A: Du redest mit ihr über mich?
   B: Gelegentlich. Es macht ihr Spaß.
   A: Spaß?
   B: Hmm.
   A: Wie … redet ihr über mich?
   B: Taktvoll. …[10]

---

10 Harold Pinter, *Der Liebhaber (The Lover)*, deutsch von Michael Walter, Aufführungsrechte: Rowohlt Theater Verlag, Reinbek bei Hamburg, 2013.

Die beiden Gruppen lernen diesen Text zunächst im Chor, indem in jeder Runde eine Replik hinzugefügt wird. Zum Beispiel soll die gesamte Gruppe A unisono »Richard?« sagen. Füge dann die Replik der Gruppe B hinzu, die unisono »Hmmm?« sagt. Springe zurück und wiederhole diese beiden Zeilen und füge die dritte hinzu: »Denkst du manchmal an mich…« und so weiter. Während sie den Text lernen, sollten sie auch lernen, zu atmen, während der Partner spricht, d. h. während Gruppe A spricht, atmen die Teilnehmer aus Gruppe B ein und umgekehrt.

2. Bitte eine Person aus Gruppe A und eine aus Gruppe B, den Dialog einmal durchzusprechen, mit besonderer Aufmerksamkeit und Reaktionsbereitschaft für das, was der andere auslöst. Nachdem das Paar den Text einmal durchgesprochen hat, sollen sie es noch einmal machen, nur anders. Bitte dann das gleiche Paar, die Aufgabe noch einmal und wieder auf eine völlig neue Art zu lösen. In dieser Übung fragst du bewusst nach Variation, nur um der Variation willen (anders als im frühen *Viewpoints*-Training, wo erzwungene Abwandlung unerwünscht ist). Ermuntere sie zur Differenzierung und lasse dabei auch Beliebigkeit zu.

Beachte, wie beschränkt die Bandbreite an Möglichkeiten bleibt und wie schnell psychologische Interpretation jedes Potential für Spontaneität und Spielfreude abtöten kann. Sind die stimmlichen Entscheidungen wirklich eine Reaktion auf den anderen? Wie viel von dem, was gesagt wird, wirkt vorgefertigt oder automatisch? Erst wenn die Schauspieler für die Entscheidungen und Veränderungen des jeweils anderen wirklich sensibilisiert sind, fängt die Arbeit richtig an.

Es ist sinnvoll, mehrere Paare diesen Pinter-Dialog miteinander probieren zu lassen, damit sie erfahren, wie wichtig echtes Zuhören und unmittelbares Reagieren sind, und die anderen können dabei Unterschiede bei der Akzentuierung und der stimmlichen Flexibilität in den Interaktionen beobachten.

Vocal Viewpoints in der Dialogarbeit

Jetzt ist es Zeit, die *Vocal Viewpoints* der Reihe nach in die Arbeit aufzunehmen. Für jeden einzelnen *Vocal Viewpoint*, der gerade behandelt wird, soll immer ein anderes Paar mit dem Dialog arbeiten. Es können auch alle *Vocal Viewpoints* im Spiel sein (sobald man mit ihnen umgehen kann). Konzentriere dich anfangs aber auf jeden *Vocal Viewpoint* einzeln.

ÜBUNG 1: *PITCH* (TONHÖHE)

Pitch bezieht sich auf die Höhe eines Tons innerhalb der Tonleiter, die durch seine Frequenz bestimmt wird. Wie beim Gesang oder beim Spielen eines Musikinstruments handelt es sich dabei um die Klänge, die innerhalb des möglichen Tonumfangs eines Instruments – in diesem Fall der Stimme – erzeugt werden. In *Vocal Viewpoints* wird eine Entscheidung getroffen, welcher Ton auf dieser Tonleiter angeschlagen wird. Wie groß ist der Tonumfang jedes einzelnen Teilnehmers? Wie flexibel, reaktions- und anpassungsfähig ist der Sprecher in Bezug auf die Tonlage seines Partners? Die Person, die den Dialog beginnt, sollte in einer Tonhöhe beginnen, die sie so klar und präzise wie möglich intonieren kann. Danach wird die Wahl der Tonhöhe immer als spontane Reaktion auf die Tonhöhe getroffen, die gerade im Spiel ist.

ÜBUNG 2: *DYNAMIC* (LAUTSTÄRKE)

In *Vocal Viewpoints* bedeutet *Dynamic* die Lautstärke eines jeden Tons. *Dynamic* ist ein Ausdruck für den Aggressionsgrad oder die Explosivität beim Anschlagen eines Tons (im Jazz auch *Attack* genannt). Beachte, wie eine einfache Veränderung der Lautstärke die Bedeutung eines Moments oder einer Interaktion radikal verändern kann. Auch hier sollte Lautstärke als Reaktion auf die des Dialogpartners gewählt werden.

ÜBUNG 3: *TEMPO*

Wie in den *Physical Viewpoints*, ist *Tempo* Geschwindigkeit. In *Vocal Viewpoints* ist *Tempo* die Geschwindigkeit, mit der die Worte, Töne oder Klänge gesprochen oder erzeugt werden. Die Wahrnehmung von Tempowechseln sowie Empfänglichkeit für das Tempo eines Partners sind unerlässlich. Man reagiert auf das Tempo des anderen mit der Wahl einer bestimmten Geschwindigkeit. Beachte, wie *Tempo* auch die Bedeutung des Dialogs und das Gefühl für die Beziehung verändern kann.

ÜBUNG 4: *ACCELERATION/DECELERATION* (BESCHLEUNIGUNG/VERLANGSAMUNG)

Bitte ein Paar, eine Person aus Gruppe A und eine aus Gruppe B, die Sprechgeschwindigkeit des Dialogs gemeinsam zu beschleunigen, indem sie langsam beginnen und kontinuierlich schneller werden. Die Beschleunigung soll dabei durchgängig beibehalten werden und nicht abfallen. Sobald das gelingt, versuche die umgekehrte Richtung: indem sie schnell beginnen und zusammen die Geschwindigkeit zum Ende des Dialogs kontinuierlich langsamer werden lassen. Wie groß kann der Unterschied der Geschwindigkeiten werden? Kann der schnelle Start *sehr schnell* und das langsame Ende *sehr langsam* sein? Beachte wieder, wie Beschleunigung und Verlangsamung die Bedeutung des Dialogs ebenso wie unsere Wahrnehmung der Beziehung verändern.

ÜBUNG 5: *REPETITION*

Die Beteiligten sollen, mit besonderer Sensibilität für *Repetition,* mit der Tonhöhe, der Lautstärke und dem Tempo ihres Partners spielen. Musiker nutzen Wiederholungen, um Melodien zu erschaffen. Schauspieler können Wiederholungen als Möglichkeit nutzen, miteinander zu kommunizieren.

ÜBUNG 6: *TIMBRE* (KLANGFARBE)

Form, Größe und Material bestimmen die charakteristische Klangfarbe, das Timbre eines jeden Musikinstruments. Zum Beispiel wird der Klang, den eine Oboe erzeugt, von dem für das Instrument verwendeten Holz und und dem daraus geformten Hohlraum bestimmt. Opernsänger sind oft für den einzigartigen Klang ihrer Stimme, ihr Timbre, berühmt. Die charakteristischen körperlichen Eigenschaften, die Resonanz, Bau und Wesen des Körpers und der Lunge, bedingen den unverwechselbaren Klang der Stimme eines Sängers. Die Schauspieler sollten damit experimentieren, Klang mit verschiedenen Resonatoren im Nasen-, Rachen-, Bauchraum usw. herzustellen, je nach Figur und Situation, in der sich die Figur befindet.

ÜBUNG 7: STILLE

Der Komponist John Cage hat gesagt, dass die Lautstärke eines Tons von der Stille an beiden Seiten abhängt. Mehr noch als Stillstand in *Physical Viewpoints* ist die Stille ein außerordentlich wirkungsvolles Ausdrucksmittel; sie sollte auch entsprechend gewürdigt, erforscht und genutzt werden. Anders als eine Reihe unbewusster und zufälliger Pausen gewinnt Stille an Bedeutung, wenn sie absichtsvoll und unter ästhetischen Gesichtspunkten eingesetzt wird. Probiert einen Dialog, in dem die Teilnehmer nur eine einzige Pause setzen. Wählt dafür nicht die Stelle zwischen zwei Repliken der Partner, sondern innerhalb von Sätzen oder in der Mitte von Wörtern. Experimentiert damit, wie Stille, wenn sie bewusst und sparsam eingesetzt wird, Bedeutung schafft oder verändert.

Arbeite mit dem oben genannten Dialog und achte darauf, dass die Person A während der Replik von Person B einatmet, so dass sie an deren Zeilenende sofort sprechen kann, und umgekehrt; es sollte keinerlei unbeabsichtigte Unterbrechung im Dialogfluss geben. Wenn Menschen im echten Leben miteinander sprechen, entsteht ein Redefluss mit vielen Überlappungen. Pausen sind bedeutungsvoll, weil sie selten sind und aus der Besonderheit einer Situation entstehen. Zu oft atmen Schauspieler erst *nach* dem Textende ihrer Partner ein, bevor sie selbst sprechen. Sie bereiten so entweder ihren Einsatz vor, ehe sie sprechen, oder spielen schon vor und nicht *mit* ihrem Text. Diese kurze Unterbrechung hemmt den Dialogfluss und es wirkt, als spräche jeder nur, wenn er »an der Reihe« ist, was niemals wahrhaft spontan, unvorhersehbar und dynamisch sein kann.

Nach allgemeiner anthropologischer Auffassung entstand das Sprechen als notwendiger Akt, um zu überleben – ein Ton signalisiert Gefahr, er zeigt an, dass man Hunger hat, oder drückt ein sexuelles Bedürfnis aus. Das Sprechen bleibt im Idealfall (auf der Bühne und in unserer Kultur) ein Akt des Überlebens. Sprechen ist eine physische Handlung, keine psychologische. Arbeite mit dem Hinweis, dass das Sprechen auf der Bühne aus einer dringenden Notwendigkeit heraus entstehen muss: erst wenn alles andere körperlich signalisiert und ausgedrückt ist, wird gesprochen. Beobachtet, was geschieht, wenn der Akt des Sprechens die *letzte* Stufe der körperlichen Notwendigkeit ist, etwas auszudrücken oder sich zu verständigen.

Achte besonders auf eine gewohnheitsmäßige Schnappatmung: unwillkürliches Einatmen, das den Redefluss stoppt. Diese Angewohnheit des hektischen Atemholens entsteht, wenn Schauspieler nicht an das Geschehen angeschlossen sind. Oder auch aus Angst, ihren Text nicht zu wissen oder wenn sie ihn nicht klar genug *meinen*.

Zusammenführung von *Physical* und *Vocal Viewpoints*

ÜBUNG 1: SPRECHEN AUS DER *SATS-POSITION*

Diese Übung bringt schließlich *Physical* und *Vocal Viewpoints* zusammen.

1. Jeder Teilnehmer arbeitet mit einem kurzen Monolog, den er selbst aussucht.
2. Bitte eine Person in die Mitte der Bühne zu gehen, sich in *Sats-Position* (siehe Kapitel 6, S. 87 f.) aufzustellen und laut zu sprechen, wobei sie zum ersten Mal *nach* Beginn des Monologs und so spät wie möglich im Text einatmen soll. Achte darauf, dass sie, wenn ihr zum Ende hin der Atem ausgeht, versuchen soll, lauter anstatt leiser zu werden. Beobachte die Folgen: Ab welchem Moment, wenn dem Sprecher langsam der Atem ausgeht, wird der Sprechakt wirklich körperlich und notwendig? Wie oft stört unbewusstes Atemholen den Wortfluss?
3. Sieben bis neun Teilnehmer stehen in *Sats-Position* von links nach rechts in einer Reihe, am hinteren Ende der Bühne, jeder mit einem vorbereiteten Monolog.
4. Einer der Teilnehmer beginnt seinen Text zu sprechen. Wenn der erste Teilnehmer das erste Mal Luft holt, muss ein anderer Teilnehmer zu sprechen beginnen und der vorige aufhören. In dieser Übung sollte jeweils nur eine Person sprechen. Jedes Mal, wenn der Sprecher einatmet, kann eine andere Person zu sprechen beginnen. Das Ziel für alle Teilnehmer ist, einmal durch ihren gesamten Text zu kommen.

Diese Übung erfordert ein intensives Zuhören und ein bewusstes Atmen. Jeder spricht an der Stelle weiter, wo er zuvor aufgehört hat, bis der Monolog einmal komplett gesprochen wurde. Sobald jeder seinen Monolog beendet hat, kann eine *Open Viewpoints*-Session folgen, in der die *Sats*-Reihe am Bühnenende beibehalten wird. Aus der *Sats-Position* kann jeder Teilnehmer jederzeit einen beliebigen Teil seines Monologs sprechen oder Textteile eines anderen Teilnehmers. Wie immer sollte sich die Aufmerksamkeit auf das *Ganze* richten, auf das, was von denen gesehen und gehört wird, die nicht teilnehmen (das Publikum).

Es ist auch möglich, die *Sats-Position* in der Mitte der Session aufzugeben und die Beteiligten stattdessen sprechen zu lassen, *während* sie sich nach *Physical Viewpoints* bewegen. Auf diese Weise lassen sich *Physical* und *Vocal Viewpoints* gut zusammenführen.

ÜBUNG 2: DAS STUHL-STÜCK

1. Bilde wieder zwei Gruppen, A und B, und teile sie in lauter Paare (A/B) auf. Jedes Paar sollte beide Rollen des Pinter-Textes beherrschen.
2. Ein Paar soll mit einem Stuhl auf die Bühne gehen, um zu demonstrieren, worum es in dieser Übung geht. Die Architektur für diese Arbeit besteht nur aus dem Stuhl und einer Fläche von ungefähr einem Quadratmeter rund um den Stuhl. Der Stuhl wird während der Dauer dieser Arbeit nicht bewegt. Den Bewegungen des Paares soll als Rahmen ein Verhalten zugrundeliegen, das man tief in der Nacht in einer Küche zeigen könnte. Das Paar erkundet eine Beziehung, die sich in Schwierigkeiten befindet, und die Dynamik von Anziehung und Abstoßung. Es ist wichtig, diese Beziehung nicht zu diskutieren, sondern durch physisches Handeln zu entdecken.
3. Das Paar sollte aus einer Position beginnen, die die Spannungen der Beziehung körperlich zum Ausdruck bringt, also dadurch, *wo* und *wie* die Personen platziert sind. Zum Beispiel: A sitzt auf dem Stuhl, eine Hand auf dem Knie und starrt in die Ferne; B kehrt A den Rücken zu, die Hände in den Hüften und blickt zum Bühnenhintergrund. Wie das Paar *Shape* und *Spatial Relationship* verwendet, sagt etwas über die Beziehung aus. Wir nennen diese Position einfach die *Nullposition*, weil es der Ausgangspunkt ist.
4. Sobald die Nullposition feststeht und klar ist, soll das Paar gemeinsam (unter Einbeziehung der *Viewpoints*) eine andere Position finden, die ein völlig neues Tableau darstellt und einen weiteren Aspekt der Beziehung zum Ausdruck bringt. Diese Position nennen wir Position 1.

Nachdem die Position 1 geklärt ist, sorge dafür, dass das Paar von der Nullposition reibunsglos zur Position 1 gelangen kann.

5. Geht jetzt zu Position 2: Stellt ein neues Tableau her, das eine weitere Dynamik der Beziehung zum Ausdruck bringt.
6. Wenn Position 2 klar ist, gehe zu Position 3 usw. bis Position 7.
7. Nachdem Position 7 abgeschlossen ist (insgesamt sind es jetzt acht Tableaus oder Positionen, von 0 bis 7), bitte das Paar, gemeinsam alle acht Positionen durchzugehen und sie diesmal als Szene zu spielen. Auch wenn die Bewegungen unverändert bleiben, verändert sich die Bedeutung der Bewegungen durch den gemeinsamen Umgang der beiden Schauspieler mit Zeit. Sie interagieren mithilfe von *Kinesthetic Response* und mit besonderer Aufmerksamkeit für *Tempo* und *Duration*. Sie finden die Bedeutung der Szene durch ihr Zusammenspiel.
8. Bitte das Paar, die Szene mehrmals zu spielen und ihr Timing allein mithilfe von *Kinesthetic Response, Tempo* und *Duration* zu verändern. Jede Version sollte dadurch auf organische Weise zu einer neuen Geschichte gelangen und neue Dimensionen der Beziehung ausloten.
9. Lass jetzt alle A/B-Paare ihre Tableaus von 0 bis 7 erstellen, basierend auf der eigenen Dynamik ihrer Figuren. Sie sollten bei der Arbeit möglichst nur sprechen, um die Nummer ihrer Tableaus anzusagen. Sie sollten sich auf die Details und Feinheiten der Bewegung konzentrieren und ihre Erfahrungen mit *Viewpoints* nutzen, um Lösungen zu finden.
10. Wenn alle Paare ihre Sequenz erstellt haben – und erst, wenn jeder Bewegungsablauf klar ist –, sollen sie die Sequenz mit dem Pinter-Text unterlegen, ohne dabei die Bewegungen zu verändern, um sie dem Text anzupassen. Vergewissere dich, dass sie den Text einfach auf der Bewegung »treiben« lassen. Weise sie darauf hin, wenn sie anfangen, den Text zu erzwingen oder ihn in Handlungseinheiten zu zerlegen.
11. Unterstütze die Paare darin, jene Augenblicke zu entdecken, die allein daraus entstehen, welcher Text zu welcher physischen Handlung gesprochen wird. Gib ihnen etwas Zeit für diese Aufgabe und bitte dann jedes Paar, der Reihe nach ihr Stuhlstück für die ganze Gruppe zu aufzuführen.

Beachte, wie die zufällige Zusammenstellung von Text und Bewegung hilft, beides klarer zu machen. Beachte, wie die Schauspieler nicht länger psychologische Vorgänge spielen, sondern stattdessen *miteinander* spielen. Sie überlassen es dem Zuschauer, seine eigenen Schlüsse zu ziehen. Beachte auch, wie Geschwindigkeit und *Dynamik* die Bedeutung verändern.

ÜBUNG 3: HANDELN UND SPRECHEN

1. Teile die Gruppe in Paare ein.
2. Jedes Paar muss folgende fünf Aktionen ausführen: 1. einen Widerstand überwinden, 2. etwas ergreifen, 3. sich beugen, 4. küssen, 5. wegrennen. Jedes Paar soll ein Bewegungsstück erfinden, für das sie diese fünf Aktionen in beliebiger Reihenfolge verwenden.
3. Wenn sie ihren Entwurf erarbeitet haben, sollen die Paare ihre früheren Monologe aus Übung 1 (Sprechen in der *Sats-Position*) in die vorgefertigten Aktionen einfügen, so dass sie einen Dialog sprechen, während sie sich bewegen.
4. Jedes Paar führt der Reihe nach seine Bewegungs- und Sprechsequenz der ganzen Gruppe vor. Beachte, wie leidenschaftlich und persönlich das Sprechen wird, wenn es aus dem physischen Handeln entsteht und damit verbunden ist (statt eine separate Handlung zu bleiben).

Diese Übung zeigt, wie wirkungsvoll es ist, *aus der akuten körperlichen Erfahrung heraus zu sprechen.*

Stell dir vor, du hattest gerade einen Autounfall. Du steigst aus dem Autowrack und gehst unsicher die Straße entlang und triffst eine Person, die helfen könnte, und du sagst Folgendes: »Ich hatte gerade einen Autounfall!« Wahrscheinlich würdest du nicht laut *brüllen:* »Ich hatte gerade einen Autounfall!« Unter dem frischen Eindruck des Autounfalls, der noch in jeder Zelle deines Körpers nachhallt, wirst du so ökonomisch wie möglich, aus einem dringenden Bedürfnis heraus sprechen. Du musst weder schreien, noch irgendjemanden von etwas überzeugen. Die unmittelbare Erfahrung ist mit dem Sprechakt verbunden.

»Läuft man aus Angst vor dem Bären weg, oder wird die Angst erst durch das Laufen erzeugt?«
William James (*What is an emotion*, 1884)

Beim Spielen/Handeln können wir lernen, uns weniger auf das Herstellen von Gefühlen zu stützen und stattdessen mehr den einfachen physischen Handlungen zu vertrauen, die wir auf der Bühne *tatsächlich* erleben.

ÜBUNG 4: PERSÖNLICHES MATERIAL

1. Jeder Teilnehmer wählt eine Erinnerung an eine wahre Begebenheit, die immer noch eine starke Emotion hervorruft. Vielleicht löst die Erinnerung ein Gefühl des Verlusts oder intensiven Glücks aus.
2. Jeder soll dann eine Abfolge von physischen Handlungen erstellen, die das konkret erinnerte Ereignis zum Ausdruck bringt. Zum Beispiel verabschiedest du dich an einem Bahnhof von einem geliebten Menschen: Du wirfst eine Kusshand, winkst, drehst dich um und gehst, noch einmal einen Blick über die Schulter zurückwerfend, weg.
3. Sobald die physische Handlungen festgelegt wurden, bitte einen Teilnehmer, seine Sequenz zu spielen. Beachte, wie physische Handlung Emotion transportiert.
4. Bitte jetzt alle Teilnehmer nacheinander, ihre Erinnerungen auszusprechen, während sie ihre Handlungssequenz ausführen. Währenddessen sollen sie die Erinnerung und ihre Wirkung aufrechterhalten.
5. Als Nächstes teilst du die Gruppe wieder in Paare ein. Jedes Paar soll nun aus ihren jeweiligen Einzelaktionen und Monologen eine Szene entwickeln, indem sie alles miteinander verweben.
6. Der Reihe nach zeigt jedes Paar den anderen seine fertige Szene.

Hinweis: Diese spezielle Übung führt zu Spontaneität und reduziert die Selbstbeobachtung, weil die Beteiligten mit so vielen Dingen gleichzeitig hantieren müssen: physische Handlung, sprechen, eine Erinnerung nachempfinden und sich auf einen Partner beziehen. Es ist unmöglich, diese ganze Übung durchzu*denken:* Es passiert einfach zu viel.

Die Anhäufung von Aufgaben in diesen Übungen mag als komplette Überforderung erscheinen. Tatsächlich aber sind sie so konzipiert, um der Intuition zu gestatten, einige Mechanismen unseres Gehirns auszuschalten, die unser Handeln am stärksten einschränken und kontrollieren.

VIEWPOINTS AUF DER PROBE

Eine der meistgestellten Fragen lautet: »Wie wende ich *Viewpoints* auf Proben an?« Die Anwendung von *Viewpoints*-Training im Probenprozess ist komplex und ändert sich je nach Material, Anschauungen des Regisseurs und/oder des Autors und der Dynamik innerhalb des Ensembles.

Viewpoints-Training kann in sämtlichen Stadien des Probenprozesses verwendet werden und bringt zahlreichen Nutzen.

- In der *ersten Probenphase* kann es verwendet werden, um 1. ein Ensemble zu formen und 2. ein physisches Vokabular für das Stück zu entwickeln.
- In der *zweiten Probenphase* kann es verwendet werden, um 1. Figuren zu vertiefen, 2. das Stück körperlich lebendig werden zu lassen und 3. für die konkrete Inszenierung von Szenen oder Übergängen.
- Während der *Aufführungsphase eines Stückes* kann es verwendet werden 1. als Warm-up für das Ensemble und um 2. Frische und Spontaneität in den Vorstellungen aufrechtzuerhalten.

FRÜHE PROBENPHASE

Am besten ist es, *Viewpoints*-Training frühzeitig – gleich am ersten Tag eines Projekts – in den Probenprozess einzubeziehen. Wenn du mit sehr erfahrenen oder auch mit etwas unsicheren Schauspielern arbeitest, bitte die Gruppe ausdrücklich darum, offen zu sein, sich spielerisch zu begegnen und Fehler, Intimität und Peinlichkeiten zuzulassen. Eine Bemerkung wie »Ihr braucht das nicht zu mögen oder damit einverstanden zu sein, aber ich bitte darum, dass ihr euch offen und unbefangen der Arbeit nähert« ist dabei in der Regel hilfreich. Eingeführt mit Sensibilität, Leidenschaft und Klarheit, überwindet *Viewpoints*-Training immer schnell Barrieren des Widerstands.

Viewpoints-Training von Beginn an im Probenprozess anzuwenden ermöglicht uns, auf ganz einfache Art, in neue Körper zu schlüpfen, Zeit und Raum und ein Theaterstück ganz neu zu begreifen. Wenn man mit einer neuen Gruppe arbeitet, sollte man die einzelnen *Viewpoints* immer auf eine möglichst einfache Weise einführen und dem Grundleitfaden (Kapitel 1 und 2) folgen, selbst wenn ein oder mehrere Teilnehmer bereits mit dem Training vertraut sind. Wir schlagen vor, als Erstes die Grundprinzipien einzuführen, zu denen die einzelnen *Viewpoints* sowie *Soft Focus, Grid Work*, *Lane Work* und *Open Viewpoints* gehören.

In den ersten Probentagen dient das *Viewpoints*-Training vor allem dazu, ein Ensemble zu formen, eine gemeinsame Kurzsprache zu finden und ein körperliches Vokabular zu entwickeln.

Ein Ensemble formen

Wenn eine Gruppe mit intensivem (und schweißtreibendem) Körperkontakt arbeitet, werden sehr schnell Höflichkeitsbarrieren und persönliche Ängste überwunden, wenn man, wie im *Viewpoints*-Training, die Beteiligten ermutigt, auszubrechen, zu entspannen und die Arbeit spielerisch zu begreifen. Es macht einen Unterschied, ob du bloß deine Zehen ins Wasser steckst oder komplett eintauchst: *Viewpoints* ist ein Kopfsprung, eine Möglichkeit, dass eine Gruppe als Gruppe funktioniert. Es wird vor allem Wert darauf gelegt, einander zuzuhören und aufeinander zu reagieren – miteinander in Wechselwirkung zu treten. Jeder Einzelne wird vom Druck befreit, aus dem Nichts etwas erfinden zu müssen. Die Arbeit trägt der Tatsache Rechnung, dass ein Stück durch jeden Einzelnen im Ensemble erschaffen wird und jedem gehört: Es gibt keine kleinen Rollen! Oft, wenn ein Ensemble im Spiel nicht zusammenfindet, ist diese Arbeitsweise ein Weg (wenn nicht sogar der einzige), die Gruppe zusammenfinden zu lassen und sie bis zur Aufführung zu echter Zusammenarbeit zu bewegen. (Teilnehmer haben öfters bemerkt, dass sie ohne *Viewpoints* womöglich gar nicht registriert hätten, dass ein bestimmter Kollege in derselben Produktion war.)

Eine Kurzsprache entwickeln

Wenn die Terminologie von *Viewpoints* einmal eingeführt ist, kann sie als Kurzsprache bei Regieanweisungen und Korrekturen, für den gesamten Arbeitsprozess fungieren. Wenn man mit zehn Schauspielern auf der Bühne arbeitet und fünf Minuten benötigt, um zu erklären: »John, komm einen halben Meter nach vorne, nein, etwas zurück, noch ein bisschen, gut…« oder »Sarah, geh jetzt einen Schritt nach links… nein, nur *einen* Schritt…«, ist es sinnvoller, einfach *»Spatial Relationship«* zu sagen, und die Gruppe wird sich sofort korrigieren und ausdrucksstärkere Beziehungen und ein ausdrucksstärkeres Gesamtbild finden. Möglichkeiten zu eröffnen, auf der Bühne über Zeit und Raum zu sprechen und so eine gemeinsame Sprache, ein allgemeingültiges Vokabular zu finden, spart Zeit und vermeidet Missverständnisse.

Ein körperliches Vokabular für den Stück-Kosmos entwickeln

Wodurch unterscheidet sich eine Produktion von einer anderen? Wodurch wird erkennbar, dass alle zehn Schauspieler einer Produktion tatsächlich in ein und derselben Aufführung spielen, während in einer anderen zehn Schauspieler in zehn verschiedenen Stücken aufzutreten scheinen? Wodurch wird der Kosmos eines Stücks besonders, so dass er uns nicht mehr loslässt? Die grundlegende Vorstellung, die in all unseren Überlegungen zu *Viewpoints* und zu *Composition* enthalten ist, ist die, dass bereits eine nichtwörtliche, aber sehr beredte Sprache im *physischen* Erscheinungsbereich einer Inszenierung existiert. Es gibt (üblicherweise) einen gesprochenen Text; aber es gibt auch einen Text, der aus Bewegung, Formen und Bildern besteht. Als Regisseure, Choreographen und Darsteller drücken wir mit dem physischen Vokabular einer Inszenierung etwas aus, geben ein Statement ab, erzeugen Bedeutung. Wir müssen unsere *Handschrift* genauso charakteristisch gestalten, wie wir es vom Bühnenautor wünschen würden. Diese frühe Arbeit zur Entwicklung eines Vokabulars für den Kosmos eines Stücks ist nichts anderes, als die Recherche eines Schriftstellers, das Sammeln von Ausdrücken und Wendungen; oder die Farbauswahl, die ein Maler für seine Palette trifft; das Erforschen von Stimmungen, das ein Komponist betreibt, bevor er die endgültigen Noten setzt. Nicht in allen Gemälden sind alle Farben enthalten; sogar ein Barockmusikstück ist durch spezifische Merkmale von Harmonik und Metrik gekennzeichnet.

»That's *Vice*.«

Die Produzenten der Fernsehserie *Miami Vice* beschäftigten einen Mann, dessen Aufgabe es war, mit dem Regisseur der jeweiligen Episode loszuziehen, um Drehorte, Kleiderläden usw. ausfindig zu machen und festzustellen, ob etwas *»Vice«* war oder nicht. Wenn etwas in den Kosmos der Serie passte, sagte er: »That's *Vice*«, wenn es nicht passte, sagte er: »That's not *Vice*.«

Wenn man an einer Aufführung arbeitet, geht es in diesen frühen *Viewpoints*-Einheiten darum, mit der Gruppe eine gemeinsame Übereinkunft zu treffen, was für den besonderen Kosmos des Stücks *»Vice«* ist und was nicht.

»Zeige darauf!«

Wenn das Stück in einer bestimmten Zeit oder an einem bestimmten Ort angesiedelt ist, empfiehlt es sich, diese für *Open Viewpoints* als *Thema* zu setzen. Es werden Bilder, Muster und Strukturen auftauchen, die du dir merken solltest, um dann das Ensemble konkret darauf hinzuweisen. Und wenn du es nicht benennen kannst, dann zeige darauf! So wird langsam ein Bild entstehen von dem, was entwickelt werden soll. Es schließt bestimmte Dinge ein (vielleicht wirbelnde Topographien, Menschen am Boden, langsame Tempi), und andere schließt es aus. Zögere nicht, auf Dinge hinzuweisen, die *nicht* zum Stück-Kosmos gehören, und erkläre, warum.

Wenn man ein Stück mit einer eigenen, erfundenen Welt kreiert, beginnt man, diese Welt zu definieren: Wie funktioniert die Zeit in dieser Welt? Welche unerwarteten Gegensätze spielen hier plötzlich zusammen?

Sehr oft können wir nicht genau in Worte fassen, wie ein Stück aussehen sollte, wie die Bewegungen wirken sollten, wie es sich anfühlen sollte. Manchmal haben wir ja selbst nicht einmal eine Vorstellung davon. Aber wir bekommen eine, wenn wir es sehen. Dann wissen wir, was uns berührt, was etwas in uns auslöst.

Angenommen, du beginnst mit den Proben für Elmer Rice' Stück *The Adding Machine* oder für das Fünzigerjahre-Musical *The Boy Friend*, das in den Zwanzigerjahren spielt. Du könntest eine *Open Viewpoints*-Session mit der Überschrift »Die Zwanzigerjahre« beginnen. Die Hälfte des Ensembles soll arbeiten, die andere zuschauen. Dann soll die Gruppe, die zugesehen hat, sagen, was sie beobachtet hat – nicht, was gut oder schlecht war, sondern einfach, was entstanden ist und sichtbar wurde. An welchen Topographien haben die Schauspieler gearbeitet? Welche Formen wurden wiederholt? Welche Gesten? Es könnten schnelle Tempi, geometrische Formen oder die *Betonung* bestimmter Körperpartien ins Auge gefallen sein. Dann erörtert, welche der entstandenen Muster »*Vice*« sind, welche nicht und warum. Oder besser gesagt: »That's *Adding Machine*« oder »That's *Boy Friend*«.

»Alles ist möglich.«

Wie anfangs berits erwähnt, kann *Viewpoints* einen Schauspieler von dem Glauben befreien, dass seine Figur etwas »niemals tun würde«. *Viewpoints* ist ein Werkzeug, um Handlungen zu entdecken, nicht durch Psychologie oder Biographie, sondern durch unmittelbare physische Reize. Schauspieler und Regisseure sollten, wenn sie das Ensemble bei *Viewpoints* beobachten, nicht nur die Momente registrieren, die offensichtlich zum Stück gehören, sondern auch die, die zum Stück gehören *könnten*. Regisseure können genauso engstirnig sein, wenn sie behaupten: »So was würde nie in meiner Inszenierung vorkommen. *Viewpoints* bietet dir die

Chance, den Rahmen zu sprengen, über den Tellerrand zu schauen, eine größere, überraschendere Auswahl an Möglichkeiten vorzufinden, dabei offen zu bleiben für das, was tatsächlich geschieht und dich wirklich ergreift, anstatt an dem festzuhalten, was du dir ursprünglich überlegt hattest. Halte alles für möglich!

Durch genaue Beobachtung der Muster, die bei *Viewpoints* entstehen, ist man in der Lage, das zu entwickeln, was wir eine *Zutatenliste* nennen. Erstelle eine Liste mit den Dingen, die immer wiederkehren und die zum Kosmos des Stücks gehören. Führe eine Liste von dem, was bleibt und nachhallt. Diese Eindrücke bilden die Grundlage für deine Zutatenliste: die möglichen Elemente, die du benutzen kannst, um deine spezielle »Mischung« (in diesem Fall die Aufführung) herzustellen. Dazu können bestimmte Gesten, Bewegungsformen oder ganze Handlungssequenzen gehören, die du später in die Inszenierung aufnehmen wirst. (Die Zutatenliste wird im nächsten Kapitel genauer besprochen.)

MITTLERE PROBENPHASE

In der frühen bis mittleren Probenphase sollte man sich damit befassen, ob und wie man *Viewpoints* auf die spezifischen Eigenheiten des Textes (wenn vorhanden) anwenden möchte. Die Übungen, durch die das *Viewpoints*-Training am nützlichsten zur Annäherung an Text, Figuren und Szene eingesetzt werden kann, werden ausführlicher in den *Composition*-Übungen (Kapitel 11 bis 15) behandelt. Im Folgenden beschreiben wir aber einige Übungen, die helfen können, die Kluft zwischen der offenen Arbeitsweise von *Viewpoints* und der Arbeit mit einem konkreten, in sich geschlossenen Text zu überbrücken.

Das Stück

Für *Viewpoints* kann jedes beliebige Wort oder jede beliebige Anweisung als Anstoß dienen – den wir *the Seed*, den Samen, nennen. Das Wort oder

der Satz, den du der Gruppe vorschlägst, soll nur der Ausgangspunkt sein, aus dem sich das Stück entwickelt.

Wenn man zum Beispiel an einem Stück von Tschechow arbeitet, könnte man eine *Open Viewpoints*-Session mit folgendem *Seed* beginnen: »Russland« oder »Landadel« oder »Erinnerungen« oder »Theater machen« oder »Unausgesprochene Leidenschaft«.

Füge nach Belieben konkretere Einzelheiten hinzu, indem du z. B. die Spielfläche eingrenzt, einen äußeren Umstand vorgibst, Vorgaben zu Figuren machst usw.

Figur

ÜBUNG 1: *OPEN VIEWPOINTS* »ZUR FIGUR«

Beginne eine *Open Viewpoints*-Session. Bitte das Ensemble, den Gedanken, dass sie an Figuren arbeiten, mit einzubeziehen. Ihre weitere Arbeit soll von *ihrer* Figur beeinflusst werden. Ermutige sie, Dinge *entstehen* zu lassen anstatt etwas *vorzuführen* oder zu *illustrieren*. Sie brauchen sich nicht anders zu bewegen oder zu verhalten, sondern müssen nur beobachten, wie ihre Vorstellung von ihrer jeweiligen Figur auf subtile Weise ihre Entscheidungen beeinflusst: die Wahl des Tempos (bewegt sich diese Person langsam oder schnell?), ihr Verhältnis zur Architektur (drückt sich diese Person an den Wänden herum oder blüht sie auf, wenn sie sich in der Mitte des Raums befindet?) usw. Gleichzeitig soll das Bewusstsein für die einzelnen *Viewpoints* aufrechterhalten werden und sich die Arbeit aus dem entwickeln, was die Mitspieler tun. Wenn die Session beendet ist, besprecht, welche Beziehungen *zwischen* den Personen entstanden sind. Haben sich die Beteiligten in der Nähe bestimmter Personen wiedergefunden? Oder weit von ihnen entfernt? Gab es gewisse Wohlfühl- und Gefahrenzonen?

Für die weitere Erforschung der Figuren wähle ein kleine Anzahl von Leuten für *Open Viewpoints* aus. Sie sollen eindeutige und spannungsreiche *Beziehungen* aus dem Stück wählen: vier Personen, die blutsverwandt sind; zwei Personen, die sich gerade ineinander verlieben; zwei Gruppen, die gerade im Krieg miteinander stehen usw.

Wiederhole die Übung wie oben aber an einem vorgegebenen Schauplatz: in einem Hauseingang, einem Treppenhaus, oder du kannst sie mit einem Stuhl auf einem halben Quadratmeter Spielfläche arbeiten lassen.

Wiederhole die Übung (mit denselben oder mit anderen Figuren), aber gib jetzt eine *Situation* oder bestimmte *Umstände* vor. Du kannst vorgeben, dass es ein kalter Winterabend ist oder dass alle aufbrechen wollen, aber nur einer dazu in der Lage ist.

ÜBUNG 2: *TOPOGRAPHY* FÜR DIE GESCHICHTE DER FIGUR

So wie jeder Einzelne seine Lebensgeschichte durch *Topography* gestaltet hat (siehe Kapitel 5 »Zusätzliche Übungen zu den einzelnen *Viewpoints*«, Übung 6), wendet jetzt jeder dasselbe auf eine Figur aus dem Stück an (es kann auch die eigene sein – das ist die Entscheidung des Regisseurs). Gib ihnen fünf bis zehn Minuten, ihre Sequenz von Bodenmustern zu entwickeln. Jeder führt dann sein kleines Bewegungsstück der Gruppe vor.

ÜBUNG 3: ELEMENTE EINES FIGURENPORTRÄTS ODER »DER HEISSE STUHL« (ZWEI TEILE)

Es ist sinnvoll, diese Übung eher früher als später im Probenprozess anzusetzen, idealerweise zur ersten szenischen Probe oder sogar noch davor. Manchen wird diese Übung verfrüht erscheinen. Sie könnten darauf beharren, noch gar nichts über ihre Figuren zu wissen, und befürchten, durch Entscheidungen, die sie jetzt träfen, später eingeschränkt zu werden. Es ist wichtig, dem Ensemble gegenüber zu betonen, dass du sie absichtlich bittest, sich der Arbeit von zwei völlig verschiedenen Seiten zu nähern: 1. vom Verstand ausgehend, durch Arbeit am Text, Diskussionen und lautem Lesen und 2. von der Intuition ausgehend, von Träumen und spontanen Eindrücken. Mach ihnen klar, dass für den Augenblick von ihnen verlangt wird, spontane und voreilige Entscheidungen zu treffen, und dass nichts, was sie heute sagen, morgen noch gültig sein sein muss.

Es steht dem Regisseur frei, einige, alle oder auch gar keine der hier vorgeschlagenen Fragen auch wirklich für die Übung zu verwenden. Man sollte nehmen, was für das Stück und das Ensemble nützlich erscheint. Falls Interesse besteht, kann das Material, das die Schauspieler erstellt haben, später in der Arbeit für *Composition* genutzt werden, indem man es mit dort entstandenem Material kombiniert: Für »*Composition* zu einer Figur« siehe Kapitel 13, Übung 4.

Teil 1: Schreiben

Versammle die Gruppe in einem Kreis (alle brauchen Schreibblock und Stift). Bitte sie, eine Reihe von persönlichen Angaben und Aussagen zu ihrer Figur zu ergänzen (Beispiele für Angaben und Antworten s. u.). Sie sollen den ganzen Satz, so wie du ihn diktiert hast, aufschreiben und dann die Leerstellen ausfüllen. Später sollen sie ihre Antworten (mit der vorgegebenen Aussage) vorlesen. Gib ihnen immer ein bisschen weniger Zeit, als sie deiner Meinung nach für eine wohldurchdachte Antwort bräuchten: So erzeugst du *produktiven Druck (exquisite pressure),* indem du die Zeit verknappst und ihre Spontaneität anfachst.

Ergänze stellvertretend für deine Figur diese Angaben und Aussagen:

> Mein Name ist …
> Ich bin … Jahre alt.
> Ich komme aus …
> Mein Beruf ist …

Fünf Tatsachen, die ich dem Text entnommen habe:

> Ich bin Student.
> Ich bin alleinstehend.

Mein Vater ist gerade gestorben.
Ich mache lange Spaziergänge.
Ich sage häufig »Entschuldigung«.

Fünf Dinge, die ich intuitiv vermute (die aber nicht im Text stehen):

Ich schlafe nachts schlecht.
Ich habe Angst vor dem Alleinsein.
Ich lache hoch und gackernd.
Meine Lieblingsfarbe ist Blau.
Ich schäme mich für meine Körpergröße.

Eine aufschlussreiche Handlung, die ich im Stück durchführe, ist …
Ein aufschlussreicher Satz von mir ist …
Meine größte Angst ist …
Meine größte Sehnsucht ist …
Merkwürdige Gewohnheiten, die ich habe …
Meine Vorlieben sind …
Ich habe eine Abneigung gegen …

Teil 2: Bewegen

Bevor die Antworten laut vorgelesen werden, lass das Ensemble sofort auf der Bühne weiterarbeiten. Nenne ihnen laut die folgende Liste von Bewegungen, die sie selbst entwickeln sollen, und gib ihnen dafür fünf bis zehn Minuten Zeit:

- Eine Handlung die durch *Tempo* etwas über die Figur erzählt
- Eine Handlung die durch *Duration* etwas über die Figur erzählt
- Ein *floor pattern,* das etwas über die Figur erzählt
- Drei *Behavioral Gestures*, die typisch sind für die Persönlichkeit der Figur, ihre Kultur, Zeit oder den Ort
- Zwei *Expressive Gestures*, die Ausdruck sind für das Wesen der Figur, für einen inneren Antrieb oder inneren Konflikt.

- Ein Gang durch den Raum mit kühnen Entscheidungen, *Tempo*, *Shape* und *Topography* betreffend.

Lass die Gruppe wieder zusammenkommen, sie sollen jetzt Platz nehmen und einander zuschauen. Bitte einen nach dem anderen auf die Bühne, um auf dem *heißen Stuhl* seine Aussagen und Bewegungen zu präsentieren, in der exakten Reihenfolge und dem exakten Wortlaut. Zum Beispiel: »Mein Name ist Blanche DuBois«, dann kommen Alter usw. bis zu »Ich habe eine Abneigung gegen … nackte Glühbirnen usw.« Wenn die Bewegungen präsentiert werden, sollte vorher immer der Name des *Viewpoints* angesagt werden; zum Beispiel *»Tempo«*, dann wird die Aktion ausgeführt, danach die Ansage *»Duration«* usw. Jede Aktion soll einen klaren Anfang und ein klares Ende haben. Zwischen den einzelnen Aktionen sollte immer in eine neutrale Grundposition zurückgekehrt werden.

Alternative: Lass die Ensemblemitglieder eine Figur erarbeiten und präsentieren, die jemand anderes spielt, statt die Figur, für die sie selbst besetzt wurden.

SZENISCHE ARBEIT

ÜBUNG 1: *VIEWPOINTS* UND TEXT

Die Spielpartner entwickeln mithilfe von *Viewpoints* miteinander die Szene. Sie können mit oder ohne Text arbeiten. Der Fokus liegt vornehmlich auf den einzelnen *Viewpoints*. Der Text »schwimmt« auf den Bewegungen mit. Die Arbeitsanweisung lautet hier: »Bitte nichts spielen oder vorführen«, bis die Bewegung organisch und zwangsläufig das Handeln bestimmt und zu emotionalem Ausdruck führt (mehr dazu in Kapitel 9: »Sprechen aus der *Sats-Position*«, S. 134 f.).

ÜBUNG 2: EXPRESSIVES INSZENIEREN

Stelle Gruppen entsprechend ihrer gemeinsamen Auftritte im Stück zusammen. Eine Gruppe kann am Ende aus zwei oder auch aus zwanzig Personen bestehen. Jede Gruppe soll eine Bewegungssequenz entwickeln, die eines der drei folgenden Themenfelder zum Ausdruck bringt:

1. Der Kern ihrer Beziehung zueinander.
2. Der Kern ihrer Beziehung zum Raum.
3. Die Handlungsvorgänge einer bestimmten Szene.

Teile die Szene dafür in drei bis fünf Abschnitte ein und gib jedem Abschnitt eine Überschrift, als wären sie Kapitel eines Buches. Entwickelt Bewegungen, die den Kern der jeweiligen Überschrift zum Ausdruck bringen. Zum Beispiel könnten »Die Ankunft«, »Katz und Maus«, »Die Schlacht beginnt« und »Allein gelassen« die Kapitelüberschriften einer Szene sein. Die Bewegungen sollten nicht bebildernd sein oder sich an Details aufhängen. Der Zweck der Titel ist es, die Handlung in übergeordnete Gedanken zu übersetzen, die eher schematisch oder ikonographisch sind.

In der Bewegungsabfolge sollten alle einzelnen *Viewpoints* verwendet werden, und sie sollte aus fünf bis zehn einzelnen Bewegungen (du kannst jede beliebige Zahl vorgeben) bestehen. Jede Gruppe soll ihre Sequenz erst wiederholen und verfeinern, bevor sie sie endgültig festlegt. Die Bewegungssequenz sollte im Ausdruck eher expressiv als beschreibend sein.

Als Nächstes führt eine Gruppe den anderen ihre Bewegungsabfolge vor. Je nachdem, was du beobachten konntest und was du, entsprechend dem Arbeitsstand der Gruppe, für hilfreich hältst, kannst du nun eine der vier folgenden Optionen wählen:

1. Die Gruppe soll die Form ihrer Bewegungen wiederholen, dabei aber mit verschiedenen Tempi und mit *Duration* spielen und ihre Aufmerksamkeit besonders auf *Kinesthetic Response* richten (Verschiebun-

gen im Timing verändern nicht *was*, sondern *wie* es gezeigt wird; siehe die Pinter-Übung in Kapitel 9).
2. Die Gruppe soll ihre Bewegungabfolge wiederholen und dazu Text sprechen. Der Text sollte auf der Bewegung *mitschwimmen*, anstatt sie in etwas Neues zu zwingen. Achte darauf, wie sich die Bedeutung des Textes und die Handlungsimpulse durch die physischen Handlungen, mit denen sie verbunden werden, verändern. Dadurch wird die Szene inhaltlich aufgeladen und die Erwartungen steigen explosionsartig. Wenn man Bewegungen, die nicht bebildernd sind, völlig getrennt vom Text erarbeitet und Bewegung und Text später verbindet, werden die szenischen Möglichkeiten ins Unendliche katapultiert.
3. Die Gruppe soll den Text wie oben mit der Bewegung verbinden und dann den Rest der Szene mit *Open Viewpoints* fortsetzen.
4. Die Gruppe soll zuerst ohne jeden Text mit ihren Bewegungen beginnen. Leite sie dann am Ende ihrer festgelegten Sequenz fließend und gemeinschaftlich in *Open Viewpoints* über. Wenn du das Gefühl hast, dass sie miteinander verbunden sind und auf die Körper der anderen hören, sollen sie ihren Text hinzuzufügen und die Szene wieder beginnen, ohne dabei das Bewusstsein für *Viewpoints* zu verlieren.

Jede Gruppe soll unter deiner Anleitung auf diese Weise arbeiten. Wenn alle Gruppen an der Reihe waren, diskutiert, welche Möglichkeiten sich für eure Inszenierung eröffnet haben.

INSZENIEREN

Sowohl für den Schauspieler als auch für den Regisseur ist *Viewpoints* ein Weg, in der szenischen Arbeit zu überraschenden Ergebnissen zu kommen, die nicht von Text, Psychologie oder Intention diktiert sind. Das heißt nicht, dass *Viewpoints* unvereinbar mit anderen schauspielerischen Herangehensweisen ist, sondern es bietet eine Alternative und Ergänzung. Was das betrifft, hat Tina eine der lohnendsten Erfahrungen beim »Steppenwolf Summer Program« in Chicago gemacht. Dort folgte auf das tägliche dreistündige *Viewpoints*-Training Unterricht in der Meisner-Technik, der vom Steppenwolf-Mitglied Amy Morton geleitet wurde. Während die Mittel völlig unterschiedlich sind, konnten wir feststellen, dass die beiden Techniken auf dasselbe abzielen: im Hier und Jetzt sein, aufeinander hören und mit dem umgehen, was der Partner einem zur Verfügung stellt.

Zur Erinnerung: *Viewpoints* impliziert keinen bestimmten *Stil*. Die Arbeit, die aus *Viewpoints* entsteht, kann hochgradig formal und choreographiert sein, aber genauso kann sie auch naturalistisch und alltäglich sein. Das Besondere ist zum einen, dass man *Viewpoints* anwenden kann, um Bewegungsabläufe zu finden, die unabhängig vom Text festgelegt (wie oben beschrieben) und später mit ihm kombiniert werden, um auf diese Weise Spannung und Gegensätzlichkeit zu erzeugen. Text und Bewegung werden so gerade aufgrund ihrer *Unterschiedlichkeit* besonders gut lesbar. Die zweite Besonderheit ist, dass man eine Szene auch ganz »herkömmlich« proben, dabei aber ein erhöhtes Bewusstsein für die einzelnen *Viewpoints* aufrechterhalten kann. Leute sitzen zusammen, reden miteinander, trinken Kaffee, spielen Karten usw., während sie auf *Spatial Relationship* achten … mit *Duration* umgehen … die Architektur nutzen …

Natürlich treffen Regisseure ständig – ob bewusst oder unbewusst – Entscheidungen, die mit *Viewpoints* zu tun haben; am offensichtlichsten beim Stellen einer Szene, wenn sie Entscheidungen bezüglich *Architecture* und *Topography* treffen müssen. (Mehr dazu in Kapitel 17 unter »*Viewpoints* und Regie führen«.) Wenn man Regie führt, sollte man sich fragen: *Was* genau *ist* die Inszenierung in diesem Fall? Beobachten wir Menschen wie im *echten Leben*? Inszeniere ich eine Nachbildung, eine Dokumentation, einen Kommentar? Ist es jemandes Traum, eine Halluzination, eine Fantasie? Ist es der Ausdruck der Gefühle einer bestimmten Figur? Oder die Erinnerung aus einem bestimmten Blickwinkel? Ist es ein Plädoyer oder eine Hetztirade?

Die Beteiligten sollen mit *Viewpoints* Bewegungsabläufe entwickeln, die einige oder alle der folgenden Punkte erfüllen:

- Verhaltensweisen kreieren
- Beziehungen ausdrücken
- Subtext offenlegen
- Konflikte verschärfen
- aus der Sicht einer Figur agieren.

Durch das Inszenieren aus verschiedenen Blickwinkeln werden verschiedene Aspekte des Stücks enthüllt. Zwangsläufig werden sich daraus viele unterschiedliche Möglichkeiten ergeben. Betrachte jede Bewegung, die hier entsteht, als *Allgemeingut*. Das Ensemble erfindet kollektiv so viele Optionen und unterschiedliche Herangehensweisen wie möglich. Deine Aufgabe ist es, die Bewegungen, die sie erschaffen, zu ordnen, in eine Form zu bringen oder in anderen Zusammenhängen wiederzuverwenden.

FÜR DIE WEITERE PROBENARBEIT

Nachdem eine Szene vollständig geprobt und inszeniert ist, bitte die Schauspieler, die gesamte Szene durchzuspielen und währenddessen den einzelnen *Viewpoints* erhöhte Aufmerksamkeit zu schenken. Sie sollen Dingen Beachtung schenken, die sie vorher nicht wahrgenommen haben: winzige Pausen, Bewegungen, Drehungen des Kopfes, Atem. Erlaube ihnen, während der Szene, in Korrespondenz mit den neuen Informationen, die sie erhalten, Korrekturen und Veränderungen vorzunehmen.

Es empfiehlt sich auch, mit *Viewpoints* einzusetzen, wenn man eine bereits fertige Szene probt oder die Proben feststecken. Unterbrich die Arbeit, wenn etwas Brauchbares geschieht. Bitte das Ensemble, die Sequenz zu wiederholen und zu verfeinern. Arbeitet dann am nächsten kleineren Abschnitt weiter. Auf diese Weise kann man das Material auch in Module aufteilen, die herausgeschnitten und an anderer Stelle wiederverwendet werden können.

VIEWPOINTS IN DER VORSTELLUNG

Keine von uns beiden hat jemals eine vollständig aus *Open* und *ungeplanten Viewpoints* bestehende Inszenierung gemacht. Eine solche Arbeit entspräche eher dem, was wir eine Improvisation nennen.

Nach unserer Erfahrung ist das *Viewpoints*-Training von unschätzbarem Wert, um die Frische während der langen Spielzeit einer Aufführung aufrechtzuerhalten. *Viewpoints* verlangt vom Schauspieler, ständig aufmerksam zu bleiben. Obwohl sich die Form Abend für Abend wiederholt, so ändert sich doch sicherlich ihr *Gehalt*. Erst recht, da das, was die Schauspieler von ihren Partnern bekommen, nie dasselbe ist. *Viewpoints* lehrt den Schauspieler, für die kleinsten Veränderungen empfänglich zu bleiben.

Jeder kennt die Geschichten von Schauspielern, die von der Bühne abgingen und dann erfuhren, dass gerade direkt hinter ihnen auf der Bühne ein Unfall passiert war; oder die die Sirene draußen nicht gehört haben; oder, schlimmer, die von der Sirene so abgelenkt waren, dass sie nicht wahrnehmen konnten, dass der Spielpartner etwas verändert hatte. Oder die Geschichte vom Schauspieler, der seinen Text Abend für Abend auf die exakt gleiche Weise spricht, während die Welt um ihn herum sich merklich verändert – all das sind die Rätsel und Fallstricke, die mangelnde Bewusstheit mit sich bringt.

Kapitel 11

EINFÜHRUNG IN *COMPOSITION*

Composition ist die natürliche Erweiterung des *Viewpoints*-Trainings. Es ist der Akt des Schreibens in Zeit und Raum, ausgeführt von einer Gruppe, in der Sprache des Theaters. Die Teilnehmer entwickeln kurze Bühnenstücke, indem sie Rohmaterial in eine wiederholbare Form bringen, die theatral, kommunikativ und dramatisch ist. Der Arbeitsprozess für *Compositions* ist von Natur aus kooperativ: innerhalb eines engen Zeitrahmens, finden die Beteiligten Lösungen für bestimmte Aufgaben. Diese Lösungen, zu einem Stück zusammengestellt und aufgeführt, ergeben eine *Composition.* Der kreative Prozess erfordert Kooperation und schnelle, intuitive Entscheidungen. Bei der Zusammenstellung dieser *Compositions* können die Prinzipien von *Physical* und *Vocal Viewpoints* angewendet werden.

Composition kann auf ein bestimmtes Theaterstück ausgerichtet sein oder genutzt werden, um ein eigenes Stück über ein Thema, eine Idee oder sogar nur eine undeutliche Ahnung zu entwickeln. Die Arbeit mit *Composition* ist wie das Skizzieren für einen Maler: *Compositions* werden aus Einfällen entwickelt, die in Zeit und Raum skizziert werden. So präsentiert man Ideen und Inhalte, die für die aktuelle Produktion von Nutzen sein können.

PRODUKTIVER DRUCK *(EXQUISITE PRESSURE)* UND SUBJEKTIVE ZEIT

Der wesentliche Ansatz bei der Arbeit mit *Composition* ist, viel in kurzer Zeit zu tun. Wenn uns keine Zeit zum Nachdenken und Diskutieren bleibt (weil jemand ein Zeitlimit gesetzt hat), entstehen oft faszinierende Arbeiten. Was hier zum Vorschein kommt, ist nicht der Analyse und dem Verstand entsprungen, sondern unseren Impulsen, Träumen und Gefühlen. Jede Art von Druck wirkt sich auf den Probenprozess aus: Premiere,

Kritiker, Freunde und Familie usw. Dieser Druck ist selten befreiend oder konstruktiv. Produktiver Druck entsteht in einem Umfeld, in dem äußere Zwänge so auf die Beteiligten einwirken können, dass sie Kreativität freisetzen, anstatt sie zu hemmen. Produktiver Druck entspringt einer grundsätzlichen Haltung der Achtung gegenüber den Menschen, mit denen du zusammenarbeitest, gegenüber der Zeit, die dir zur Verfügung steht, gegenüber dem Raum, in dem du arbeitest, und für das, was du mit all dem anstellst.

Sobald die Aufgaben für eine *Composition* gestellt wurden, ist es wichtig, die Gruppe daran zu erinnern, dass sie ihre Zeit nicht mit Rumsitzen, Diskutieren und Planen vertun soll. Von Anfang an sollten sie auf die Beine kommen, loslegen und *handeln*. Jedesmal, wenn sich die Gruppen aufteilen, um an ihren Aufgaben zu arbeiten, kannst du immer sofort festellen, welche Leute feststecken – sie sitzen im Kreis, schauen auf ein Stück Papier, reden entweder alle auf einmal oder überhaupt nicht, beim Versuch, »auf Ideen zu kommen«. Genauso kannst du sofort diejenigen ausmachen, bei denen der kreative Motor schnurrt: Sie sehen aus wie Kinder auf einem Spielplatz. In der Regel rennen sie herum, und einer ruft: »Ich weiß was!« Oder jemand hüpft auf und ab und schreit: »Oh, oh, oh, ich hab's! Ich hab's!« Oder zwei sprechen durcheinander: »Jaaa!« und »Was wäre, wenn ...«

Welche Bedingungen sind notwendig, damit produktiver Druck entsteht? Gib der Gruppe gerade genug Zeit, um etwas zu entwickeln, das sie verstehen und wiederholen können (es darf sich also dabei nicht nur um Improvisation und Zufall handeln), die Zeit darf aber nicht ausreichen, um auch nur einen Moment innezuhalten, um nachdenken oder bewerten zu können. Häufig hilft es zu sagen: »Ihr habt zwanzig Minuten – los!« Und dann warte einfach ab. Beobachte, wie sich die Gruppen verhalten. Sie werden niemals erfahren, dass deine Uhr nach deiner eigenen, *subjektiven* Zeit läuft. Wenn die zwanzig Minuten eigentlich schon verstrichen sind, sie aber noch mitten in einem hitzigen Arbeitsvorgang stecken, gib ihnen weitere »fünf Minuten!« etc. Bleibe aufmerksam und halte den Druck möglichst hoch.

Produktiver Druck entsteht auch, wenn du die genau richtige Menge an Zutaten (nicht zu wenig, nicht zu viel) für die Aufgabe wählst, indem du die passende Gruppengröße bestimmst und die Komplexität der Aufgaben festlegst. Der Schwierigkeitsgrad sollte anfangs niedriger sein und sich Schritt für Schritt steigern. Aber auf alle Fälle muss die Herausforderung groß genug und die Hürden hoch genug sein, damit die Gruppe in einen Zustand eintreten kann, der spontanes Agieren möglich macht.

Um die Aufgaben für eine erfolgreiche *Composition* zusammenstellen zu können (und um zu wissen, wie stark man den Arbeitsgruppen einheizen muss), sollten folgende Punkte bedacht werden: Gruppengröße, Regisseur vs. Gruppe, Zutaten, Schwierigkeitsgrad, Komplexität, Vorbereitungszeit.

Gruppengröße

Die Anzahl von Personen in jeder Gruppe. Anfangs ist es sinnvoll, mit Gruppen aus Gruppe aus drei bis fünf Leuten zu starten. Dann sollten die Gruppen stetig wachsen. (Tina hat einmal am Ende eines dreiwöchigen Workshops mit der Kompanie »Steppenwolf« der gesamten Gruppe, bestehend aus 25 Personen, eine *Composition*-Aufgabe gestellt.)

Regisseur vs. Gruppe und das Prinzip »Ja, und …«

Man kann entscheiden, ob man für jede Gruppe einen Regisseur wählt oder nicht. In der frühen *Composition*-Arbeit ist es meistens besser, niemandem in der Gruppe eine dominierende Rolle zuzusprechen. Die Art und Weise, wie uns *Composition* wirkliche Kooperation und Großzügigkeit abverlangt, ist eines der großen Geschenke, die uns diese Arbeit bescheren kann. Wenn eine Gruppe wirklich zusammenarbeitet, einander zuhört, sich nicht um Macht und Kontrolle kümmert, wird die Arbeit in der Regel außergewöhnlich. Wenn eine Gruppe zu bewerten und zu debattieren beginnt, gerät die Arbeit ins Stocken. Die Fähigkeit, für alles, was von anderen vorgeschlagen wird, offen zu sein, nennen wir: *»Ja, und…«* Ermutige jeden, »Ja und …« zu sagen anstatt »Nein, aber …« Wenn jemand einen Vorschlag macht, benutzt das, was daran hilfreich ist und baut darauf auf (Ja, und ...), anstatt zu betonen, warum es nicht funktionieren wird und was stattdessen getan werden sollte (Nein, aber ...). Sagt: »Lasst es uns probieren.«

Irgendwann ist es jedoch von unschätzbarem Wert, dass eine Person die *Compositions* leitet. Wenn sich eine einzelne Person zum richtigen Zeitpunkt mit ihrem persönlichen Arbeitsansatz exponieren muss, erzeugt das ebenfalls produktiven Druck. Produktiver Druck heißt in diesem Fall, sich als Künstler preiszugeben und hinter dem zu stehen, was man tut. Und aus dem zu lernen, was man selbst sieht und was andere sehen.

Wenn es in einer *Composition* einen Regisseur gibt, haben die einzelnen Gruppenmitglieder weniger Zeit, ihr »Ja, und ...« anzuwenden; sie werden nicht ohne Weiteres aufgefordert, sich einzubringen. Aber es gibt eine Person, die in dieser Situation das »Ja, und ...« üben kann – der Regisseur: Er kann üben, bestimmte Entscheidungen bezüglich einer *Composition* zu treffen und gleichzeitig andere Dinge offenzulassen. Er kann üben, andere einzuladen, sich einzubringen und – was besonders wichtig ist – auch dann anderen Teilnehmern gegenüber offen zu sein, wenn sie ihre Vorschläge ungefragt machen.

Zutaten

Die Elemente, die du für die Aufgabenstellung auswählst. Aus diesen Elementen soll die Arbeit komponiert werden. Dazu gehören Objekte bzw. Gegenstände, Musik und Geräusche, physische Handlungen, Text, Theaterkonventionen usw. Die richtige Art an produktivem Druck hängt davon ab, mit wie vielen Zutaten du das Stück ausstattest und wie schwer diese zu finden, herzustellen oder einzubeziehen sind.

Komplexität

Wird in Struktur und Länge ausgedrückt. Je komplexer die Aufgabenstellung, desto höher der produktive Druck. Eine *Composition*, die drei Aktionen beinhalten soll und für die eine Länge von einer Minute vorgesehen ist, ist offensichtlich einfacher zu entwickeln, als eine *Composition*, die aus fünf unterschiedlichen Abschnitten besteht, die jeweils einen Konflikt und dessen Auflösung beinhaltet. Beginne einfach genug, damit deine Gruppe warm wird. Erhöhe den Druck, je weiter ihr in der *Composition*-Arbeit voranschreitet, damit die Gruppe immer der spontanen Inspiration und dem Gefühl folgen muss.

Vorbereitungszeit

Das richtige Maß an Zeit. Entscheide, ob du den Gruppen die Aufgaben unmittelbar vor Beginn der Arbeit stellst oder schon am Tag zuvor. Wenn du einen Regissseur für die *Composition* bestimmst, ist es oft von Nutzen, ihm die Aufgaben etwas eher zu geben, damit er entscheiden kann, wie viel er im Voraus planen und wie viel er spontan mit dem Ensemble entwickeln möchte. Egal, ob du vorausplanst oder aus dem Moment heraus arbeitest, gib ihnen nie so viel Zeit, dass der produktive Druck nachlässt.

COMPOSITION-AUFGABE 1: ERSTE SCHRITTE UND EINFÜHRUNG DER MONTAGE

Montage ist eine Methode, Bilder mittels Nebeneinanderstellung, Kontrast und Rhythmus zusammenzufügen. Ein Handlungsbogen entsteht, indem man das gesammelte Material unterschiedlicher Herkunft zusammenstellt, übereinanderlegt und ineinander übergehen lässt.

Die Montagetechnik entwickelte sich mit der Filmkunst. In den ganz frühen Tagen des Films wurde eine schwere Kamera aufgestellt und blieb unverändert stehen, um bestimmte Ereignisse aufzunehmen. So wurde zum Beispiel ein Melodram vollständig vor der feststehenden Kamera gespielt, und das Löschen eines Feuers durch Feuerwehrmänner mit Feuerwehrwagen wurde an Ort und Stelle gefilmt. Dabei wurde die Kamera nicht bewegt.

Es war der Filmpionier D. W. Griffith, der als Erster und zum Erstaunen seines Kameramanns Billy Bitzer vorschlug, die Kamera näher ans Geschehen heranzurücken. Diese eine, damals unerhörte und bahnbrechende Kamerabewegung war nicht nur die Geburtsstunde der Nahaufnahme, sondern auch des *Filmschnitts* und der *subjektiven Kameraeinstellung*. Eine Bilderfolge, die einen Feuerwehrmann bei der Arbeit zeigt, neben die Nahaufnahme einer Frau gestellt, die dem Geschehen zusieht, erlaubt es dem Zuschauer, das Feuer mit den Augen der Frau zu sehen. Aus dieser Bewegung der Kamera folgte die Notwendigkeit, den Film zu *schneiden*. Die Kamera war jetzt nicht länger nur ein Aufnahmegerät, sondern sie wurde zu einem wirkungsvollen und *subjektiv* einsetzbaren Instrument.

Der russische Filmregisseur Sergej Eisenstein verfeinerte Schnitt und Montage zu einer Kunstform, indem er den Schwerpunkt auf Rhythmus und Kontrast legte. Eine Anzahl von geschnittenen Einstellungen (Montage) konnte jetzt Nahaufnahmen, Schwenks und Totalen nebeneinanderstellen und so eine Geschichte in einer gänzlich neuen Form, aus einer subjektiven Perspektive erzählen. Eine Sequenz, die aus einer Serie von Überblendungen, Doppelbelichtungen oder Schnitten besteht, konnte die Zeit verdichten oder Erinnerungen oder Halluzinationen suggerieren. Die Wirkung der Geschichte auf den Zuschauer hing jetzt davon ab, wie die unterschiedlichen Einstellungen zusammengestellt wurden. Dieses Zusammenstellen ist das, was die Montage ausmacht. Die Montage wurde zur wichtigsten Erzähltechnik im Film und ist es bis heute.

Das Theater kann diese Techniken ebenfalls nutzen, indem es Kamerabewegung und Schnitt durch körperliche Bewegung ersetzt. Wie kann man einen Close-up, einen Schwenk oder einen Jump-Cut[11] ohne Kamera herstellen? Wie kann man völlig verschiedenartiges Material mit Tech-

---

11 *Jump Cut* ist die Bezeichnung für eine spezielle, ungewöhnliche Schnittart, bei der aus einer langen, kontinuierlich gedrehten Einstellung, z. B. einer Fahraufnahme, Teile herausgeschnitten werden, so dass rhythmische Bild- und Zeitsprünge entstehen. In: James Monaco, *Film und neue Medien, Lexikon der Fachbegriffe*, a. a. O., S. 87.

niken der Montage zu einem Ganzen zusammenstellen? (Zur Vertiefung siehe Kapitel 16 »*Composition* und verwandte Kunstformen«.)

1. Bilde Dreiergruppen. Jede Gruppe entscheidet, wer Nummer 1, 2 und 3 ist. Jeder Teilnehmer erhält fünfzehn Minuten, um die anderen beiden Gruppenmitglieder in einer kurzen *Composition* nach Prinzipien der Montagetechnik zu inszenieren.
2. Beginne die Aufgabe, indem du Montage und ihre Geschichte und Bedeutung für den Film erläuterst.
3. Entscheide dich für einen Raum oder eine Spielfläche, wo die *Composition* stattfinden soll. Da es so viele Regisseure und so viele *Compositions* geben wird, ist es am besten, zwei getrennte Bereiche einzuteilen: einen Bereich für die Bühne und einen für das Publikum. Idealerweise bietet der Bühnenbereich eine interessante Architektur, etwa Türen, Fenster oder einen Balkon.
4. Jeder Teilnehmer wählt eine persönliche Geschichte oder Begebenheit über Liebe und Verlust, die immer noch starke persönliche Bedeutung hat. Die Aufgabenstellung in dieser *Composition*-Übung lautet, einen Ausdruck für diese Geschichte oder dieses Ereignisses in Form einer fünfteiligen Montage zu inszenieren. Der Rahmen für diese Inszenierung sieht folgendermaßen aus:
   - Schritt 1: Jeder erhält zehn Minuten, um sorgfältig den Bühnenraum zu betrachten und ein paar Ideen für seine *Composition* in ein Storyboard[12] zu zeichnen. Es ist wichtig, dass jeder die Architektur auf sich wirken lässt, den Raum »sprechen« lässt, um Entscheidungen zu beeinflussen und suggerieren zu können, wie er verwendet werden will und wie er verwendet werden kann, um von dieser Begebenheit zu erzählen.
   - Schritt 2: Fünfzehn Minuten für Regisseur 1, seine *Composition* zu inszenieren.
   - Schritt 3: Fünfzehn Minuten für Regisseur 2, seine *Composition* zu inszenieren.

---

12 Ein Storyboard ist eine zeichnerische Version des Drehbuchs; die Darstellung der Abfolge eines Films in Einzelbildern. (Anm. d. Red.)

- Schritt 4: Fünfzehn Minuten für Regisseur 3, seine *Composition* zu inszenieren.

Die Struktur: Fünf *Einstellungen* oder Abschnitte von jeweils höchstens fünfzehn Sekunden Länge, die von *Blackouts* unterbrochen sind: Für die Blackouts schließen die Zuschauer die Augen. Der Regisseur kann zum Beispiel sagen: »Licht aus« (das Publikum schließt die Augen) und: »Licht an« (das Publikum öffnet die Augen wieder).

Es ist möglich, einige wenige Requisiten oder Möbelstücke zu verwenden, aber nur, wenn sie unbedingt nötig sind, um etwas Bestimmtes auszudrücken. Es dürfen auch Ton und Text verwendet werden – aber nur sparsam und präzise, nicht improvisiert. Jede Bewegung, jedes Objekt, jeder Laut sollte eine klare Sprache sprechen. Die folgenden Anweisungen werden den Regisseuren beim Entwickeln ihrer *Composition* helfen:

- Choreographiere die Vorgänge in den fünfzehn Minuten Probenzeit so sorgfältig wie möglich und achte dabei auch auf kleinste Details.
- Arbeite körperlich. Verschwende keine Zeit damit, den Schauspielern die Bedeutung oder die Psychologie der Begebenheit zu beschreiben. Gib stattdessen knappe Anweisungen für physische Handlungen wie: »Komm schnell durch die Tür, mach fünf Schritte nach vorn, schaue nach rechts, atme aus, schau langsam zurück, während du flüsternd und langgezogen das Wort ›Feuer!‹ aussprichst. Inszeniere mehr aus körperlicher als aus psychologischer Sicht.
- Nutze die fünfzehn Minuten, um die Begebenheit eher expressiv anstatt beschreibend zu inszenieren. Ein Ereignis zu beschreiben bedeutet, eine Nachbildung der Vorgänge so objektiv wie möglich darzustellen; eine expressive Form zu finden heißt, die Begebenheit so zu inszenieren, wie sie auf dich gewirkt hat, wie sie sich für dich angefühlt hat, sie durch eine subjektive Linse zu sehen. (Siehe »Beschreibendes vs. expressives Inszenieren«, S. 165)
- Sobald du Anweisungen gegeben hast, beobachte sorgfältig, wie die Schauspieler damit umgehen, und korrigiere aufgrund dessen, was du beobachtest und was die Schauspieler einbringen. Wie kannst

du, als Regisseur, die besonderen Körperlichkeiten und speziellen Eigenheiten dieser Schauspieler am wirkungsvollsten nutzen?
- Halte die Dinge in Gang. Arbeite intuitiv. Konzentriere dich auf Details. Arbeite mit *Genauigkeit*: Lege Wert darauf, wo und wann genau etwas passiert.

5. Wenn alle drei Regisseure jeder Gruppe fünfzehn Minuten Zeit hatten, ihre *Composition* zu inszenieren, werden diese dem Publikum (den anderen Gruppen) vorgeführt. Bevor diese Aufführungen beginnen, nimm dir noch einen Moment Zeit, um den Schauspielern (zu denen in diesem Fall jeder gehört) und Regisseuren (auch dazu gehört jeder) weitere Anweisungen zu geben.

An die Schauspieler:

Jetzt, da die Entscheidungen über eine Reihe bestimmter Aktionen in den Proben gefällt wurden, geht es in der Aufführung nicht allein um die korrekte Durchführung dieser Vereinbarungen. Eine Aufführung ist nur eine Gelegenheit, etwas geschehen zu lassen, eine Gelegenheit für eine Begegnung, eine tatsächliche, *verbindliche* Begegnung zwischen Menschen. Nutzt innerhalb dieses durchchoreographierten, festgelegten Materials das *Viewpoints*-Training, um wechselseitig in Beziehung zu bleiben und um verstehen zu können, wie ihr gemeinsam mit Zeit umgeht. Wie beeinflusst das Publikum den Gebrauch von Zeit? Versucht, die Zeit zu verlangsamen und einander auf der Bühne vor Publikum zu begegnen.

- Achtet auf das *Jo-Ha-Kyu*. Vereinfacht gesagt, ist das *Jo-Ha-Kyu* Anfang, Mitte und Ende. Es ist der rhythmische Verlauf einer Geste, einer Interaktion, einer Geschichte oder eines Ereignisses (siehe Beschreibung auf S. 167). »Auf das *Jo-Ha-Kyu* achten« heißt, die Reise, die man für sich und das Publikum antritt, *bewusst* zu gestalten.
- Jede Gruppe verbeugt sich, nachdem sie ihre *Composition* aufgeführt hat.

An die Regisseure:

Jeder Regisseur hat zwei Ensembles: die Schauspieler und das Publikum. *Composition* ist eine Gelegenheit, mit dieser zweifachen Verantwortung umgehen zu lernen. Kümmert euch um das Publikum. Geht nicht davon aus, dass es weiß, was zu tun ist, wann sie ihre Augen schließen sollen oder was als Nächstes passiert.

- Achtet auch auf das *Jo-Ha-Kyu* des Publikums. Nehmt Rücksicht auf Stimmung und Ausdauer der Zuschauer. Sind sie müde? Brauchen sie eine Pause vom »Licht an/Licht aus«? Gibt es etwas, was in dieser Situation hilfreich sein könnte?
- Ihr tragt die Verantwortung dafür, wie das Publikum während der *Composition* Zeit und Raum erlebt. Achtet darauf, dass die Blackouts nicht zu lang sind. Es ist für einen Regisseur unabdingbar, ein Gefühl dafür zu entwickeln, wie ein Publikum Zeit erlebt.
- Achtet auf Sicherheit und Wohlbefinden der Schauspieler.

Regisseure haben durch die Arbeit mit *Composition* die Möglichkeit, ihre Beziehung zum Publikum zu schulen. Ein Publikum spürt immer, welche Einstellung und welche Beziehung ein Regisseur zu ihm hat, selbst wenn er bei der Aufführung nicht anwesend ist. Zuschauer spüren die Angst, Großzügigkeit, Gleichgültigkeit oder Rücksichtnahme eines Regisseurs. Nutzt die *Composition*-Übungen, um herauszufinden, wie das Publikum eine Aufführung erlebt. Schenkt ihnen Beachtung und gebt ihnen die Möglichkeit, Zugang zu eurer Arbeit zu finden. Geht einfühlsam mit der Aufmerksamkeit eures Publikums um.

BESCHREIBENDES VS. EXPRESSIVES INSZENIEREN

Beim Inszenieren einer *Composition* besteht die Möglichkeit, *beschreibend* oder *expressiv* zu inszenieren. Eine beschreibende Inszenierung ahmt im Wesentlichen die äußere physische und auditive Realität des beschriebenen Ereignisses nach. Wenn du zum Beispiel den Abend in Szene setzen solltest, an dem dich deine große Liebe verlassen hat, könntest du versuchen, exakt und buchstäblich das auf die Bühne zu bringen, was damals geschehen ist (beschreibend), oder du könntest zeigen, wie es sich angefühlt hat (expressiv). Du könntest zeigen, wie ein Mann seinen Koffer packt und einer Frau Lebewohl sagt, die am Tisch sitzt (beschreibend), oder könntest zeigen, wie ein Mann und eine Frau sich langsam rückwärts voneinander entfernen (expressiv).

Der Bildhauer Constantin Brâncuşi beschrieb seinen Versuch, sich den expressiven statt den beschreibenden Eigenschaften seiner Kunst zu nähern, indem er fragte:

»Wenn Sie einen Fisch sehen, denken Sie doch nicht an seine Schuppen, oder? Sie denken an seine Geschwindigkeit, seinen durch das Wasser schwimmenden, blitzenden Körper. Nun, ich habe versucht, nur das auszudrücken. Wenn ich Flossen und Augen und Schuppen darstellte, hielte ich seine Bewegung fest und fesselte den Betrachter an ein Muster oder an eine realistische Form. Ich will nur das Aufblitzen seines Wesens.«

JO-HA-KYU

»Eine Vorstellung fließt, in einer ansteigenden und wieder abfallenden Kurve.«[13]
Peter Brook

Seami (auch Zeami), der im 15. Jahrhundert das japanische Nō-Theater begründete, schrieb die *Neun Abhandlungen über das Theater*, ein erstaunlicher Bericht über seine Entdeckungen über Schauspielerei und Theater, die heute immer noch relevant und anwendbar sind (siehe Bibliographie). Einer der wesentlichen Bausteine seiner Betrachtungen, das *Jo-Ha-Kyu*, ist für *Viewpoints* und *Composition* von besonderer Bedeutung.

Jo-Ha-Kyu ist im Wesentlichen ein rhythmisches Muster. *Jo-Ha-Kyu* kann verkürzt mit »Anfang, Mitte und Ende« übersetzt werden. Aber genauer betrachtet, ist die Bedeutung weit komplexer und nützlicher:

Jo = Einleitung
Ha = Exposition
Kyu = Auflösung

Oder:
Jo = Widerstand
Ha = Bruch
Kyu = Beschleunigung[14]

Oder:
Jo = Hüpfer
Ha = Sprung
Kyu = Satz

13 Peter Brook, *Das offene Geheimnis. Über Schauspielerei und Theater*, Berlin 2012, S. 92.

14 Siehe auch: Eugenio Barba: *Ein Kanu aus Papier*, Köln 1998, S. 93. (Anm. d. Ü.)

Nō-Aufführungen, die normalerweise im Laufe eines langen Abends gezeigt werden, bestehen aus drei, nicht miteinander zusammenhängenden Stücken: einem Nō-Stück (Jo), einem Kyōgen, also einer Komödie (Ha), und einem weiteren ernsten Nō-Stück (Kyu). Seami weist darauf hin, dass der Theaterkünstler für das Erleben des Zuschauers und seine Reise durch den Abend verantwortlich ist. Diese Reise wird eingeteilt in *Jo-Ha-Kyu*

Jo = Einleitung
Ha = Unterbrechung
Kyu = allmähliche Beschleunigung

Das erste Stück, *Jo*, bringt das Publikum in Stimmung für den Abend. *Ha* durchbricht die durch Jo erzeugte Stimmung; im Nō-Theater geschieht das durch die Komödie, Kyōgen genannt. Das *Kyu*, das zweite Nō-Stück, beschleunigt den Abend kontinuierlich auf sein Ende zu. Diese drei Abschnitte bewegen sich in immer rascher werdendem Tempo und bilden die dramatische, rhythmische und melodische Struktur des Nō.

Jeder Theaterabend hat ein *Jo-Ha-Kyu*. Aber jetzt wird diese Theorie noch interessanter:

Ein Abend hat ein *Jo-Ha-Kyu*.
Ein Stück hat ein *Jo-Ha-Kyu*.
Ein Akt hat ein *Jo-Ha-Kyu*.
Eine Szene hat ein *Jo-Ha-Kyu*.
Eine Interaktion hat ein *Jo-Ha-Kyu*.
Eine Aktion hat ein *Jo-Ha-Kyu*.
Eine Geste hat ein *Jo-Ha-Kyu*.

Laut Seami enthält jedes *Kyu* (Ende) bereits das nächste *Jo* (Anfang). Im Ende jeder Geste steckt der Anfang einer neuen Geste.

Sobald man einmal begonnen hat, das *Jo-Ha-Kyu* wahrzunehmen und zu erleben, ist man auch unwillkürlich dafür verantwortlich. Es kann ein sehr nützliches Werkzeug beim Organisieren von Energie und Handlungsfluss auf der Bühne sein:

Jo = unbeschwerter Beginn
Ha = dramatische Entwicklung
Kyu = rasantes Ende

Eine erfolgreiche Aufführung ist eine große Reise. Das Publikum wird von dieser Reise mitgerissen, wie von einem starken Magneten. Das Erlebnis führt dich durch Prüfungen und über beschwerliche Bergpfade, auf plötzliche Lichtungen und in weite Täler. Es gibt Momente, in denen du durchatmen kannst, und Momente der Anspannung und der dramatischen Erregung. Ein Wechsel von Expansion und Kontraktion.

Höre dem Ausklang einer Mahler-Symphonie zu. Höre, wie das Ende sich verlangsamt und zugleich beschleunigt. Mahler war ein Meister des *Kyu* in jedem Musikstück, das er schrieb:

Jo = Die Eröffnungsphase, wenn sich die Kraft in Gang setzt, wie um einen Widerstand zu überwinden
Ha = Die Übergangsphase, das Brechen des Widerstands, das Anschwellen der Bewegung
Kyu = Die rasche Phase, ein ungezügeltes Crescendo, das abrupt endet.

Der Widerstreit zweier Kräfte, von denen eine stetig zunimmt, während die andere bremst und verzögert, bestimmt die erste Phase: *Jo* (bewahren). Das *Ha* (brechen) folgt nach der Befreiung von der bewahrenden Kraft und entwickelt sich bis zur dritten Phase, des *Kyu.* Im *Kyu* (beschleunigen) erreicht die Handlung mit aller Macht ihren Höhepunkt, hört plötzlich abrupt auf wie vor einem neuen Widerstand, wenn das nächste *Jo* bereit ist, von Neuem zu beginnen.

Seami spricht auch die Verantwortung des Schauspielers gegenüber dem Publikum beim *Jo-Ha-Kyu* an. Wenn ein Zuschauer verspätet mitten in der *Jo*-Phase der Vorstellung eintrifft, schreibt Seami, ist der Schauspieler dafür verantwortlich, den Zuspätgekommenen zusammen mit dem übrigen Publikum durchs *Jo* ins *Ha* zu führen. Hier unterscheidet sich Seamis Ansatz wesentlich vom westlichen Theaterverständnis, Publikum und Darsteller klar zu trennen. Nehmen wir Seamis Schriften als Aufforderung an uns, ein lebendigeres Theater zu machen.

COMPOSITION-AUFGABE 2: MIT OBJEKTEN UND *SPATIAL RELATIONSHIP* EINE GESCHICHTE ERZÄHLEN

1. Jeder Teilnehmer inszeniert alleine eine *Composition*, nur mit Objekten, die ihm als Schauspieler dienen.
2. Die Bühne ist ein Tisch.
3. Erzähle eine Geschichte in fünf Tableaus, die durch Blackouts unterteilt werden, nur mithilfe der Objekte und der Tischplatte. Die Geschichte soll sich ausschließlich durch die Anordnung der Objekte erzählen, durch ihre Abstände und dadurch, was mit ihnen durch die Entwicklung ihrer räumlichen Beziehung in den fünf Tableaus geschieht.

Gib den Teilnehmern für die Vorbereitung dieser *Composition* fünfzehn Minuten Zeit.

Betrachte in dieser Übung den Tisch als die ganze Welt. Jeder Gegenstand, der hier ins Spiel gebracht wird, schafft eine dramatische Situation.

COMPOSITION-AUFGABE 3: VERLUST/WIEDERBEGEGNUNG

1. Bilde Gruppen aus vier bis sieben Personen. Entscheide, ob jeder Gruppe ein Regisseur zugeteilt werden soll oder nicht.
2. Die Gruppen arbeiten ortsspezifisch *(site-specific)*; sie suchen sich außerhalb des normalen Probenraums jeweils einen neuen Ort, an dem sie ihre Stücke inszenieren und präsentieren können.
3. Blackouts sind nicht erlaubt.
4. Die *Composition* sollte maximal acht Minuten dauern und auf folgender Struktur aufgebaut werden: (Teil 1) Die Begegnung; (Teil 2) Etwas passiert; (Teil 3) Verlust; (Teil 4) Die Wiederbegegnung.
5. Die folgenden Bestandteile bzw. *Zutaten* müssen (in beliebiger Reihenfolge) in dieser *Composition* enthalten sein:

- Sichtbarwerden *(revelation)*[15] eines Orts
- Sichtbarwerden eines Gegenstandes
- Sichtbarwerden einer Figur
- Ein anhaltender Moment, in dem alle nach oben blicken
- Eines der vier Elemente (Luft, Wasser, Feuer, Erde) im Übermaß einsetzen
- Ein Verweis auf ein berühmtes Gemälde
- Ein überraschender Auftritt
- Ein langer, leidenschaftlicher Kuss
- Erwartungen nicht erfüllen
- Eine Geste, die fünfzehn mal wiederholt wird
- Ein inszenierter Unfall
- Zwanzig Sekunden andauernde Stille
- Fünfzehn Sekunden Sprechen in Höchstgeschwindigkeit
- Fünfzehn Sekunden simultanes Handeln (im Einklang)
- Fünfzehn Sekunden anhaltendes Lachen
- Drei unterschiedliche Arten von Klang (nicht stimmlich), z. B.: aufgenommene Musik, Live-Perkussion, naturalistische Soundeffekte
- Etwas, das gesungen wird
- Etwas, was sehr laut ist
- Sechs Zeilen Text (der Leiter wählt diesen Text aus einer beliebigen Quelle; alle Gruppen bekommen die gleichen Zeilen; später, wenn die Arbeit mit *Composition* komplexer wird, kann mit mehr Text gearbeitet werden).

Diese *Composition* mag auf den ersten Blick mit Elementen überfrachtet wirken, tasächlich wird sie aber auf aufregende Weise die Grundprinzipien eines Theatervokabulars einführen. Die meisten Elemente sind althergebracht. Das »Sichtbarwerden eines Ortes« findet zum Beispiel jedes Mal statt, wenn auf einer Bühne der Vorhang aufgeht. In jeder guten Geschichte bleiben Erwartungen unerfüllt. Und so weiter.

Anfangs ist es sinnvoll, mit *Composition* ortsspezifisch zu arbeiten.

---

15 Etwas (ein Ort, ein Gegenstand, eine Figur) erscheint oder offenbart sich in seiner tatsächlichen Gestalt. (Anm. d. Ü.)

Das bedeutet, einen Schauplatz außerhalb traditioneller Theaterräume zu wählen, z. B. eine Hauswand, eine Wiese oder ein Treppenhaus. Der Arbeitsprozess einer solchen *Site-Specific-Composition* schult das Bewusstsein für architektonische und räumliche Möglichkeiten, das dann wieder auf konventionelle Theaterräume übertragen werden kann.

Betrachtet die vorgefundene Architektur als das *Bühnenbild*, als vielleicht sensationell teure Ausstattung, die womöglich in einem Theater kaum herzustellen wäre. Durch die Arbeit mit solchen Orten und Räumen lernen die Beteiligten, kühnere Fantasien zu entwickeln und die Details eines realen Orts zu benutzen, um eine Geschichte zu erzählen.

COMPOSITION UND STÜCKENTWICKLUNG

»Man hat einen großen Arbeitshunger, und dann ist das Zeichenheft für mich wie das Kochbuch, wenn man Hunger hat. Ich schlage es auf, und die kleinste Skizze kann mir Arbeitsstoff bieten.«[16]
Georges Braque

Composition-Übungen sind besonders bei der Entwicklung eigener Stücke hilfreich. In den Proben mit *Composition* zu arbeiten, gibt Gelegenheit, Ideen in Zeit und Raum zu entwerfen, sie zu betrachten, ihre Wirkung zu beurteilen und sie dann weiterzuentwickeln oder neue Wege einzuschlagen. In der Regel kann ein großer Teil des Materials, das in *Composition* entwickelt wurde, auch direkt in der Aufführung verwendet werden.

Die folgenden Schritte können als Anleitung dienen, wie mithilfe von *Composition* ein Thema untersucht und neues Material entwickelt werden kann.

SCHRITT 1: DIE GRUNDBAUSTEINE FÜR DIE ENTWICKLUNG EINES STÜCKS

Für den Arbeitsprozess bei der Stückentwicklung ist es hilfreich, die Produktion auf drei Grundbausteine aufzubauen:

---

16 Georges Braque: *Vom Geheimnis in der Kunst. Gesammelte Schriften und von Dora Vallier aufgezeichnete Erinnerungen und Gespräche*, berechtigte Übertragung von Sonja Bütler und Jean-Claude Berger, Zürich 1958, S. 29/30.

- die *Frage*
- der *Anker*
- der *Aufbau*

Die *Frage* (oder das Thema) ist die Triebfeder für den gesamten Prozess. Dieser zentrale Antrieb sollte stark genug, interessant genug und relevant genug sein, um das Interesse anderer Menschen zu wecken, sie *anzustecken*. Die *Frage* entspringt einem persönlichen Interesse und springt dann, wie ein Virus, auf andere Menschen über.

Der *Anker* ist eine Person oder eine Begebenheit, die als Transportmittel für die *Frage* dienen.

Der *Aufbau* ist das Skelett, an dem die Aufführung *aufgehängt* ist, um Zeit, Informationen, Text und Bildsprache zu organisieren.

Hier sind einige Beispiele für diese drei Bausteine, wie sie in von Anne und Tina entwickelten Produktionen verwendet wurden:

1. *Culture of Desire* (ein Stück über Konsumismus, entwickelt von SITI Company [1997])
   - Die *Frage:* Zu was werden wir, in der zügellos grassierenden Kultur des Konsums, die uns bei jedem Schritt unseres Lebens begleitet?
   - Der *Anker:* Andy Warhol
   - Der *Aufbau:* Dantes *Inferno*.

2. *American Vaudeville* (Stück von Anne und Tina, geschrieben für das Houston's Alley Theatre [UA 1992])
   - Die *Frage:* Wo liegen die Wurzeln der amerikanischen populären Unterhaltung?
   - Der *Anker:* Zeugnisse und Erfahrungen von Menschen, die Vaudeville-Shows geschrieben haben und darin aufgetreten sind.
   - Der *Aufbau:* Der Aufbau einer Vaudeville-Show.

3. *Cabin Pressure* (ein Stück der SITI Company, im Auftrag des Humana Festivals am Actors Theatre of Louisville [1999])
   - Die *Frage:* Wie sieht die kreative Rolle eines Theaterpublikums aus?

- Der *Anker:* Eine Gruppe von Nicht-Theaterleuten wurde über ihre konkreten Erfahrungen in der Begegnung mit Theater befragt.
- Der *Aufbau:* Eine peinliche Publikumsbefragung in einem Theater wird zur träumerischen Meditation.

SCHRITT 2: MATERIAL SAMMELN

Sobald die Grundbausteine des Projekts gesetzt sind, ist es Zeit, Material zu sammeln, das in der Produktion verwendet werden könnte.

1. Macht eine Liste von allem, was ihr *sicher* über den Inhalt des Projekts, bezüglich Figuren, Text, Situationen, Geschichte, Entwicklung, Bildmaterial usw. wisst.
2. Macht eine Liste von allem, was ihr *nicht* wisst. Was ihr nicht wisst, kann genauso hilfreich sein wie das, was ihr wisst. Diese Lücken, das Geheimnisvolle, das Unbekannte, das dich verunsichert und nervös macht, sind ein fruchtbarer Boden für kreative Prozesse.
3. Sammelt Texte, Bilder, Musik, Geräusche, Objekte und was euch sonst im Zusammenhang mit dem Projekt *»Vice«* erscheint (siehe Kapitel 10, S. 143). Es ist völlig in Ordnung, erst einmal zu viel Material ins Spiel zu bringen. Ihr seid vorerst dabei, auf Dinge hinzuweisen, darauf *zu zeigen*, um euch gegenseitig in den Kosmos des Stücks zu helfen. Alles, was ihr sammelt, kann zum Schlüssel oder entscheidenden Element eurer Arbeit werden.

SCHRITT 3: LATERALES DENKEN

1. Teilt die zusammengetragenen Informationen mit allen Beteiligten. Es ist wichtig, dass die gesamte Gruppe gleich von Anfang an unmittelbar und persönlich in den Probenprozess einbezogen wird. Dieses Verständnis von gemeinschaftlichem Eigentum wird in der endgültigen Produktion für den Zuschauer spürbar sein und das Ensemble auch durch die zähen Phasen einer langen Aufführungszeit bringen.

Lade die Beteiligten dazu ein, ihr *eigenes* Interesse am Stoff zu entdecken und persönlich zu gestalten. Wecke ihre Leidenschaft. Informationen können entweder in Gesprächen am Tisch ausgetauscht werden oder in *Compositions*, die in kleineren Gruppen entwickelt werden (siehe *Source Work* im nächsten Kapitel).

2. Präsentiert sämtliches Material, das ihr gesammelt habt, und seid bereit, es, wenn nötig, auch wieder zu verwerfen (siehe *»Hold on tightly, let go lightly«,* S. 181). Arbeite nach dem Prinzip *Trial and Error:* Versuch und Irrtum. Seid offen dafür, Konzepte ständig abzuwandeln oder neu zu denken, damit sich Poesie und Metaphorik entfalten können. Sei offen für neue Einflüsse und die Sichtweisen anderer. Versucht aber gleichzeitig, immer in Kontakt zu bleiben mit der zentralen Frage, dem Reizpunkt, eurem Interesse.
3. Wenn alles Material und alle Ideen geteilt wurden, kann das *Laterale Denken* (auch Querdenken genannt) beginnen. Laterales Denken ist eine wegweisende Methode des gemeinschaftlichen Träumens (in einer Gruppe) (siehe Edward de Bonos Buch *Laterales Denken. Ein Kurs zur Erschließung Ihrer Kreativitätsreserven*). In diesem bewertungsfreien Prozess erörtert eine Gruppe kollektiv gemeinsame Probleme. Wenn jeder frei zu den Gedanken anderer assoziieren kann, beflügelt das die gemeinsame Vorstellung vom Kosmos des Stücks und erzeugt neue und überraschende Ideen, was sich auf der Bühne alles ereignen könnte.

Es ist wichtig, dass jeder Teilnehmer Verantwortung in diesem Prozess übernimmt. Indem du deine Ideen vor dem Ensemble ausbreitest und zur Diskussion stellst, öffnest du den kreativen Prozess für alle. Durch Laterales Denken eröffnest du Räume, in denen alle miteinander spielen und träumen können. Während du weiter das letzte Wort behältst, werden die Teilnehmer zu maßgeblichen Mitgestaltern. Sie werden *ermächtigt.* Das ist die Zeit, in der das Projekt für alle persönlicher wird und weniger theoretisch.

SCHRITT 4: *COMPOSITIONS*

Jetzt ist es an der Zeit, deine eigenen *Composition*-Aufgaben für dein spezielles Projekt zu erarbeiten. Der Grundimpuls hinter der kompositorischen Probenphase ist das brechtische »Zeige es mir!«. Das Ziel von *Composition* ist es, Theorie und Ideen in Handlung, Ereignisse und Bilder zu übersetzen. Es ist die Gelegenheit für das Ensemble, das Material auf konkrete, *spielbare* Weise zu erforschen.

Um eine Aufgabenliste für eine *Composition* zu erstellen, beginnst du am besten mit den Dingen, die für *dich* die meisten Fragen aufwerfen oder dich verwirren. Mach eine Liste von Ideen und Materialien, die du untersuchen möchtest. Vergewissere dich, dass du bei der Aufgabenstellung keine Ergebnisse beschreibst, sondern knifflige Probleme vorschlägst, die die Gruppe austüfteln soll.

Hinweis: Es gibt viele Überschneidungen zwischen den hier vorgestellten Konzepten und Aufgaben und jenen im nächsten Kapitel (»*Composition* in der Probenarbeit«). Zögere nicht, zu mischen, neu zusammenzustellen und anzupassen.

Jede *Composition*-Aufgabe könnte einen oder mehrere der folgenden Aspekte untersuchen: Erzählperspektive, Architektur, die Rolle des Publikums, Erzählweise, Licht und Farbe, Figuren usw.

Erzählperspektive *(Point of View)*

Aus wessen *Perspektive* wird erzählt? *Wessen* Geschichte ist es? Wie verändert sich das Thema oder der Gegenstand, je nachdem, wer erzählt? Ist der Erzähler auf der Bühne sichtbar, körperlich anwesend, oder wird seine Anwesenheit einfach angenommen? Wenn das Stück eine Frage enthält, wer stellt die Frage? Wenn es ein Traum ist, wer träumt ihn? Wenn es eine Erinnerung, eine Beschwörung oder eine Auseinandersetzung ist, aus wessen Perspektive wird erzählt?

Architektur

Wie kann man die architektonischen Besonderheiten der Bühne und/oder des Bühnenbilds nutzen? Die *Composition*-Aufgabe sollte zur Erforschung des Raums und zu einer neuen, unorthodoxen Annäherung anregen. Vielleicht fordert die Aufgabe die Teilnehmer auf, die durch die Architektur geweckten Erwartungen zu brechen oder zu erfüllen. Wie kann man den Raum, in dem die Aufführung stattfinden soll, zum Leben erwecken?

Rolle des Publikums

Wie ist die Beziehung zwischen Schauspieler und Publikum? Sollten sich die Zuschauer wie Voyeure fühlen? Wie Zeugen von etwas, das sie nicht sehen sollten? Wohnen sie einer öffentlichen Zeremonie bei? Sind sie die Geschworenen in einem Prozess? Was ist die Rolle des Publikums bei dieser Aufführung? Mit *Compositions* können verschiedene Möglichkeiten erforscht werden, um für diese Frage eine Lösung zu finden.

Erzähltechniken

Welche Erzähltechniken lassen deine Geschichte lebendig werden? Hier geht es nicht darum, *was* du erzählst, sondern *wie*. Mit *Composition* können Filmtechniken (Montage) oder brechtische Arbeitsgrundsätze untersucht werden. Benutzt du für Übergänge Blackouts oder das Klingeln einer Glocke oder langsame Überblendungen? Bleiben diese Erzähltechniken gleich oder verändern sie sich im Laufe des Stücks?

Genre

Um welches Genre geht es? Wie kannst du theatrale Formen aus anderen Gattungen verwenden? Gibt es Platz für Puppenspiel oder für Ballett? Aus welchen Theaterformen schöpft das Stück? Welche historischen Bezüge könnten hilfreich sein? Gibt es vielleicht einen griechischen Chor oder eine Varieténummer oder beides?

Bühnenrahmen

Was bildet den Rahmen oder die Begrenzung des Schauplatzes oder der Bühne? Und wie können diese Grenzen möglicherweise genutzt oder verschoben werden?

Skalierung (Größen und Format)

Wie kannst du Gegenstände oder Bewegungen nutzen, die sehr groß oder klein sind?

Licht und Farbe

Wie können Inhalte durch Licht und Farbe ausgedrückt und betont werden?

Sprache

Welche Sprachen werden gesprochen? Wie kommunizieren die Personen? Woher, also aus welcher Tonquelle oder von welchem Ort, kommt der Text? Wie wird er platziert und gesprochen?

Figuren

Wodurch werden in dieser Arbeit Figuren definiert? Entwickeln sich die Figuren aus ihren Handlungen, durch Beschreibung, durch Musik usw.?

Stück-Kosmos

Was ist der Schauplatz, die Landschaft, der Kosmos des Stücks? (Siehe auch den Abschnitt über den Stück-Kosmos im nächsten Kapitel.)

SCHRITT 5: AUFGABEN STELLEN UND UMSETZEN

Teile das Ensemble in kleine Arbeitsgruppen auf und lass alle Gruppen dieselben Aufgaben in Angriff nehmen. Gib ihnen mindestens eine Stunde und höchstens ein paar Tage Zeit, ihre *Composition* zu proben und in Szene zu setzen. Ermutige sie, auf eine Art zu arbeiten, die man »tätiges Handeln« nennen könnte und so mindestens sechzig Prozent der Zeit zu verbringen (zu viele Diskussionen verhindern Ergebnisse). Ermuntere jeden, intuitiv und ohne Furcht vor Fehlschlägen zu arbeiten. Die besten *Compositions* sind oft eine Kombination aus Fehlschlägen und riesigen Fortschritten.

SCHRITT 6: ZEIGEN UND DISKUTIEREN

Führt alle *Compositions* nacheinander auf, ohne Kommentare und Diskussionen dazwischen. Begegnet den Arbeiten mit Offenheit und Großzügigkeit. Ermutige die Beteiligten, sich bei den Aufführungen Zeit zu nehmen, um sich wirklich zu begegnen, anstatt mechanisch von einem Bild ins nächste und von einer Idee zur nächsten zu hetzen. Wie Peter Brook es einmal formuliert hat, gelten auf der Bühne zwei Regeln: 1. Alles *kann* passieren, und 2. Etwas *muss* passieren. Es liegt in der Verantwortung der Schauspieler, dafür zu sorgen, dass zwischen ihnen tatsächlich etwas passiert, wenn sie ihre *Composition* zeigen.

Gib für jede *Composition* ein Feedback und konzentriere dich dabei auf die positiven Überraschungen und Neuentdeckungen. Benenne, was für die Arbeit von Nutzen ist. Erkenne die eingegangenen Risiken und unterstütze die Bemühungen. Zähle die Fallen auf, die sichtbar wurden, und begrüße die Entdeckungen, denn somit können sie bei der bevorstehenden Zusammenstellung der Produktion vermieden werden. Sei offen für individuelle Eindrücke und nimm alle Reaktionen als Hinweise für die Lösung eines großen Rätsels.

Hier sind einige Stichworte, die wir für die Arbeit mit *Composition* als nützlich erachten:

Ein Universum aus dem Nichts

Die Entwicklung eines Stücks bietet uns die Gelegenheit, aus dem Nichts ein ganzes Universum zu erschaffen, einen Kosmos mit eigenen Gesetzen, eigener Zeit und Logik. Natürlich kann man dafür einen tatsächlichen Ort und seine Zeit genau studieren und rekonstruieren, wenn das Stück das verlangen sollte. Es ist aber genauso möglich zu sagen: »Alles ist möglich. Was also soll passieren?« oder »Warum sollten Gegenstände zu Boden fallen und nicht zur Decke schweben?« Brecht also unvoreingenommen und abenteuerlustig ins Ungewisse auf.

(Siehe auch den Abschnitt über den Stück-Kosmos im nächsten Kapitel.)

Hold on tightly, let go lightly.

Dieser Satz formuliert ein wichtiges Prinzip, sowohl für *Composition* als auch für *Viewpoints*. Am ehesten lässt er sich übersetzen mit »Entschieden anpacken, leichten Herzens loslassen«, was bedeutet, dass man sich kraftvoll, tapfer und beherzt in jede Aufgabe stürzen soll, aber jederzeit bereit sein muss zu korrigieren. Du solltest wissen, was du willst, aber gleichzeitig völlig frei sein von dem Bedürfnis, es bekommen zu müssen.

Vertrauensvorschuss

Ohne einen intuitiven *Vertrauensvorschuss* bleibt die Arbeit akademisch. Hab den Mut, Entscheidungen zu treffen, die du im Augenblick nicht rechtfertigen kannst. Der Sprung ins Dunkel, solche Entscheidungen zu wagen, bedeutet oft einen entscheidenden Fortschritt.

Das Leben ist eine Form von nicht sicher sein, nicht wissen, wie oder was als Nächstes geschehen wird. Im Moment, in dem du weißt, wie, fängst du an, ein bisschen zu sterben. Künstler wissen nie zur Gänze. Vielleicht befinden wir uns im Irrtum, aber wir machen einen Sprung nach dem anderen im Dunkeln.[17]
Agnes De Mille

17 In: Pema Chödrön, *Die 3 Versprechen: Was uns Halt gibt, wenn das Leben uns herausfordert*, übersetzt von Susanne Kahn-Ackermann, München 2014, S. 10.

Es soll für einen Tänzer die schwierigste Aufgabe sein, in eine bestimmte Stellung hineinzuspringen, dergestalt, dass er keine Sekunde erst nach der Stellung greift, sondern mit dem Sprunge selbst in der Stellung steht. (...) Unzählige Menschen leben verloren in Leid und Freud der Welt, dies sind die Mauerblümchen, die nicht an die Reihe kommen beim Tanz. Die Ritter der Unendlichkeit sind Tänzer und haben Steigekraft. Sie machen die Bewegung aufwärts (...).[18]

Søren Kierkegaard

---

18 Søren Kierkegaard: *Furcht und Zittern. Gesammelte Werke*, Bd. 4, Gütersloh 1993, S. 40.

Kapitel 13

COMPOSITION IN DER PROBENARBEIT

QUELLENARBEIT

Für jede neue Arbeit gibt es einen Ausgangspunkt, eine *Quelle,* von der man ausgeht. Das kann eine Frage sein, ein Bild, ein historisches Ereignis usw. Wenn man an einem vorgegebenen Stück arbeitet, wird das Stück selbst zu deiner Quelle, und diese wiederum beinhaltet andere Quellen.

Quellenarbeit ist eine Reihe von Arbeitsschritten, die am Beginn des Probenprozesses stehen, um mit den Grundmotiven des Stoffs in Kontakt zu kommen (sowohl intellektuell, als auch emotional; als Einzelner, wie auch als Gruppe). Quellenarbeit ist die Zeit, die man benötigt, um ganz in den Kosmos des Stücks einzutauchen, zu den Fragen, zum Kern vorzudringen (bevor du irgendetwas zu proben beginnst, was das Publikum wirklich auf der Bühne sehen wird). Zur Quellenarbeit kann auch die Arbeit mit *Viewpoints* und *Composition* gehören, aber sie muss sich nicht allein darauf beschränken.

Quellenarbeit kann ganz unterschiedlich aussehen. Präsentationen zählen dazu oder Vorträge von Schauspielern zu bestimmten Themen, das Erlernen historischer Tänze, das Einrichten einer gemeinsamen Kunstinstallation und natürlich *Composition.* Alles Mögliche ist als Quellenarbeit vorstellbar, solange es das Ensemble dem Stoff näherbringt und eine intensive Beteiligung am Prozess erlaubt.

Quellenarbeit ermöglicht wortlose und unsichtbare Kommunikation. Vor allem aber kann sie den Funken zünden, der die Begeisterung für die gemeinsame Arbeit entfacht. Dabei geht es nicht um das Inszenieren und nicht um das Festlegen des endgültigen Produkts. Es geht darum, sich zu Beginn des Prozesses Zeit zu nehmen (manchmal ein oder zwei Tage, manchmal auch Monate, es hängt immer davon ab, wie viel Zeit man hat), damit jeder Beteiligte angeregt wird, sich auf eine wahrhaftige und persönliche Weise der *Frage* im Stück anzunähern.

Quellenarbeit verlangt vom gesamten Ensemble, sich mit vollem Einsatz einzubringen, anstatt eine vorgeschriebene oder passive Rolle einzunehmen. Sie verlangt von jedem Einzelnen, sich aktiv am schöpferischen Prozess zu beteiligen und Verantwortung zu übernehmen, anstatt nur darauf zu warten, dass einem andere sagen, worum es im Stück geht und wie es auf die Bühne gebracht werden muss.

Ein Regisseur erledigt seine Quellenarbeit oft vor Probenbeginn. Anne liest Tonnen von Büchern und hört Dutzende neuer CDs. Tina schneidet Fotos aus und klebt ihre Wände damit voll. Andere Regisseure gehen in Bibliotheken, machen Exkursionen, interviewen Leute und betreiben alle möglichen anderen Arten der Nachforschung und Vorbereitung, um die Arbeit anzureichern. Wenn der Regisseur also am ersten Tag auf die Probe kommt, ist er dem Ensemble, in der Regel, Wochen oder Monate, in der Beschäftigung mit dem Stoff, voraus. Quellenarbeit ist dafür da, *allen* Beteiligten Zeit und Raum zu bieten, sich mit ihrem eigenen Wissen, Interesse, Träumen und Reaktionen auf das Material anzufüllen. Man könnte es auch so ausdrücken: Der Regisseur hat sich einen Virus eingefangen und in dieser frühen kritischen Phase des Prozesses muss er die anderen damit anstecken. Quellenarbeit verbreitet den Virus. *Quellenarbeit ist eine Einladung zur Obsession.*

Die Quelle umfasst alles, woraus das vorliegende Werk hervorgegangen ist. Quellenarbeit dient dazu, mit diesem Ur-Impuls *hinter* dem Stoff in Kontakt zu kommen, als auch mit dem Stoff selbst, z. B. dem Text, seiner Bedeutung, seiner Epoche, seinem Autor, oder dem physischen Kosmos und Klangwelt des Stücks. Die Quelle eines Theaterstücks kann etwas wenig Greifbares wie eine Empfindung sein oder etwas Konkretes wie ein Zeitungsausschnitt oder irgendein Fundstück. Alles kann die Quelle sein, aus der Theater gemacht wird.

Quellenarbeit bedeutet, sich Zeit zu nehmen, um frei zum Stoff zu assoziieren, »herumzuspinnen«, als Gruppe darauf einzugehen und sich mit dem Material zu einer explosiven Mischung zu verbinden.

Quellenarbeit in der Probe

Die üblichen Recherchen und Diskussionen, die oft am Beginn der Proben stehen, könnte man als eine Form von Quellenarbeit bezeichnen. Dieser nützliche Prozess verlangt eine Menge Kopfarbeit von allen Beteiligten. Dazu gehört:

- Filme, Videos, DVDs, die einen Bezug zum Stoff haben, anschauen
- Musik, die einen Bezug zum Stoff hat, anhören
- Vorträge zu verwandten Themen halten sowie historische Recherche zu Verhaltensweisen, Umgangsformen usw. der Epoche, in der das Stück spielt.

Aufbauend auf dieser vorbereitenden »Kopfarbeit« ist Quellenarbeit dazu angelegt, die Intuition und das *Unbewusste* zu wecken.

Wenn du eine Gruppe von Schauspielern in die Quellenarbeit einführst, lass sie wissen, dass du sehr wohl weißt, was du von ihnen verlangst: nämlich, *zu früh und zu schnell* Entscheidungen und Aussagen zu treffen. Dies ist beabsichtigt. Sie sollen aus dem Bauch heraus Entscheidungen treffen, und diese Entscheidungen können morgen schon wieder verworfen werden.

Womöglich werden die Schauspieler anfangs das Gefühl haben, dass Quellenarbeit Zeitverschwendung ist und dass sie die wertvolle Zeit nutzen sollten, um am Tisch oder szenisch zu arbeiten. Tatsache ist aber: Quellenarbeit spart Zeit. Zeit, die im Vorfeld der Probenarbeit verwendet wird, um das Ensemble auf den gleichen Stand zu bringen, ist gesparte Zeit und bewahrt davor, wieder und wieder erklären zu müssen, was dieser »Stand« ist. Sich über Ziele zu einigen und ein gemeinsames Vokabular zu entwickeln, spart später Zeit für Inszenierung, Durchläufe, technische Proben, Haupt- und Generalproben sowie Premiere.

Probenbeispiel 1 für Quellenarbeit: *Das Käthchen von Heilbronn*

Bei der ersten Probe zu Kleists *Käthchen von Heilbronn*, das Anne am American Repertory Theatre's Institute for Advanced Theatre Training inszenierte (1988), bat sie alle Teilnehmer, zum zweiten Probentag mit einer Liste oder Präsentation zur Frage »Was ist deutsch?« zu kommen. Sie war nicht an akademischer Forschung interessiert, die die Schauspieler zu einer kopflastigen Annäherung führen würde, sondern an subjektiven Anworten, damit sie sich mittels ihrer Vorstellungskraft, vorgefassten Meinungen, Vorurteilen, Fantasie, Erinnerungen, Geschichte und Kultur an den Stoff annähern würden. Sie wollte durch die Quellenarbeit ihr verborgenes Inneres an die Oberfläche holen. Also las einer der Schauspieler am zweiten Probentag eine Liste mit Dingen vor, die er für deutsch hielt, ein anderer brachte deutsches Essen mit, und Tina spielte die klischeehaftetste deutsche Musik, die ihr einfiel: von Beethovens Fünfter Symphonie bis zur »Nazi-Hymne« »Tomorrow Belongs to Me« (»Der morgige Tag ist mein«) aus *Cabaret*. Auf diese Weise konnten sie feststellen, wo sie als Gruppe im Verhältnis zum »Deutschtum« des Stücks standen, sich dieser Zusammenhänge bewusst werden und entscheiden, wie (und ob) sie damit arbeiten sollten. Auf diese Art wurde eine vergessene Kultur zur lebendigen Kultur.

Probenbeispiel 2 für Quellenarbeit: *Strindberg Sonata*

Als Tina Anne bei der Probe zu *Strindberg Sonata* besuchte (ein Stück, das sie über die Welt Strindbergs 1989 an der University of California in San Diego machte), war das Ensemble mitten in der Quellenarbeit. Anne hatte die Schauspieler gebeten, in einem Fragebogen die Leerstellen auszufüllen: »Wenn ich an Strindberg denke, sehe ich …; höre ich …; rieche ich …« usw. Als Tina zu Besuch kam, lasen gerade alle ihre Listen vor. Sie waren voller Bilder von Männern mit Zylindern und Frauen in langen Kleidern aus purpurrotem und schwarzem Samt, Gemälden von Edvard Munch, Klavierklängen, tickenden Uhren, Pistolenschüssen, dem Geruch von verbranntem Papier, Schnapsatem, Blumenbouquets usw. Die ersten Bilder waren oft die naheliegendsten, aber Anne ermutigte die Schauspieler, sich den Klischees und Stereotypen hinzugeben anstatt zu versuchen, sie zu ignorieren. Indem sie sich ihnen überlassen, erklärte sie, könnten sie die Wahrheit hinter dem Klischee durchdringen und es verwandeln. Aber noch wichtiger war, dass die Liste die Vorstellungskraft der Schauspieler weckte und half, das Vokabular für den Stück-Kosmos zu entwickeln.

DER STÜCK-KOSMOS

Gehe mit der Annahme an die Inszenierung eines Stücks, dass du auf der Bühne ein komplett neues Universum erschaffen kannst: den Stück-Kosmos (siehe vorheriges Kapitel, »Ein Universum aus dem Nichts«, S. 180). Anstatt vorauszusetzen, dass die Realität des Stücks die gleiche ist wie unsere Alltagswirklichkeit, solltest du mit der Einstellung arbeiten, dass alles in diesem Kosmos *von Grund auf neu erfunden* werden kann. Der Stück-Kosmos bestimmt die Gesetze, die in genau diesem – und keinem anderen – Stück gelten: wie Zeit funktioniert, wie sich die Leute kleiden, die Farbpalette, was gut und böse ausmacht, was gute oder schlechte Umgangsformen sind, was eine bestimmte Geste bedeutet usw. Nutze Quellenarbeit, um für jedes Stück eine eigene Welt zu schaffen. Entwickle aus Aufgaben (wie in den beiden oben beschriebenen Probenbeispielen) eine Liste, die diese neue Welt erklärt. Manchmal sind die Dinge auf diesen Listen konkret und historisch (wie hielten die Menschen zur Jahrhundertwende in Russland ihre Zigaretten, damit sie länger brannten), manchmal sind sie erfunden (wie in Annes SITI-Produktion *Small Lives/ Big Dreams,* 1994, einem Tschechow-Destillat aus seinen fünf großen Stücken, in dem jeder von rechts auftreten und links abgehen musste, so dass ein Abgang nach rechts besondere Bedeutung bekam, weil er die Regeln brach: ausscheiden aus dem Spiel, sich rückwärts wenden, dem Tod entgegengehen). Die indische Gesellschaft unterscheidet sich von der französischen – wie genau? Wie *sehen* diese Unterschiede *aus,* wie kann man sie aktiv auf die Bühne bringen? Die französische Gesellschaft von 1800 unterscheidet sich von der französischen Gesellschaft von 1850 – wie genau?

Jede Kultur hat ihre eigenen Regeln, egal, ob diese ausdrücklich benannt werden oder nicht, so wie jeder Haushalt, jede Beziehung, jede Landschaft. Sogar das Theater hat seine Bühnengesetze: nicht mit dem Rücken zum Publikum spielen, im Licht stehen, nicht weitersprechen, wenn gelacht wird. Warum? Sagt wer?

Finde einen zwingenden Grund, um ein Stück zu erarbeiten, wo jeder dem Publikum den Rücken kehrt, außer wenn er ein Geheimnis preisgibt oder lügt – nur dann wendet er sich dem Publikum zu. Was würde das dem Zuschauer erzählen?

Setze nichts als gegeben voraus. *Stelle alles in Frage.* Erfinde die Regeln. Erschaffe eine Welt, die einzigartig ist.

Composition für ein Stück

Wenn wir in der Probe mit *Composition* arbeiten, entwickeln wir Material,

- das in der Aufführung verwendet werden kann
- das Ausgangspunkt für eine Diskussion sein kann oder exemplarisch für etwas stehen kann
- das schnell und dreckig, extrem und spontan ist – und deshalb oft erstaunliche und tiefe Wahrheiten über das Stück hervorbringt, die sonst in Vergessenheit gerieten oder nie erforscht würden.

Du kannst *Composition*-Aufgaben stellen, die den Fokus richten auf:

- Themen des Stücks
- die physische Welt des Stücks, seine Körperlichkeit
- eine Figur aus dem Stück
- eine Beziehung im Stück
- eine Szene oder ein Ereignis im Stück

ÜBUNG 1: *COMPOSITION* ZUM KERNTHEMA DES STÜCKES

Teile das Ensemble in Gruppen auf. Bitte jede Gruppe, unter sich und nur für heute festzulegen, »worum es im Stück geht«. Jede Gruppe entwickelt eine dreiminütige *Composition*, die den Kern des Stücks zusammenfasst und sein Thema aus Sicht der Gruppe ausdrückt. Die Aufgabe kann ohne jede weitere Zutat gestellt werden oder so viele einbeziehen, wie du für nützlich hältst.

ÜBUNG 2: ERWEITERTE THEMA-*COMPOSITION*

1. Teile das Ensemble in Gruppen auf.
2. Nenne ein Thema des Stücks, das dich besonders interessiert. (Schlage es den Gruppen vor oder bitte jede Gruppe, ihr eigenes zu wählen.)
3. Teile das Stück in drei wesentliche Handlungsstränge auf (manche Stücke haben drei Handlungsstränge, andere zwei, wieder andere fünf). Benenne diese und lege sie für die Gruppen fest oder lasse jede Gruppe ihre eigene Aufteilung bestimmen.
4. Die Gruppen sollen nun eine *Composition* in drei Teilen (der festgelegten Aufteilung entsprechend) erarbeiten, die den thematischen Kern des Stoffs ausdrückt. Die Teile können fließend ineinander übergehen oder klar voneinander getrennt sein (durch eine Titelkarte, einen Blackout, das Klingeln einer Glocke, eine Ansage). In jedem Fall soll jeder der drei Teile einen klaren Anfang, eine Mitte und ein Ende haben, so dass deutlich wird, wann ein Teil endet und ein anderer beginnt.
5. Die *Compositions* sollen jedes der folgenden Elemente beinhalten:
   - Drei Zeilen aus dem Stücktext (nicht mehr und nicht weniger)
   - Das Publikum muss eine besondere Rolle einnehmen, und es muss bestimmt werden, in welchem Verhältnis die Bühne/Spielfläche zum Zuschauerraum steht
   - Ein Musikstück aus unerwarteter Quelle

- Das Sichtbarwerden eines Ortes
- Ein überraschender Auftritt
- Etwas, das den Rahmen sprengt
- Eine Sequenz mit extremen Kontrasten bzw. Gegensätzen
- Dreimalige Wiederholung eines Elementes oder eines Bildes
- Irgendein weiteres Element aus deiner Zutatenliste oder aus dem spezifischen Kosmos des Stücks.

ÜBUNG 3: *COMPOSITION* ZUR PHYSISCHEN UND KLANGLICHEN WELT DES STÜCKS

Die Aufgaben hierfür sollten am Abend vor der nächsten Probe gestellt werden, damit das Ensemble genug (aber nicht zu viel) Zeit hat, um nach Material zu suchen.

1. Die Teilnehmer sollen zu dritt, zu zweit oder allein arbeiten.
2. Nur mithilfe von Fundstücken und Klängen (nicht mit Schauspielern) sollen sie eine Zwei-Minuten-*Composition* entwickeln, die die physische und klangliche Welt eures Stücks ausdrückt. Im Stück dürfen keine Personen auftreten, außer, wenn nötig, eine Art »Strippenzieher«, jemand der die technische Ausstattung bedient oder umbaut. Das Stück soll expressiv und subjektiv gestaltet sein statt gegenständlich abbildend. Frage nicht: »Wie sieht unsere Dekoration aus?« Sondern: »Wie *fühlt sich* die Welt in unserem Stück an?« Ist sie chaotisch oder formal oder spröde oder romantisch? Wie kann dieses Gefühl mit Gegenständen und Klängen hergestellt werden?
3. Wähle einen Raum, der gut abgeschottet ist und nicht durch einfallendes Licht oder Umgebungsgeräusche gestört wird.
4. Elemente, die beachtet und einbezogen werden sollen:
   - **Ort:** Wo findet die Handlung des Stücks statt? Das ist nicht im wörtlichen, sondern im übertragenden Sinne gemeint. Ist es ein Schlachtfeld, ein Tempel, ein Niemandsland, ein Zirkus, die Einbildung oder der Traum einer bestimmten Figur?

- **Zeit:** Wann spielt das Stück? Man kann das wörtlich nehmen und das Porträt einer bestimmten Epoche zeigen; oder – subjektiver – diese Epoche aus der Erinnerung einer bestimmten Person zeigen, oder man könnte sich mit der Idee nähern, dass sich alle Ereignisse im Stück ständig wiederholen, die Zeit somit kreisförmig verläuft; oder mit der Vorstellung, dass das ganze Stück in ewige Nacht gehüllt ist.
- **Materialien und Texturen:** Farbe, Gewicht, Haltbarkeit. Besteht die Umgebung komplett aus üppigem Samt oder aus rostigen Nägeln mit einem kleinen Fetzen Samt in der Mitte?
- **Bilder und Objekte:** Größe, Form, Farbe. Was für Bilder können verwendet werden, wie sehen die verwendeten Objekte aus. Ist es eine Collage aus Hunderten von Zeitungsschnipseln oder ein Feld aus mannshohen langstieligen Rosen oder ein winziger, glitzernder Gegenstand in der Mitte eines leeren Raums? Steckt die Rose in einer Vase oder liegt sie neben einem Revolver?
- **Blickwinkel:** Perspektive, Maßstab. Ist das Stück eine Erinnerung, ein Traum, oder wird es von einer bestimmten Person erzählt? Was hat diese Person für einen Geschmack, was hat sie für Ansichten, was sind ihre Absichten? Welche Rolle spielt der Zuschauer? Schaut er von außerhalb des Stück-Kosmos zu oder ist er ein Teil davon? Sieht er die Dinge von oben oder von unten oder in Nahaufnahme?
- **Klang:** Musik, Text, Soundeffekte, aufgezeichnet oder live? Gibt es Stille oder viele Geräusche? Sind die Geräusche laut oder leise? Gibt es Text? Welche Klänge schaffen die Atmosphäre? Ist es ein langes, melancholisches Cellosolo? Oder ein langes, melancholisches Cellosolo, das immer wieder von unterdrücktem Kichern unterbrochen wird?
- **Licht:** Intensität, Richtung, Farbe, Qualität. Sind die Dinge klar und leuchtend hell oder geheimnisvoll im Schatten versteckt? Ist die Umgebung natürlich oder künstlich? Tastet sich der Strahl einer Taschenlampe durch Nebel oder stehen zehn Kerzen auf dem Boden, oder ist ein Flutscheinwerfer durch eine Tür auf das Publikum gerichtet? Verändert sich das Licht unmerklich oder in harten Wechseln?

- **Verlauf**: Verändert sich die Ausstattung im Laufe des Stücks? Wie? Wird es langsam im Laufe von zwei Minuten heller auf der Bühne oder rollt am Ende ein Ball über die Bühne und wirft alles um?

ÜBUNG 4: *COMPOSITION* ZU EINER FIGUR

1. Wähle eine Figur, die dich heute interessiert. (Du könntest auch die gängigere Aufgabe stellen, dass jeder Schauspieler an der Figur arbeitet, die er selbst spielt.)
2. Erarbeite eine Figurenstudie in fünf Porträts, die durch Blackouts von maximal zehn Sekunden getrennt werden. Jedes Porträt muss mindestens zwanzig Sekunden gehalten werden, so dass es studiert werden kann.
3. Jedes Figurenporträt muss Folgendes beinhalten:
   - einen Gegenstand
   - ein Musikstück oder ein Geräusch
4. Die Überschriften der fünf Porträts lauten:
   - *Die Angst* (drückt das aus, wovor die Figur am meisten Angst hat)
   - *Liebe oder Hass* (wähle *eins* aus; muss einen Menschen oder etwas zeigen, was die Figur am meisten liebt oder hasst)
   - *Fantasien* (muss zeigen, wovon und wie die Figur träumt oder fantasiert)
   - *Erinnerungen* (muss Erinnerungen der Figur thematisieren)
   - *Das Verlangen* (muss etwas zum Ausdruck bringen, was die Figur am meisten will, ersehnt, was sie antreibt).

ÜBUNG 5: *COMPOSITION* ZU EINER BEZIEHUNG

Teil 1: Wesen der Beziehung

1. Teile die Gruppe in Paare ein.
2. Jedes Paar hat zwei Minuten Zeit, eine Bewegungsfolge zu entwickeln,

die durch *Spatial Relationship*, *Tempo*, *Gesture*, *Topography* und alle übrigen relevant werdenden *Viewpoints* das Wesen ihrer Beziehung ausdrückt.

Teil 2: Entwicklung der Beziehung

1. Teile die Gruppe in Paare ein.
2. Jedes Paar hat zwei Minuten Zeit, eine Bewegungsfolge zu entwickeln, die durch *Spatial Relationship, Tempo, Gesture, Topography* und alle übrigen *Viewpoints*, die relevant werden, erzählt, wie sich die Beziehung im Laufe des Stücks entwickelt.

ÜBUNG 6: *COMPOSITION* ZU EINEM EREIGNIS

1. Wähle eine spannungsreiche oder irritierende Szene aus dem Stück.
2. Teile das Ensemble in Gruppen ein.
3. Jede Gruppe soll die Szene in drei bis acht Abschnitte oder Mini-Kapitel einteilen. Gib jedem eine Überschrift, die die wesentliche Aktion in diesem Abschnitt benennt.
4. Übertragt die Aktion jedes Mini-Kapitels in expressive Bewegung. Folgt dabei den Überschriften und nicht dem Stücktext.
5. Präsentiert, diskutiert und *zeigt darauf!* (Gemäß dem Motto »Wovon man nicht sprechen kann, darauf muss man zeigen« – so kann man am einfachsten feststellen, was funktioniert, dazugehört, Eindruck hinterlässt.)

Kapitel 14

COMPOSITION ALS TRAINING UND WEITERE PRAKTISCHE ÜBUNGEN

Ein Balletttänzer trainiert an der Stange. Ein Pianist übt, indem er Tonleitern spielt. Ein Basketballspieler wirft Körbe, läuft oder stemmt Gewichte. Wie bleiben wir als Theatermacher in Form? Wie trainieren wir? *Viewpoints* kann das Training sein, das unsere Muskeln für *Offenheit, Bewusstheit* und *Spontaneität* fit hält. Ebenso kann *Composition* ein Training für Regisseure, Choreographen, Dramatiker, Komponisten, Ausstatter, Schauspieler, Performer sein – für alle, die Theater machen. *Composition* ist ein aktiver kreativer *Schaffensprozess.* Wir halten unsere Fähigkeit in Form, *wagemutig, klar, spielerisch* und *ausdrucksstark* zu sein.

Genauso, wie *Viewpoints*-Training dafür entwickelt wurde, Schauspielern zu helfen, weniger kopfgesteuert zu sein, wurde *Composition* dafür entwickelt, Regisseuren und anderen zu helfen, weniger kopfgesteuert zu sein. *Composition* kommt nicht nur bei einer Produktion oder in der Stückentwicklung zum Einsatz; *Composition* kann im Unterricht genutzt werden, in Workshops oder bei jeder anderen Gelegenheit, bei der Menschen zusammenkommen, um zu *trainieren.* Durch die Arbeit mit *Composition* lernen wir, unseren Instinkten zu vertrauen, das, was wir tun, zu verfeinern, unsere Stärken und Schwächen als Künstler zu erkennen, und vor allem entdecken wir in den Dingen, die zum Vorschein kommen, Geheimnisse über uns selbst.

In vielen Städten, in denen wir gearbeitet haben, sind ad hoc Gruppen entstanden, die sich jetzt regelmäßig treffen: für *Viewpoints*-Trainings und um Stücke mit *Composition* zu erarbeiten.

Diese Gruppen treffen sich in New York, Chicago und Los Angeles, schalten einfach Musik ein und machen *Viewpoints* miteinander. Oder sie wählen sich einen Gegenstand und entwickeln Material in einer *Composition.* Sie haben keine Premiere, kein Ziel vor Augen, bekommen keine Zeitungskritiken – sie wollen einfach nur trainieren, um ihre Kreativität aktiv und flexibel zu halten.

»Bei dem Wort Komposition wurde ich innerlich erschüttert und stellte später zu meinem Lebensziel, eine ›Komposition‹ zu malen. Dieses Wort selbst wirkte auf mich wie ein Gebet. Es erfüllte mich mit Ehrfurcht.«[19]
Wassily Kandinsky

TRAININGSÜBUNGEN

Man kann in der Arbeit mit *Composition alles* trainieren und erforschen. Man kann *Composition*-Übungen allein, zu zweit oder in größeren Gruppen machen. Man kann sie überall machen, mit einer Fülle von Materialien oder ohne. Das Thema, der Schwerpunkt, das Ziel, die Zutaten – alles kann frei gewählt werden. Alles ist möglich, und es gibt keine Grenzen.

TRAININGSÜBUNG 1: BEOBACHTEN UND BENENNEN

1. Wähle drei Quellen, die dich bewegen oder interessieren. Deine Quelle kann ein Bild sein (Fotografie, Postkarte usw.), eine Geschichte, ein Zeitungsausschnitt, ein Lied, ein Gegenstand usw. Kümmere dich nicht darum, ob oder wie du aus dieser Quelle ein Stück machen kannst, fang einfach mit dem an, was dich bewegt.
2. Für alle drei Quellen gilt es zu beachten:

19 In: Wassily Kandinsky: *Rückblicke*, Berlin 1913, S. 17.

- Beschreibe, auf welche Weise die Quelle dich betrifft – deine intuitive Reaktion darauf. (»Es macht mich traurig« usw.)
- Re- oder, besser gesagt, *de*konstruiere, *warum* sie dich berührt. Analysiere die *kompositorischen* Elemente. Versuche zu benennen, wie in jedem einzelnen Fall *Form Gefühl* erzeugt. Sind es Größe und Format, die dich ansprechen, oder der Kontrast der Linien oder die assoziativen Verknüpfungen, die ein bestimmtes Detail bei dir auslöst? Achte beim Dekonstruieren deiner Quelle auf Größe, Textur, Form, Farbe, Tempo, Rhythmus, Wiederholung, Kontrast (hell und dunkel, schnell und langsam usw.).

TRAININGSÜBUNG 2: LANDSCHAFT UND *TOPOGRAPHY*

1. Arbeitet in Zweiergruppen. Einer erfindet die Landschaft, der andere präsentiert sie, indem er sie durchreist.
2. Die Paare arbeiten in einem leeren Raum. Der jeweilige »Landschaftsarchitekt« unterteilt den Raum vor seinem geistigen Auge in unterschiedliche Bereiche mit bestimmten Größen und Formen (er könnte mit Viertelkreisen, Bahnen, Wegen usw. arbeiten) und weist jedem physikalische Eigenschaften oder Gesetze zu. Zum Beispiel könnte ein Bereich ein extrem hohes Tempo erfordern, in einem anderen könnte die Schwerkraft umgekehrt sein, so dass alles nach oben fällt; in wieder einem anderen kann man sich nur rückwärts bewegen, im nächsten nur am Boden kriechen wie durch eine imaginäre Felsspalte usw.
3. Sobald eine komplexe, detaillierte, unverwechselbare *unsichtbare Landschaft* erschaffen wurde und von der Person, die sie bereist, ausprobiert wurde, führt jedes Paar die Reise der ganzen Gruppe vor. Das Terrain sollte deutlich lesbar sein.

TRAININGSÜBUNG 3: FARBE

1. Kleine Gruppen machen *Viewpoints*-Sessions zu den Farben im Raum, während der Rest des Ensembles zusieht.
2. Oder jede Gruppe soll drei Gegenstände mit jeweils eindeutiger Farbgebung wählen. Sie erfinden mit diesen drei Gegenständen eine Geschichte, die aus den Farben und ihrer Wechselwirkung entsteht.
3. Oder nenne eine Farbe und zähle alle Assoziationen auf, die du damit verbindest. Welche Empfindungen löst sie in dir aus, woran erinnert sie dich, an welche Figuren lässt sie dich denken, was ist ihre traditionelle Symbolik? Nimm dir mehrere Farben vor. Entwickle eine *Composition*, die eine bewusst gewählte Farbe erforscht. Zum Beispiel kannst du ein »lila Stück« oder ein Stück in drei Teilen mit den Überschriften »Blau, Weiß, Rot« erarbeiten. Oder ein Stück, in dem Figuren aufgrund der Farbe eines einzelnen Gegenstands, den sie tragen, definiert werden und miteinander agieren.

WEITERE ÜBUNGEN

ÜBUNG 1: INSZENIERE DEINE FAMILIE BEIM ABENDESSEN

1. Diese Übung kann mit einer oder mehreren Gruppen durchgeführt werden.
2. Eine Person in jeder Gruppe inszeniert die anderen als ihre eigene Familie beim Abendessen. Die Inszenierung sollte »expressiv« sein, was bedeutet, dass sie weniger eine beschreibende Darstellung der Figuren und Ereignisse ist als vielmehr ein Ausdruck des subjektiven Erlebens: Wie hat es sich angefühlt, Teil dieser Familie zu sein? Der Regisseur besetzt Geschwister und Eltern und auch jemanden, der ihn selbst spielt. Das Abendessen kann zu jedem Zeitpunkt in der Familiengeschichte spielen.

3. Nacheinander zeigt jede Gruppe den anderen ihre *Composition.*
4. Der Regisseur gibt dann jedem Einzelnen einen persönlichen Hinweis und dem Ensemble einen allgemeinen Hinweis, der helfen soll, die Darstellung der Familiendynamik noch ausdrucksstärker zu machen. Dann werden die *Compositions* noch einmal gezeigt.

In einer Übung wie dieser, die Inszenierung deiner Familie beim Abendessen, kennst du das Gefühl, die Menschen und das Ereignis genau. Die Dramaturgie ist sehr speziell. Wenn du an einem Stück arbeitest, solltest du die gleiche Intimität anstreben, das gleiche Arbeiten *aus dem Gefühl* heraus. Das erfordert zahlreiche Studien, viel Fantasie und den Mut, etwas von sich persönlich preiszugeben.

ÜBUNG 2: *COMPOSITIONS* BASIEREND AUF ARTHUR MILLERS *TOD EINES HANDLUNGSREISENDEN*

1. **Figur**: Wähle eine Figur aus *Tod eines Handlungsreisenden* und eine Textstelle dieser Figur. Inszeniere diesen Moment auf fünf verschiedene Weisen mit demselben Schauspieler.
2. **Beziehung**: Wähle zwei Figuren aus *Tod eines Handlungsreisenden* und eine bestimmte Interaktion der beiden in dem Stück. Inszeniere diese Interaktion auf fünf verschiedene Weisen mit denselben Schauspielern.
3. **Blickwinkel** und **Traumlogik**: Inszeniere *Tod eines Handlungsreisenden* als Traum oder Albtraum einer der Figuren. Nimm dafür so viele Schauspieler wie nötig. Die Aufführung sollte maximal zehn Minuten dauern.

Diese *Compositions* bieten die Gelegenheit, die Prinzipien des *Viewpoints*-Trainings unmittelbar auf Figuren und Beziehungen in einem Stück anzuwenden. Es gibt folgende Möglichkeiten, Figuren und Beziehungen auszudrücken: körperliche Aktion, Abstand oder Nähe zum Publikum, Abstand oder Nähe zueinander, Sprechtempo, Bewegungstempo, Verwendung der Architektur, *Gesture*, *Shape*, *Dynamic* (laut oder leise), *Pitch* usw.

ÜBUNG 3: KLASSISCHE DRAMEN ALS *QUELLE FÜR COMPOSITIONS*

Arbeitet in kleinen Gruppen von zwei bis sechs Personen:

1. **Dekonstruktion**: Wähle ein klassisches Drama. Spielt das ganze Stück in zehn Minuten.
2. **Text**: Wähle eine Szene aus einem klassischen Drama. Spielt die Szene mit Konzentration auf dem Handlungs*bogen*, so dass die dramatische Handlung ungebrochen *vorangetrieben* wird (und das Publikum *mitreißt*), ohne Ausschmückungen und Umwege.
3. **Unterbrechungen**: Wähle eine Szene aus einem klassischen Stück. Spiele die Szene mit fünfzehn Unterbrechungen.

ÜBUNG 4: HÖRSPIEL

1. Erstelle in Gruppen von drei bis acht Teilnehmern eine achtminütige *Composition* in Form eines Hörspiels. Der Zweck der Übung ist es, das Publikum mit rein akustischen Mitteln auf eine Reise mitzunehmen.
2. Je nachdem, ob diese *Composition* als Vorbereitung für eine Aufführung oder als Training gedacht ist, bestimmst du, ob die *Composition* um eine bestimmte Szene, ein Motiv, eine Geschichte usw. aufgebaut werden soll.
3. Entscheide, welche Zutaten zu der *Composition* gehören sollen, wobei du jedes Element oder Motiv anderer *Compositions* verwenden kannst, etwa unerfüllte Erwartungen, überraschende Auftritte, fünfzehn Sekunden Stille usw.
4. Gib den Gruppen fünfzehn Minuten Zeit, ihre *Compositions* zu erarbeiten, präsentiere sie anschließend der Reihe nach einem Publikum, das die Augen die ganze Zeit geschlossen hält.

Kapitel 15

WIE MAN DIE ARBEIT IN DER GRUPPE DISKUTIEREN KANN

Nachdem einige *Compositions* erarbeitet und gezeigt wurden, soll sich die ganze Gruppe zusammensetzen. Alle sollen die Augen schließen. Sprich nun der Reihe nach jede einzelne *Composition,* die ihr gesehen habt, an und frage, woran sich die Teilnehmer erinnern. Dieser Prozess des Erinnerns soll keine intellektuelle oder analytische Übung sein, sondern jeder sollte sich dabei entspannen und ausschließlich auf seine Erinnerungen an die jeweilige *Composition* konzentrieren und dabei wahrnehmen, was in sein Bewusstsein *geschwemmt* wird. Danach sollen die Teilnehmer laut aussprechen, was ihnen im Gedächtnis geblieben ist (nicht, was ihnen gefallen oder nicht gefallen hat). Sie sollen ihre Augen geschlossen halten und einander zuhören; alle sollen laut und deutlich und nicht gleichzeitig sprechen. Was dann zur Sprache kommt, werden die unzensierten Eindrücke sein, das, was sie unmittelbar interessiert hat. Es werden Dinge gesagt werden wie »Die Art und Weise, wie Agnes die Blume berührt hat« oder »Der Moment, als der Ballon losgelassen wurde«. Das Augenmerk sollte immer auf der konkreten Schilderung der Ereignisse und Bilder liegen und nicht auf ihrer Wirkung oder ihrer Interpretation.

Sich für diese reine Reflexion Zeit zu nehmen, ist ein fundamentales Werkzeug im schöpferischen Prozess. Obwohl analytische Kritik und theoretische Diskussion eine bedeutsame Rolle in der Rückmeldung, dem Feedback, spielen, sind der Körper und das Gedächtnis der wichtigste Maßstab im künstlerischen Prozess. Rufe dir eine Aufführung, ein Konzert, ein Gemälde, ein Musikstück ins Bewusstsein, die du vor drei oder vier Jahren erlebt hast. Woran kannst du dich erinnern? Nicht selten zeigt dir das, was du im Gedächtnis behalten hast, an, was du in deiner eigenen Arbeit suchen musst. Das, was im Gedächtnis hängenbleibt, kann man wahrscheinlich auch den eindrucksvollsten Aspekt der

Aufführung nennen. Dasselbe gilt für eine Probe. Was wird am Abend nach einer Probe in dein Bewusstsein geschwemmt? Sehr oft war das, was hängenbleibt, eigentlich nicht geplant, sondern ist zufällig passiert. Und gerade diesen Zu- und Unfällen sollten wir besondere Beachtung schenken. Denn letztendlich gibt es, wie Sigmund Freud uns lehrt, keine Zufälle. In diesem Fall sind sie sogar willkommene Geschenke.

Bitte die Teilnehmer, ihre Augen wieder zu öffnen. Kommt jetzt als Gruppe nochmals auf jede einzelne *Composition* zurück, indem ihr die Arbeit gründlich analysiert. Betrachtet die Ereignisse, die erinnert wurden, noch mal ganz detailliert. Wodurch wurden sie zu einem theatralen Ereignis? Versucht die Bausteine dieser *unvergesslichen Momente* zu finden und zu untersuchen. Äußere dich zu allen Aspekten jeder *Composition* und erlaube den Teilnehmern, ihre eigenen Gedanken und Reaktionen mitzuteilen. Wenn du auf eine bestimmte Aufführung hinarbeitest und die *Compositions* Untersuchungen zu einer Inszenierung sind, ist jetzt der Moment, zu benennen, was *»Vice«* und was nicht *»Vice«* ist (siehe Kapitel 10, S. 143). Wenn es sich um eine Unterrichtsklasse handelt, ist jetzt die Gelegenheit, das Bühnenvokabular zu analysieren, über Blickwinkel und Perspektiven zu diskutieren, über die Reise, auf die das Publikum mitgenommen wurde, darüber, wie die Schauspieler die einzelnen Momente dargestellt haben und wie sie einander auf der Bühne begegnet sind.

Hier sind einige Anhaltspunkte, die bei der *Composition*-Arbeit zu beachten sind und in der Besprechung verwendet werden können:

- Wie haben die vorgegebenen Zutaten (die Liste mit dem, was zur *Composition* gehört) das Seherlebnis beeinflusst? Wenn zum Beispiel *eine unerfüllte Erwartung* eine Zutat war, wie hat sie sich auf den Zuschauer ausgewirkt?
- Wie hat die Zusammenarbeit funktioniert? Gab es Blockaden im Arbeitsprozess? Wann verlief der Prozess fließend und leicht? Und warum?
- Was war für dich als Zuschauer an der Aufführung spannend? Was hat dein Herz schneller schlagen lassen? Warum?
- Was hat deine Aufmerksamkeit erregt? Warum?

- Wann hast du dich ausgeschlossen und nicht als Teil des Ereignisses gefühlt? Warum?
- Konntest du dich in irgend jemanden in der *Composition* einfühlen? Was hat dich dazu gebracht?
- Wie wurden Figuren erschaffen? Warst du in der Lage, Figuren auszumachen und ihnen zu folgen? Wie?
- Welche Teile der *Composition* waren beschreibend, welche expressiv? (Siehe Kapitel 11, S. 165 f.)
- Gab es Momente reiner Poesie auf der Bühne? Wann wurde die Bühnensprache poetisch?
- Wie hat das *Jo-Ha-Kyu* innerhalb der ganzen *Composition* und innerhalb der einzelnen Teile funktioniert? (Siehe Kapitel 11, S. 167 f.)
- Wie wurden Übergänge gehandhabt?
- Welche Erwartungen wurden zu Beginn der *Composition* geweckt, und wie wurde mit diesen Erwartungen umgegangen?
- War das Ende klar und notwendig?
- Wurden klare und wirksame Entscheidungen bezüglich Raum, Ausstattung und Architektur getroffen?
- Gab es in dieser *Composition* eine klare Rolle für das Publikum? Und wurde diese durch die Art und Weise, wie das Publikum in den Saal begleitet, wie es platziert oder durch die Aufführung geführt wurde, unterstützt?
- Konntest du den Impuls hinter der Arbeit spüren? Gab es eine *Frage*, die gestellt werden musste, oder eine Aussage, die gemacht werden musste? Konnte man eine Notwendigkeit in der Aufführung spüren?
- Wie wurde mit Text umgegangen? Wirkte das Sprechen gezwungen, unbeholfen oder selbstverständlich? Wurde dem gesprochenen Wort Raum gegeben? Was hat das Sprechen notwendig gemacht?
- War die Körperlichkeit in der *Composition* klar erkennbar?
- Wie wurde mit Wiederholung und Wiederverwendung von Elementen umgegangen?
- Wie waren die einzelnen *Viewpoints* erkennbar?
- Wo lagen die Stärken und wo die Schwächen der Aufführung? Waren Figuren, Geschichte, Atmosphäre, Bildsprache, Sprache oder Thema

ausdrucksstark und eindrücklich? Welche dieser Elemente waren am schwächsten?

- Wie zwingend war der Einsatz von Musik, Geräuschen, klanglicher Atmosphäre und Stille?
- Wurden wirksame Entscheidungen getroffen, wie vorhandenes Licht eingesetzt wird, sei es Tageslicht, Deckenlampen, Scheinwerfer, Kerzenlicht, Taschenlampen usw.?
- Kann die *Composition* auch mit Begriffen aus anderen Kunstformen diskutiert werden? Gab es Momente oder Verfahrensweisen, für die Begriffe aus der Filmsprache verwendet werden können, z. B. Close-up, Establishing Shot, Montage usw.? Oder aus der Malerei, z. B. Bildausschnitt, Leinwandgröße, Farbpalette? Oder aus der Musik, z. B. Tempo, Crescendo, Tonlage, Coda usw.?
- Hat allein schon die *Dauer* des Stücks etwas zum Ausdruck gebracht? War es lang genug, aber nicht zu lang, um zu erzählen, was es erzählen wollte?
- Wusste man als Zuschauer, wo man hinsehen musste, und ist das von Bedeutung?
- Gab es einen Konflikt im Stück, und ist das von Bedeutung? Gab es Überraschungen und Spannung im Stück, und ist das von Bedeutung?
- Gab es Humor, und ist das von Bedeutung? Warum? Wodurch wird etwas komisch?
- Hatte man als Zuschauer das Gefühl, in guten Händen zu sein, beachtet und geführt zu werden?

Tesserung

In ihrem Buch *Die Zeitfalte* benutzt Madeleine L'Engle den Begriff *Tesserung*. Sie veranschaulicht den Ausdruck mit einem Bild eines straff gespannten Stoffes, deren zwei Enden jemand in jeweils einer Hand hält. Ein Ende ist als Punkt A bezeichnet, das andere Punkt B. »Nehmt an, eine kleine Ameise wollte von der rechten (…) zur linken Hand wandern.« Um von A nach B zu kommen, gehen wir normalerweise davon aus, dass sie sich horizontal quer über die ganze Stoffbahn fortbewegen muss. Bei einer Tesserung ist es jedoch so, als würden wir die beiden Enden des Stoffes nehmen und zur exakt gleichen Zeit und am exakt gleichen Ort zusammenfalten, so dass die gesamte Länge der Stoffbahn zu einer Vertikalen wird, sie wird in diesem Fall unsichtbar in Zeit und Raum.[20] Was also bei der Tesserung geschieht, ist, dass wir uns ohne jeden Übergang von einem Zustand in einen anderen bewegen. Das kann sich *zeitlich* vollziehen: es ist z. B. Winter und im nächsten Augenblick ist es Frühling. Es kann sich aber auch *räumlich* vollziehen, wenn wir z. B. einen Traum beschreiben, in dem wir »plötzlich auf freiem Feld« stehen. Und es kann sich natürlich beim Spiel auf der Bühne vollziehen, in einer Weise, an die Madeleine L'Engle wahrscheinlich nicht gedacht hat, nämlich, indem eine Figur, anstatt zunehmend wütender zu werden, *übergangslos*, in einer Tesserung, von absoluter Ruhe, in komplette Rage gerät. Hinsichtlich der menschlichen Psychologie (wie auch beim Textlernen) wird uns beigebracht, dass eine Person sich von A nach B nach C nach D bewegt. Agierte eine Figur auf der Bühne in einer Tesserung, würde sie sich womöglich von A nach G, dann zurück nach B und plötzlich nach X bewegen. Sobald wir uns einmal der Möglichkeit der Tesserung geöffnet haben, werden wir feststellen, dass es sich dabei nicht einfach um einen geistreichen oder extravaganten Gedanken handelt, sondern um eine ziemlich genaue Beschreibung dessen, wie sich Menschen ständig, überall um uns herum verhalten.

Kurz vor seinem Tod besuchte der Dramatiker Heiner Müller die Columbia University und sprach dort mit Studenten. Nach einem langen, brillanten, eloquenten und komplexen Vortrag meldetet sich ein junger Student mit wachen Augen und fragte: »Herr Müller, haben Sie irgendeinen Rat für einen jungen Schauspieler?« Es folgte ein Moment der Stille. »Ja«, antwortete Müller, »da Sie einen Körper haben, brauchen Sie keine Übergänge.«

Um diesen Rat zu verstehen und zu verdauen, bräuchte es ein ganzes Leben, aber zur gleichen Zeit hilft es, die Quintessenz herauszukristal-

---

20 Vgl. Madeleine L'Engle: *Die Zeitfalte*. Deutsch von Wolf Harranth, Stuttgart 1984, S. 71–73.

lisieren, dass wir nicht *immer* über den Weg nachdenken müssen, wie wir von einem Zustand in einen anderen gelangen. So oft wollen wir verstehen, warum eine Figur von A nach G gelangt, doch wir entdecken, wenn wir einfach von A nach G gehen, es einfach körperlich vollziehen, es einfach *tun*, dass es da eine Art von Verständnis jenseits von Verstand und Psychologie gibt. Manchmal *wechseln* wir einfach ohne Grund oder bewusstes Motiv von einem Extremzustand in den anderen. Das ist menschlich und natürlich.

Tesserung kann auch beim Schreiben dramatischer Texte angewandt werden. Der amerikanische Dramatiker Charles Mee zum Beispiel sagt, er stelle sich seine Figuren manchmal vor »wie schöne, langstielige Weingläser, die auf den Boden geworfen wurden und in Millionen Stücke zersprungen sind«. Anstatt sie wieder in den erwartbaren vorherigen Zustand zusammenzusetzen, setzt Mee Scherben aneinander, die nicht zusammenpassen, und schafft so eine neue Form aus alten Bruchstücken. Statt des erwarteten psychologischen Bogens einer sich von A nach B nach C bewegenden Figur beginnen Mees Figuren oft bei C, bewegen sich dann überraschend nach F oder J oder X ohne die herkömmlichen psychologischen Wegweiser, die sie (und uns) leiten.

Das Gleiche, nur anders.

Composition ist eine Form des Schreibens, aber wir schreiben in der Sprache des Theaters, indem wir uns *bewegen*, in Raum und Zeit *handeln*. Ebenso wie es literarische Gestaltungsmittel für Prosa und Lyrik gibt, gibt es nützliche theatrale Gestaltungsmittel für *Composition*. Wenn wir uns die kleinen Vorgänge auf der Bühne – eine Geste, eine Drehung, ein Lichtwechsel – als Wörter vorstellen und diese *Wörter* verbinden, entstehen Sätze. Durch die Aneinanderreihung dieser Sätze entstehen Absätze usw., dann Kapitel usw., alles durch die Kombination von Bewegung, Licht, Ton usw.

In der Literatur sind wir vertraut mit Stilmitteln wie Anspielung oder Lautmalerei. Es sind Werkzeuge, die die Bandbreite der Ausdrucksmöglichkeiten vergrößern. Wir führen hier ein nützliches *theatrales Äquivalent* ein, das wir *»Das Gleiche, nur anders«* nennen. *Repetition*, also die Wiederholung oder Nachahmung von etwas, ist ein wichtiger Baustein, sowohl in *Viewpoints* als auch in *Composition*. Die Schriftstellerin Gertrude Stein hat uns gezeigt, dass man mit kleinstem Vokabular immense Ausdrucksmöglichkeiten hat. Wenn etwas wiederholt wird, ist es nie wirklich das gleiche, und es enthält die Erinnerung daran, als wir es zuletzt gesehen oder gehört haben. Dieses Konzept ist äußerst hilfreich und lässt sich ebenso in der Musik (Wiederholung von Melodien oder Tonfolgen), Architektur (Wiederholung von Formen oder Baukörpern), in der Malerei usw. finden Indem wir ein Wiederholungsmuster herstellen, können wir unser Augenmerk darauf richten, was dieses Muster durchbrechen könnte, was sich davon unterscheidet und was sich dadurch verändert. Wenn man z. B. möchte, dass in einer Gruppe von Personen auf der Bühne jeder Einzelne dem Zuschauer als einzigartiges Individuum erscheint, kann man die Unterschiede dadurch herausstreichen, indem alle dasselbe tun. Würden alle etwas anderes tun, sähe man nur, was sie *tun*. Tun sie alle *dasselbe*, wird man die Unterschiede sehen können: Man wird sehen können, wer sie *sind*.

Ein Beispiel: Eine *Composition* beginnt mit einer Frau, die allein an einem leeren Tisch sitzt. Im Laufe der *Composition* begibt sich die Frau auf eine Reise – welcher Art auch immer. Das Stück endet damit, dass die Frau wieder am Tisch sitzt. Nur dieses Mal steht auf dem Tisch eine Vase mit einer Rose. Die Anwesenheit dieser Rose steht jetzt im Mittelpunkt oder bildet die Essenz dieses letzten Bildes, weil alles andere gleich geblieben ist; die Rose allein macht den Unterschied. Wären andere Dinge ebenfalls verändert, säße die Frau beispielsweise anders am Tisch, wäre der Tisch ein anderer, dann wäre die Rose weniger vielsagend.

Spuren

Ein vollständiger Theatermoment besteht aus einzelnen Spuren. Genauso wie es im Film eine Tonspur und eine Bildspur gibt, gibt es auf der Bühne eine Bewegungsspur, eine Textspur, eine Lichtspur, eine Tonspur, eine Zeitspur usw. Die Bedeutung des Stücks entsteht aus der Wechselbeziehung dieser verschiedenen Spuren. Stimmen sie überein oder stimmen sie nicht überein? Ergänzen sie einander oder widersprechen sie einander?

Der Dramatiker Friedrich Dürrenmatt bestand darauf, dass Theater mit einer Unstimmigkeit zwischen dem, was man sieht, und dem, was man hört, beginnt. »Wenn ich ins Theater gehe«, schrieb er, »und meine Augen schließe und trotzdem verstehe, was ich höre, dann ist es nicht Theater, sondern ein Vortrag. Wenn ich ins Theater gehe und mir die Ohren zuhalte und trotzdem verstehe, was ich sehe, dann ist es nicht Theater, sondern eine Diashow. Theater beginnt mit einer Unstimmigkeit zwischen dem, was ich sehe, und dem, was ich höre.«[21]

Wie oft bist du im Theater gewesen und hast Schauspielern dabei zugesehen, wie sie zwei Stunden lang um und auf einem Sofa das, was sie sagen, mit dem, was sie tun, illustrieren? Vergleiche dieses Verhalten mit dem wirklichen Leben: Menschen tun selten das, was sie sagen. Wie oft passiert es tatsächlich, dass eine Person einer anderen direkt ins Gesicht blickt und sagt: »Ich liebe dich«? Solche Worte werden eher ausgesprochen, während man mit einem Blick auf die Uhr das Zimmer verlässt. Solche Unstimmigkeiten zwischen dem, was man *sieht,* und dem, was man *hört*, bringen eine grundlegende Wahrheit über die dargestellte Beziehung zum Ausdruck.

Wenn alle Spuren dasselbe erzählen, löschen sie sich gegenseitig aus.

Der Regisseur Robert Wilson verwendet oft das Bild eines Kandelabers auf einem Konzertflügel. Weil beide Gegenstände zusammenzugehören scheinen, demselben Kosmos angehören, betrachten wir sie mit einer gewissen Gleichgültigkeit, weil uns der Anblick vertraut scheint. Die Verbindung der beiden Objekte fordert uns nicht heraus, wahrzunehmen,

21 Anne Bogart und Tina Landau schreiben diese Aussage Friedrich Dürrenmatt zu. Übersetzer und Redaktion konnten dies nicht verifizieren; der Inhalt der Aussage ist Dürrenmatt aber durchaus zuzutrauen.

was beide unterscheidet. Wilson legt nahe, dass, wenn der Kandelaber entfernt und stattdessen eine Colaflasche hingestellt wird, der Kontrast der beiden Objekte und was sie hervorrufen das Bild lebendig machen. Das Bild wird zu einem *strange attractor* – es irritiert uns und wird dadurch erst sichtbar.

In *Platoon* entschied sich Regisseur Oliver Stone, die berühmte Gefechtsszene nicht mit der zu erwartenden Geräuschkulisse von Gewalt und Krieg, Bombenexplosionen und Todesschreien zu unterlegen, sondern sie gegen Samuel Barbers quälend-schönes und meditatives »Adagio for Strings« zu setzen. Zusätzlich zum Kontrast von Gewalt und getragener Musik arbeitete er mit einem extremen Kontrast in *Duration*, indem er dem lang anhaltenden musikalischen Bogen kürzer geschnittene Bilder entgegenstellte. Während die Musik sich höher und höher aufschwingt, versinkt die Szenerie immer mehr im Morast. Dieser Kontrast zwischen dem, was man sieht, und dem, was man hört, steigert sich im Laufe der Szene. Stones Fähigkeit, beides, Schrecken und Schönheit, im selben Moment auszudrücken, zeichnet seine Vision aus und macht die Szene so bemerkenswert.

Ein weiteres Beispiel für die Verwendung mehrerer kontrastierender Spuren liefern die Stücke von Anton Tschechow. Jedes Mal, wenn Tschechow in einer Regieanweisung schreibt »lacht unter Tränen«, zeichnet er einen Kontrast zwischen dem, was die Figur fühlt, und dem, was sie tut. Wenn Sonja am Ende von *Onkel Wanja* sagt: »Was tun, wir müssen leben! … wir werden leben … wir werden geduldig die Versuchungen ertragen … wir werden für die anderen arbeiten, heute wie auch im Alter, ohne Ruhe zu kennen«,[22] entsprechen ihr verbales und physisches Handeln ganz und gar nicht ihrem inneren Gefühlsleben. Obwohl sie Trauer und Verlust erlebt, weint sie nicht, sondern betont ihre Entschlossenheit. Auf diese Weise macht sich Tschechow eine universelle und tiefe Wahrheit über die Natur des Menschen zunutze: Was wir fühlen und was wir tun, stimmt selten überein.

22 Anton Čechov, *Onkel Vanja. Szenen aus dem Landleben in vier Akten.* Übersetzt und herausgegeben von Peter Urban, Zürich 1993, S. 70.

Kapitel 16

COMPOSITION UND VERWANDTE KUNSTFORMEN

Composition stützt sich auf alle Kunstformen, denn *alle* Kunstformen zu erforschen und von ihnen zu lernen befruchtet die Produktivität als Künstler. In diesem Kapitel stellen wir Elemente und Prinzipien aus verwandten Kunstbereichen zusammen, die in der Arbeit mit *Composition* besonders hilfreich sein können.

Was man ansehen, lesen, anhören und studieren sollte: Romane, Essays, Filme, Gemälde, Konzerte. Was kannst du von dem, was du siehst, hörst und erlebst, auf deine Theaterarbeit übertragen?

Wir können hier keine Antworten geben, sondern nur Fragen stellen. Zur Veranschaulichung geben wir hier ein einfaches Beispiel aus dem Genre Film: Wie kann man das Äquivalent eines Close-ups auf der Bühne umsetzen? Als Möglichkeiten bieten sich folgende Lösungen an:

- Alles ist dunkel, mit Ausnahme eines einzelnen Spots.
- Eine Person ist ganz in Rot gekleidet, trägt aber einen einzelnen weißen Handschuh.
- Auf der ganzen Bühne regt sich nichts, nur eine einzelne Hand bewegt sich sacht.
- Eine Gruppe von Personen drängt an die Rampe, alle verharren dort bewegungslos in derselben präzisen Position, bis auf eine einzelne Person in der Mitte, die langsam ihren Kopf dreht.

MUSIK

Metrum: Wird das Stück im 3/4-, 4/4- oder 6/8-Takt gespielt? Wie unterscheiden sich diese Taktarten? Ist dein Stück eher ein Walzer oder ein Marsch? Wie äußert sich das?

Tempo: Ist das Stück langsam oder schnell? Wie wechseln die Tempi? Wie definiert sich Adagio, Largo, Presto etc.? Wie kannst du diese Zeitmaße in die Arbeit integrieren?

Tonalität (und Atonalität): Ist das Stück in Dur oder Moll? Ist es tonal oder atonal? Sind die Akkorde harmonisch oder dissonant? Und was bedeutet das in Bezug auf die Inszenierung?

Kontrapunkt: Wie viele Notenlinien hat die *Composition*? Wie viele Stimmen werden im Kontrapunkt gleichzeitig geführt? Wodurch kontrastieren die einzelnen Gegenstimmen? Durch ein ruhiges Obligato im Gegensatz zu einer vollen Bauchstimme?

Struktur: Wie sieht die *Struktur* einer Fuge, einer Symphonie, einer Etüde, einer Nocturne usw. aus? Welche Struktur kommt deinem Stück am nächsten?

Coda: Wie könnte eine Coda in der *Composition* aussehen? Welchem Zweck dient sie? Welche emotionale Befriedigung bietet sie? Was bedeutet eine Coda für das Stück? Lohnt es sich, damit zu spielen?

Wiederholungen: Beinhaltet die *Composition* Wiederholungen, so wie das in der Musiknotation durch Doppelstrich und Doppelpunkt angezeigt wird? Wiederholt die *Composition* auch weiter zurückliegendes Material, indem sie frühere Elemente wieder aufgreift? Warum?

Musikalische Kriterien: Wie stark nimmst du das Stück als Musik wahr? Kannst du Begriffe wie Crescendo, Decrescendo, Pianissimo, Accelerando usw. zur Gestaltung des Materials anwenden?

Orchestrierung: Wie ist die Arbeit orchestriert? Wie viele Instrumente werden verwendet, um dem Material Ausdruck zu verleihen? Würdest du sagen, dass das Stück mehr Holz- als Blechbläser, mehr Schlagzeug oder Saiteninstrumente umfasst? Wie wird das in die Theatersprache übertragen?

MALEREI

Stilrichtung: Wenn du die *Composition* einer bestimmten Stilrichtung in der Malerei zuordnen solltest, welche wäre das? Impressionismus, Expressionismus, Abstrakte Malerei, Minimalismus? Ist es eine Landschaft, eine Figur, eine idyllische Hirtenszene oder ein Porträt?

Rahmen: Was ist der Rahmen des Stücks? Gibt es überhaupt einen Rahmen? Was, außer einem Guckkasten, kann sonst noch ein Rahmen sein? Was bedeutet es, den *Rahmen zu sprengen*?

Leinwandgrösse: Wie groß ist die Leinwand, auf der gearbeitet wird? Hat sie epische Ausmaße oder ist es eine Miniatur?

Maltechniken: Wie kann man die Begrifflichkeit unterschiedlicher Maltechniken auf die Arbeit anwenden? Wie würde sich die Inszenierung als Aquarell von einer in Öl oder einer Collage unterscheiden? Welche Eigenschaften haben Wasserfarben? Was würde diesen Eigenschaften auf der Bühne entsprechen?

Farben: Mit welchen Farben malst du? Mit wie vielen? Ergänzen oder beißen sie sich?

Perspektive: Welche Perspektive wählst du für »das Auge« des Zuschauers? Betrachte verschiedene Gemälde. Vergleiche den unterschiedlichen und extremen Gebrauch von Perspektive (von unten, Zoom usw.) mit Theateraufführungen, die du gesehen hast.

Grössen und Format: Wie groß sind die Gegenstände und/oder Figuren innerhalb des Rahmens?

Linien: Achte bei Gemälden, die du besonders magst, darauf, wie man sie auf ein Skelett aus sich kreuzenden Linien und Formen reduzieren kann. Wenn du auf der Bühne »malst«, wie benutzt du starke Linien: Diagonalen, Zergliederungen, Kurven usw.?

Komposition: Wie wird deine Bühne zu einer Leinwand in einem Rahmen, und wo werden Gegenstände/Figuren für eine starke Komposition platziert? Was macht eine starke Komposition überhaupt aus? Wie lassen sich die einzelnen Elemente neu anordnen, um eine neue Bedeutung oder ein neues Gefühl zu erzeugen?

Licht und Schatten: Wie verwenden Maler Licht und Schatten? Sieh dir Vermeer, Bonnard, de Chirico, Wyeth, Hockney, Warhol an. Wie malst du mit Licht auf der Bühne?

Präsentation: Wie sehen die verschiedenen Möglichkeiten aus, Malerei zu präsentieren? Was ist der Unterschied zwischen einer Galerie und einem Museum? Hängen die Bilder einzeln mit viel freier Fläche drum herum oder in Gruppen zusammengefasst? Warum hat der Kurator das so gemacht? Wie sähe die entsprechende Entscheidung im Theater aus? Warum haben so viele Galerien weiße Wände und lassen den Kunstwerken viel Platz? Was steht auf den Informationstäfelchen zu den Bildern? Welche Entsprechung gibt es im Theater? Was sollte das Publikum als Hintergrund oder Kontext wissen? Auf welchen Pfaden leiten und begleiten Kuratoren den Betrachter auf der Reise durch die Ausstellung? Wie betritt und wie verlässt man die Ausstellung? Wie ist die Beleuchtung? Was kannst du von diesen Beispielen lernen und nutzen?

ARCHITEKTUR

Wende die folgenden *Fragen* auf jeden dieser Gesichtspunkte an: 1. den Theaterraum (Amphitheater, Halle, Freilichtbühne oder ein geschlossener Raum, Proszeniums- oder Arena- bzw. Halbarenabühne usw.); 2. die Beziehung zwischen Spielfläche und Zuschauerraum; 3. das Stück selbst; 4. das Bühnenbild und die Aufbauten für das Stück.

Grösse: Wie groß oder klein ist die *Struktur*? Wie viel Volumen hat sie? Wie unterschiedlich wirkt sich die Größe von verschiedenen Gebäuden oder Räumen auf Menschen aus? Wie kannst du das im Theater nutzen?

Bauliches Material: Wie viel der vorhandenen Fläche ist verbaut (Wände, Aufbauten, etc.)? Und, im Gegensatz dazu,: Wie viel *negative space*, leerer Raum, ist vorhanden? Welche Entsprechungen gibt es für Türen und Fenster auf der Bühne, die uns ermöglichen, auf- oder abzutreten, hinauszuschauen, Licht hereinzulassen?

Form: Welche Form hat die Architektur? Ist sie eckig oder rund? Sind es harmonische oder disharmonische Formen?

Materialien: Welche unterschiedlichen Materialien benutzen Architekten? Welche funktionalen Eigenschaften haben diese Materialien und was können sie ausdrücken? Wird der Stück-Kosmos dominiert von Holz, Metall, Glas, Beton?

Licht: Wie berücksichtigen Architekten Beleuchtung und Lichteinfall, wenn sie ihre Gebäude entwerfen? Was kannst du daraus lernen?

Flow: Wie ermöglichen unterschiedliche Gebäude einen fließenden Übergang von einem Bereich zum anderen? Wie funktioniert das in Stücken? Wie bewegst du dich innerhalb der Architektur? Gehen kleine Räume in größere über, so dass so etwas wie Expansion und Kontraktion entsteht? Gibt es Flure, die den Übergang ankündigen, oder findet man sich ganz plötzlich in einem neuen Raum wieder? Wie funktioniert das für die Figuren im Stück? Wie funktioniert das für die Zuschauer im Laufe des Abends? Ist es ein Mäandern? Erlaubt der Abend den Beteiligten, eine Wahl zu treffen, oder gibt er exakt vor, wo sie hinzugehen haben? Haben auch feste Gegenstände einen *Flow*?

Spannung und Verdichtung: Wird die Struktur des Stücks eher durch Druck- oder durch Zugkräfte zusammengehalten?

Rhythmus: Welche Rolle spielt Rhythmus in der Architektur? Wie kannst du das auf deine Arbeit übertragen?

FILM

Point of View: Auf welche unterschiedlichen Arten nutzt der Film das Auge der Kamera? Wie funktioniert das auf der Bühne? Wie kann dort das Publikum durch ein Objektiv sehen? Verwendest du eine einzige Sichtweise?

Wie kann man etwas ganz aus der subjektiven Sicht einer Figur inszenieren? Zeigt man, wie sie etwas sieht, was sie fühlt oder wie sie sich erinnert?

Einstellungen: Was bedeutet und wie inszeniert man auf der Bühne einen Establishing Shot, eine Kamerafahrt, einen Schwenk, ein Close-up, eine Halbtotale, eine Totale?

Wie kann man im Theater etwas aus extremer Distanz zeigen? Aus der Vogelperspektive?

Hinweis: Der Split Screen[23] ist eine der wenigen Techniken, die der Film vom Theater übernommen hat und nicht umgekehrt. Theater erzeugt naturgemäß multiple und simultane Bilder und überlässt die Wahl des Fokus dem Zuschauer, während es kennzeichnend für den Film ist, in jeder Einstellung und zu jedem Zeitpunkt den Blickwinkel vorzugeben.

Schnitt: Wie wird Film geschnitten und wie »schneidet« man eine Aufführung? Wie gelangt man von einer Szene in die nächste? Kannst du Jump-Cuts oder Überblendungen einsetzen? Kannst du Elemente oder Szenen übereinanderlegen? Sind die szenischen Einheiten kurz oder lang?

Tonspur: Was hörst du, wenn du den Soundtrack zu einem Film anhörst? Wie werden Filme mit Musik unterlegt und warum? Was ist Tonatmosphäre? Gibt es so etwas wie akustische Close-ups? Sind Musik und Geräusche *innerhalb* oder *außerhalb* der erzählten Welt, d. h., können sie von den Figuren gehört werden, oder nur vom Publikum? Welche Momente erfordern Musik? Wann ist Musik hinderlich oder manipulativ? Was ist ein Voice-Over, und wie könnte man es im Theater einsetzen?

Titel und Untertitel: Gib es eine Titelsequenz? Wird sie zu Beginn (Vorspann) oder am Ende eines Films (Nachspann) eingesetzt? Was bewirkt sie? Wann und wie kann ein Vorspann nützlich sein, und gibt es eine Entsprechung im Theater, die denselben Zweck erfüllt? Könnte man Untertitel (oder Titelkarten, wie sie im Stummfilm verwendet werden) auch auf der Bühne verwenden?

Genre: Welche Eigenschaften und Elemente gehören zu den unterschiedlichen Genres? Was macht ein Genre aus? Willst du deine Arbeit im Sinne eines bestimmtes Genres gestalten, oder willst du es kommentieren oder dich dagegen auflehnen? Von welchem Filmgenre können wir etwas lernen und auf der Bühne anwenden: Italo-Western, Film noir, Dokumentarfilm usw.?

---

23 Eine Technik, die das Bild in mehrere Bereiche aufteilt, um mehrere Handlungen oder Bilder gleichzeitig zu zeigen. (Anm. d. Red.)

TANZ

Abstraktion: Wie entsteht aus Form Inhalt? Wie werden im Tanz Geschichten ausgestaltet und Figuren geschaffen? Wie gehen Choreographen mit Zeit um?

Formen: Wie sehen unterschiedliche Tänze aus – Polka, Pas de deux, Tango –, und zieht jeder Tanz einen anderen Gebrauch von *Shape*, *Tempo*, Intention nach sich? Wie kann man Tanz nutzen, um eine Szene zu erarbeiten? Wie könnten zwei Darsteller, auch in einem naturalistischen Stück, ihr Spiel in ein Menuett, einen Lindy Hop oder einen Slamdance übersetzen?

Akkumulation: Wie wirkt sich die Wiederholung des thematischen Materials auf den gesamten Tanz aus?

LYRIK

Reim: Ist ein Gedicht gereimt oder *un*gereimt? Wie ließe sich das auf ein Theaterstück übertragen?

Rhythmus: Was ist das Versmaß oder Metrum? Wie wird es skandiert?

Form: Kann man die formale Struktur eines Sonetts, Vierzeilers oder Limericks verwenden, um ein Theaterstück zu strukturieren? Wie sieht ein Haiku auf der Bühne aus? Kann eine einzelne Zeile eine ganze Szene sein?

Stilmittel: Welche literarischen Stilmittel finden wir in der Lyrik, und wie können wir sie in theatrale Elemente umwandeln? Was wäre eine *Anspielung*, eine *Metapher*, ein *Gleichnis*?

LITERATUR UND DRAMATIK

Inspiration: Was macht einen großen Roman aus? Was macht ein großes Stück aus? Welche Muster kannst du in deinen künstlerischen Vorlieben erkennen? Was zieht dich an, was bewegt dich, und was bleibt in deiner Erinnerung? Warum? Wie lässt sich das aufs Theater übertragen?

Motivation: Gibt es eine Intention, eine Figur, die dringend etwas braucht, etwas will? Gibt es Handlung bzw. Aktion? Gibt es Widerstände? Gibt es einen Konflikt?

Figuren: Was *ist* eine Figur? Verändert sich eine Person oder nicht? Wie stark muss die Geschichte einer Figur durchscheinen, damit sie dich fesselt?

Sprache: Sprichst du auf einfache oder auf komplexe Sprache an? Sprichst du auf Wörter an, die du kennst und verwendest, oder auf Wörter, die dir unbekannt sind und die du nachschlagen musst? Welche Stücke verwenden viele Worte und welche nur wenige? Gibt es eine Art zu schreiben, die dich abstößt? Was ist die Entsprechung in der Theatersprache und in deiner Herangehensweise an die Produktion?

Motiv: Was *ist* ein Thema bzw. Motiv? Auf welche Art kommt es in unterschiedlichen Arbeiten direkt oder indirekt zum Ausdruck?

Genre: Welche Arten von Literatur gibt es? Untersuche Memoiren, Schlüsselroman, Kriminalroman, Enthüllungsroman, Graphic Novel, Kurzgeschichte, Epos, Melodram, Gedichtzyklus, Familienroman, Musical. Wie funktioniert die jeweilige Form? Was kannst du klauen, benutzen, abändern?

ANDERE INSPIRATIONSQUELLEN

Wir hatten eine *Composition*-Gruppe gebeten, andere künstlerische Bereiche aufzulisten, aus denen man ebenfalls Nutzen ziehen könnte. Die Liste enthielt:

Zeitungswesen: Feature, »Hard News«,[24] Leitartikel usw.

Mode: Schnitte, Lagen, Verzierungen, Stoffe usw.

Zirkus: Rolle des Zirkusdirektors, Manege und Anzahl der Manegen, Kunststücke, Gefahr, Komik,

24 Ein aus den USA stammender Begriff, unter dem man Nachrichten mit professionell recherchierten Inhalten aktueller Themen, wie Politik und Wirtschaft, versteht. (Anm. d. Red.)

Oper: Arie, Solo/Duett/Trio/Quartett, Chor, Leitmotiv usw.

Multimedia: Computer, Videos, elektronische Spiele und CD-ROMs, Hyperlinks, Navigationsfenster, Collagen mittels Kopieren und Einfügen, (Bildschirm-)Fenster, Überlegungen zur interaktiven Beteiligung usw.

Eigentlich alles – von Skulptur, über Comic, Zauberei, Fotographie, Kalligraphie bis hin zum Kochen …

Kapitel 17

VIEWPOINTS AN ÜBERRASCHENDEN ORTEN

Viewpoints begegnen uns überall im Leben: in der Art und Weise, wie Menschen sich bewegen, im Herden- und Schwarmverhalten von Tieren, im Verkehr auf der Autobahn. Häufig sind Anfänger, die gerade die Namen der einzelnen *Viewpoints* kennenlernen, geradezu besessen davon, sie *überall* zu entdecken: »Hast du gesehen, wie die Leute da drüben *kinästhetisch* aufeinander reagieren?!« Natürlich ist das Leben so und war schon immer so. Aber das Benennen der *Viewpoints* erlaubt uns, die Realität in etwas Erkennbares und für die Bühne Wiederholbares zu entschlüsseln.

In diesem Kapitel behandeln wir einige Bereiche, in denen die *Viewpoints* unerwarteterweise auftauchen und erkennbar werden, im Theater und im täglichen Leben, angefangen mit dem Schreiben von Stücken bis hin zu breiteren kulturellen Phänomenen wie zum Beispiel ein Baseballspiel und der Fernsehsender Animal Planet.

VIEWPOINTS UND STÜCKE SCHREIBEN

Beim *Schreiben* eines Textes können *Viewpoints* und *Composition* zum Entwickeln von Material vom Autor verwendet werden:

- durch wortwörtliches Übertragen
- durch Auswahl, einige Elemente werden genutzt und andere nicht
- durch Umformulieren und Ausgestalten
- als Ausgangspunkt und Inspiration.

Beim *Lesen* eines Textes können wir viele Beispiele dafür finden, wie wesentliche Elemente, die wir in den vorherigen Kapiteln besprochen haben, eingesetzt wurden. Wenden wir uns zum Beispiel drei der einzelnen *Viewpoints* zu:

1. **Tempo**: Wie schnell bewegt sich ein Stück voran? Wie unterscheidet sich das Tempo von *Die Frau vom Meer* von Henrik Ibsen vom Tempo von *Hanglage Meerblick* von David Mamet? Wie lassen sich mit *Tempo* Figuren darstellen und unterscheiden? Nenne einige Figuren, die langsam denken oder sprechen, und andere, die das schnell tun. Stell dir vor, eine langsame Figur mit hohem Tempo zu spielen. Stell dir eine Figur vor, deren inneres und äußeres Tempo sich widersprechen (z. B. begreift sie Dinge sehr langsam, flitzt aber pfeilschnell durch die Gegend).
2. **Duration**: Wie lange dauern Vorgänge in einem bestimmten Stück? Sind die Szenen kurz oder lang? Sind sie alle gleich lang, oder sind sie verschieden lang (gibt es z. B. zwei kurze Szenen, gefolgt von einer langen, gefolgt von zehn kurzen Schlaglichtern)? Sind die Ereignisse in den einzelnen Szenen kurz oder lang? Wird die Handlung in die Länge gezogen oder gestrafft? Wie geht der Dramatiker mit Regieanweisungen um, und wie genau gestaltet er ein Ereignis mittels Pause, Rhythmus, Stille, langes Schweigen usw.? Braucht eine Figur eine ganze Seite oder einen einzigen Satz, um ihre Geschichte zu erzählen? Ist das Stück von epischer Länge oder ein straffer Einakter? Warum? Was drücken deine Entscheidungen bezüglich *Duration* aus? Durch die getroffenen Entscheidungen erhält man Informationen, werden Figuren offengelegt, wird die Geschichte aufgebaut und ihr Bedeutung gegeben.
3. **Repetition**: Ein Dramatiker verwendet Repetition in der Sprache, in Ereignissen, bei Figuren, in der Bildsprache und in der Struktur. Hier sind einige der einfachsten Erscheinungsformen:
   - Jedes Mal, wenn eine Figur sagt: »Liebst du mich? Liebst du mich wirklich?«, verwendet der Autor *Repetition*. (Sprache)
   - Jedes Mal, wenn eine Figur dieselbe Aufgabe in Angriff nimmt, verwendet der Autor *Repetition*. (Ereignis/Vorgang)

- Jedes Mal, wenn eine Figur erneut auftritt oder wenn zwei Figuren dasselbe tun oder sagen, verwendet der Autor *Repetition*. (Figur)
- Jedes Mal, wenn derselbe bedeutungsvolle Gegenstand oder dasselbe Symbol auf der Bühne erscheint, verwendet der Autor *Repetition*. (Bildsprache)
- Jedes Mal, wenn das Stück zu einem Schauplatz zurückkehrt, verwendet der Autor *Repetition*. (Struktur)

Zusätzlich kann in einem Text *internal Repetition* verwendet werden (eine Figur wiederholt sich selbst in ihrer Sprache oder ihren Handlungen) oder *external Repetition* (eine Figur, ein Text, ein Vorgang wiederholen sich im Laufe des gesamten Stücks).

Composition ist der Akt des Schreibens in Zeit und Raum, ausgeführt von einer Gruppe, in der Sprache des Theaters. Jeder Regisseur, jeder Schauspieler, jeder Bühnenbildner ist in dem Sinne Schriftsteller, dass wir alle – *immer* – Bedeutung schaffen.

Obgleich Dramatiker in erster Linie durch das gesprochene Wort Bedeutung herstellen, könnten sie, wenn sie den Kosmos von *Viewpoints* betreten, auch neue Möglichkeiten für das Niederschreiben von Bildern, Eindrücken, Klängen und Bewegungen erträumen.

VIEWPOINTS UND REGIE FÜHREN

Viewpoints ist ein nützliches Werkzeug, das der Regisseur im Probenprozess mit seinem Ensemble zur Hand nehmen kann; es ist aber auch eine konkrete Trainingsmethode für seine eigene tägliche Praxis. Ein Regisseur kann *Viewpoints* lehren, er kann mit *Viewpoints* inszenieren, und er kann *Viewpoints* in der Art und Weise ausüben, wie er mit anderen spricht und zusammenarbeitet.

Viewpoints mit deinem Ensemble

Du solltest bei deiner Entscheidung, wie du *Viewpoints* in der Arbeit mit den Schauspielern nutzen möchtest, Folgendes in Erwägung ziehen:

1. Will ich *Viewpoints* zum Aufbau eines Ensembles nutzen?
2. Will ich *Viewpoints* als Warm-up und Training nutzen?
3. Will ich *Viewpoints* nutzen, um Material zu entwickeln und auszuwählen?
4. Will ich *Viewpoints* zum Inszenieren der Szenen nutzen?

Viewpoints für deine Inszenierung

Bei deiner Entscheidung, auf welche Weise du *Viewpoints* für deine Inszenierung nutzen möchtest, solltest du Folgendes beachten:

1. Welche der einzelnen *Viewpoints* sind schon im Stoff präsent? Welche davon besonders deutlich? Kannst du dir das Gleiche auch für die Inszenierung vorstellen? Wie offensichtlich soll der Gebrauch von *Viewpoints* in der Arbeit sein und warum?

   Wie wirst du beispielsweise Architektur nutzen? Um dir die Möglichkeiten der Architektur zu erschließen, ziehe alles (von Grund auf) in Erwägung, als würdest du zum ersten Mal über dieses Thema nachdenken: Wo findet Theater statt? Wo *kann* Theater stattfinden? Gehört mein Stück in einen traditionellen Theaterraum oder nicht? Betrachte den Raum genau und überlege dir, wie stark du aktiv mit ihm *umgehen* willst. Bedenke alle Möglichkeiten, wie das *Publikum* den Raum betreten wird, wie und wo es sitzen oder stehen wird und in welchem Verhältnis es zum Spielort oder den unterschiedlichen Spielorten stehen wird. Setze nichts als selbstverständlich voraus. Beachte Folgendes beim Gebrauch von Architektur:

   - **Topography**: Gibt es auf deiner Spielfläche ein Gebiet, eine sichtbare oder unsichtbare Landschaft, mit festgelegten Bereichen, Formen, Hügeln, Tälern usw.? Zusätzlich musst du sowohl für die gesamte Aufführung wie für jede einzelne Szene Entscheidungen über die Größe und Form der Spielfläche treffen. Anstatt anzunehmen, dass jede Szene in einem allgemeinen Bereich stattfindet, irgendwo in der Mitte, der mehr oder weniger groß genug ist für das, was darin passieren soll, solltest du dich fragen, ob eine Szene nur *einen einzigen Ort* braucht oder *ein Raster* oder *eine enge, winzige Fläche* im hintersten Bereich der Bühne oder *ein Meer von Licht* rechts an der Rampe. Indem du Szene für Szene die Topographie festlegst, kann sich auch nach und nach eine Bedeutung über die gesamte Dauer des Stücks entfalten. Und so wird sich auch im Laufe des Abends die gesamte Topographie der Aufführung dem Publikum offenbaren.

- **Tempo, Duration, Kinesthetic Response, Repetition, Shape, Gesture** und **Spatial Relationship**: Wie kannst du diese *Viewpoints* in der Arbeit sichtbar machen? Betrachte jeden *Viewpoint* in Bezug auf das Stück selbst. Betrachte jeden *Viewpoint* in Bezug auf die Figuren im Stück.

2. *Viewpoints* ist auch entscheidend, wenn man den Fluss, den Bewegungsverlauf einer Aufführung festlegt, d. h., Übergänge, Umbauten, Lichtgestaltung, Toneinsätze. *Tempo*, *Duration*, *Kinesthetic Response* und *Repetition* haben alle mit deinem Gefühl für Timing zu tun. (Siehe »*Viewpoints* und Ausstattung«.)

Viewpoints in deinem täglichen Leben

Viewpoints zu unterrichten und mit deinem Ensemble zu praktizieren hilft dir, die einzelnen *Viewpoints um dich herum* zu erkennen und zu benennen. Wenn du deine Erkenntnisse mitteilst, sie mit anderen *teilst*, *übst* du auch für dich selbst. Praktiziere selbst, was du predigst. Wenn du sagst, dass es wichtig ist, offen zu sein, dann sei offen. Wenn du sagst, dass sich niemand unter Druck setzen soll, ständig etwas erfinden zu müssen, dann zwinge dich selbst auch nicht dazu. Wenn du sagst, dass es wichtig ist, das anzunehmen, was man angeboten bekommt, anstatt nur das, was man sich wünscht, dann nimm selbst, was dir angeboten wird.

Arbeite jeden Tag von Neuem daran, die Philosophie von *Viewpoints* vorzuleben:

- Höre zu
- Sei aufmerksam
- Sei offen
- Verändere dich
- Reagiere auf Angebote
- Überrasche dich selbst
- Nutze Zufälle
- Arbeite ohne Furcht, mit Hingabe und offenem Herzen!

VIEWPOINTS UND AUSSTATTUNG

Auch Bühnen- und Kostümbildner arbeiten mit *Viewpoints*, ganz gleich, ob sie sich dessen bewusst sind oder das entsprechende Vokabular benutzen. Ausstatter können die Prinzipien von *Viewpoints* allein im Atelier beim Träumen und Entwerfen und genauso in der Probe verwenden, wo man durch *Viewpoints* die Entwürfe und Ideen mit den Schauspielern und den täglichen Entdeckungen in Einklang bringen kann.

Ein Ausstatter wird sich, wenn er die Grundlagen von *Viewpoints* auf seine Arbeit anwendet, selbstverständlich mit *Architecture* (Material, Farbe, Oberfläche, Volumen usw.), *Topography*, *Shape* auseinandersetzen. *Viewpoints* beschränkt sich in der Anwendung jedoch nicht nur auf diese Grundlagen. Es erschließt eine Welt, in der nichts festgelegt ist und alles möglich ist. Wie gestaltet man eine Bühne, die diese Wandlungsfähigkeit ermöglicht (anstatt sie einzuschränken)? Ein Raum, der von *Viewpoints* inspiriert ist, verändert sich ständig, verwandelt sich, steht in Wechselwirkung mit dem, was in ihm geschieht. So ist es oft sinnvoller, den Raum als einen *Schauplatz* zu betrachten und nicht als *Kulisse*. Einen Raum zu entwerfen, der nicht wandelbar ist und nicht mit den Schauspielern interagieren kann, ist ein Gräuel für *Viewpoints*.

Stell dir die Frage: Was *ist* der Raum, der Schauplatz? Ist es eine Traumlandschaft, die Einbildung von jemandem, eine Erinnerung, eine Ruine, ein Tempel? Durch solche Entscheidungen findest du nicht nur heraus, wie der Raum aussieht und wie er sich anfühlt, sondern auch, wie er funktioniert und sich handhaben lässt, seine Gesetzmäßigkeiten Bewegung, Umbauten und Übergänge betreffend. Bei der Lichtgestaltung wird es schon anhand eines Lichtplans offensichtlich, dass dort *Topography, Spatial Relationship* und *Repetition* zur Anwendung kommen. Ebenso offensichtlich ist es bei Kostümentwürfen, wo *Farbe* und *Textur* (Architektur der Kleidung), *Shape* und *Repetition* usw. Verwendung finden.

Aber was kann man *Neues* von *Viewpoints* für die Arbeit als Bühnen- und Kostümbildner lernen? *Viewpoints* ist auch eine Einladung an den Ausstatter, auf der Probe *dabei* zu sein und dort mit *allen* zu arbeiten, anstatt *allein*. Auch für ihn muss der Probenprozess geöffnet werden. Eines der wichtigsten Prinzipien von *Viewpoints* lautet: »Benutze, was da ist«; so oft entdeckt ein Ensemble erstaunliche Momente mit einer Tür, einem Stuhl, einer Sackkarre – warum sollte das nicht in die Aufführung übertragbar sein? In der Regel binden wir uns durch eine unbewusste Vereinbarung zwischen Regisseur/Schauspieler/Ausstatter an das, was vorgegeben ist (Bühnenbild/Kostüme), und sind nicht wirklich offen für das, was akut geschieht (Probe). Holt die Ausstatter auf die Probe!

Genauso sollten die Schauspieler so früh wie möglich im und mit dem kompletten Bühnenbild arbeiten. Der einzige Weg, ein Theater zu schaffen, in dem Kostüm und Bühnenbild als Partner funktionieren, in dem sie wirklich benutzt und bewohnt werden und etwas ausdrücken können, ist, beides so früh wie möglich in die Probe einzubeziehen. Sollten die Umstände das absolut nicht zulassen, dann nimm dir, wenn du auf die Bühne gehst, Zeit, um mit *Viewpoints* und den Schauspielern den Raum zu erforschen. Erkundet die Architektur. Entdeckt die Akustik. Andernfalls werdet ihr euch ein weiteres Mal in einer Produktion wiederfinden, deren Bühnenbild jederzeit gegen ein anderes ausgetauscht werden könnte, ohne dass es besonders auffallen würde. Nehmt das Bühnenbild nicht nur als Hintergrund, als Dekoration, sondern als Raum, als Spielplatz, er ist *Kontext,* in dem etwas stattfindet und der *hilft*, dass etwas *stattfinden kann.*

Wenn ihr den oder die Ausstatter selbst für kurze Zeit auf der Probe dabeihaben könnt, dann nutzt die Zeit für *Open Viewpoints* mit einem zum Stück passenden Thema. Entwickelt *Compositions*, die er/sie sich anschauen und mit der Gruppe diskutieren kann. Bitte das Ensemble um eine *Composition* darüber, wie Licht in eurem Stück-Kosmos funktioniert. Was sind die Lichtquellen? Werden alle Figuren gleich beleuchtet? Agieren manche Figuren eher im Schatten als im Licht? Wird das Licht selbst zu einer Figur im Stück? Jedes Ensemblemitglied soll ein Kleidungsstück mitbringen, das etwas über seine Figur aussagt, und jeder soll eine Porträt-*Composition* erstellen, in der gezeigt wird, wie dieses Kleidungsstück benutzt wird, warum er es mag, wo er es gefunden hat usw. Und stelle vor allem klar, dass die Ausstatter diese Arbeit nicht als Diktat verstehen sollten, sondern als Anregung. Wenn der Ausstatter die Probe auch nur mit einer einzigen neuen Anregung verlässt, habt ihr die Zeit schon sinnvoll genutzt.

Bei der technischen Einrichtung einer Inszenierung spielen die *Viewpoints of Time* bei jeder Entscheidung über Ton- und Lichteinsätze, Umbauten und Übergänge eine Rolle. Dabei müssen wir unser Augenmerk nicht nur auf *Tempo* und *Duration* (in welcher Geschwindigkeit findet ein Umbau, Übergang, Lichtwechsel etc. statt? Wie lange muss er dauern?) richten, sondern wir müssen auch erkennen, dass die wirkungsvollsten Entscheidungen darüber, ob ein Übergang effektiv ist, mit *Kinesthetic Response* zusammenhängen. Wenn man festlegt, wie das Licht langsam rausgezogen wird, dann schlagartig, im selben Moment, in dem die Musik einsetzt, ganz ausgeht, die Musik dann exakt bis zum Ende des Umbaus andauert und dann das Licht schlagartig wieder hochgezogen wird, dann geht man im Wesentlichen mit *Kinesthetic Response* zwischen Bewegung, Licht und Ton um.

Licht und Ton stehen nicht nur untereinander in kinästhetischer Beziehung, sondern treten auch in Wechselwirkung mit anderen Bewegungen auf der Bühne. Eine Theateraufführung ist in Bewegung, aber auch Gesten und Text eines Schauspielers bewegen sich: Momente, in denen das Licht auf eine Geste oder das Stichwort eines Schauspielers reagiert – oder umgekehrt, wenn ein Schauspieler auf ein Flackern des Lichts oder seine unerträgliche Helligkeit reagiert. In der Aufführung findet *Viewpoints* nicht nur zwischen Schauspielern statt, sondern auch zwischen Schauspieler, Licht und Ton. Jeder, vom Schauspieler über den Inspizienten bis zum Bühnentechniker, ist in ein großes gemeinsames Spiel mit *Viewpoints* verwickelt.

Und schließlich müssen wir auch akzeptieren, dass das Publikum nicht nur Teil dieses Spiels ist, sondern dass der Zuschauer unser *wichtigster* Spielpartner ist.

VIEWPOINTS ÜBERALL: BEIM SPORT, BEIM KELLNERN UND IM TIERREICH

Am 17. Juni 2000 erschien in der *New York Times* ein Artikel über Chuck Knoblauch, einen Baseballspieler der New York Yankees. Der Artikel von Erica Goode begann so: »Man sollte meinen, ein frustrierter Second Baseman der Yankees und ein russischer Romancier des 19. Jahrhunderts haben wenig gemein.

Aber in mancher Hinsicht sitzt Chuck Knoblauch in derselben Klemme wie der kleine Bub Leo Tolstoi, als sein Bruder ihn zwang, so lange in einer Ecke zu stehen, bis er es schaffte, nicht mehr an weiße Bären zu denken. Tolstoi, so erzählt es die Legende, stand lange in der Ecke, während Legionen weißer Bären vor seinem geistigen Auge vorbeimarschierten. Tolstois Begegnung mit Zwangsvorstellungen war trivial, aber für Knoblauch, der am Donnerstagabend frustriert das Spielfeld verließ, nachdem ihm drei Mal hintereinander die einfachsten Würfe zur Ersten Base misslungen waren, steht wesentlich mehr auf dem Spiel …«

Knoblauchs Problem, wie Sportpsychologen vermuten, war, dass eine Aktion, die er Tausende von Malen instinktiv durchgeführt hatte, plötzlich zu einer bewussten Handlung wurde.

Und in einem ähnlichen Artikel schrieb James C. McKinley:

»(Ein eingefleischter Yankeefan) sagte: ›Man kann sehen, dass er zu viel nachdenkt. Er *reagiert* nicht.‹ … Andere sagten, dass es einfach und gleichzeitig kompliziert sei, Abhilfe zu schaffen. Knoblauch müsse seinen Kopf leer machen und einfach spielen. Wie Yogi Berra einmal als Rookie sagte: ›Ich kann nicht gleichzeitig denken und schlagen.‹«

Egal, ob im Sport, im Zen-Buddhismus oder im *Zauberer von Oz* – immer wieder hört man denselben Refrain:

»Denken stinkt«,[25] besagt der Baseballleitsatz.
»---------«, sagt der Zenmeister.
»Achtet nicht auf den Mann hinter dem Vorhang«, sagt der Zauberer.

Als Knoblauch später die unwillkürlichen Gedanken, die ihn am Werfen hinderten, beschrieb, hätte er ebenso gut von *Viewpoints* wie von Baseball sprechen können. Er sagte:

»Das Ziel ist, spontan zu reagieren.«

Es gibt im Sport den Ausdruck *»in the Zone«,* der eine hilfreiche Entsprechung für den Zustand von Offenheit und *Flow* ist, den man im *Viewpoints*-Training zu erreichen erhofft. Der legendäre Baseball-Schlagmann Ted Williams sagte, dass er in diesem Zustand manchmal die Naht auf dem heranfliegenden Ball sehen konnte. Die Turnerin Carol Johnston stellte fest, dass ihr an einigen Tagen der Schwebebalken breiter zu sein schien, so dass »jede Angst abzustürzen verschwand«.

Die weitere Erforschung des Phänomens *»in the Zone«* deutet darauf hin, dass es mit folgenden Merkmalen in Zusammenhang steht:

- Entspannung: Keine Extreme. Etwas erreichen, ohne es bewusst anzustreben. Innere Ruhe; der Körper in Bereitschaft, satt und strotzend; körperlicher und geistiger Friede. Kraft, Mühelosigkeit, Handlungsbereitschaft, Furchtlosigkeit.
- Vertrauen: Glaube an dich selbst, an die Mannschaftskameraden,

---

25 Im Original lautet das Zitat: »Thinking is stinking«. (Anm. d. Red.)

an die Integrität des Sports. Vertrauen in die harte Arbeit im Training. Stolz auf die jahrhundertealte Tradition des Wettkampfs. Siegesgewiss, lange bevor die Begeisterung des Publikums durchs Stadion brandet.

- **Konzentration:** Völlige Vertiefung, total, absolut, vorbehaltlos. Die Vergangenheit existiert nicht, die Zukunft kennt kein Versagen. Die Aufgabe, die Notwendigkeit, das Jetzt ist alles, was du kennst.
- **Mühelosigkeit:** Die Bewegungen sind wie Ebbe und Flut, streben nach etwas, das keine menschliche Unzulänglichkeit kennt, geschmeidig und unaufhaltsam, jenseits von Schwerkraft, Erschöpfung und Scheitern. Anmutig, unbeschwert, angeschlossen und leicht.
- **Selbstbeherrschung:** Innere Harmonie, Gedanken, Gefühle, äußeres und inneres Empfindungsvermögen, Herz und Muskeln und Geist verschmelzen miteinander im Automatismus, den hingebungsvolles Tun mit sich bringt. Kein Hadern, kein Zögern; keine Unstimmigkeit zwischen Entscheidung und Handeln; Instinkt wird ersetzt durch etwas Höheres und zugleich Fundamentaleres als Vernunft; eine Kraft, die den Menschen auf eine Ebene hebt, die weit entfernt ist von alltäglicher Unbeholfenheit, wo jede Bewegung zu Poesie wird.
- **Freude:** Pures und unschuldiges Vergnügen. Kindliche Freude im Rausch der eigenen Leistung. Erfüllung nach harter Arbeit. Sogar der Schmerz der Erschöpfung vergrößert noch das Glück des Erreichten, und die Liebe zum Spiel vergrößert sich durch alles, was war, und alles, was sein wird.

Die Parallelen zwischen dieser Sportphilosophie und der Philosophie von *Viewpoints* erstaunen zunächst, doch einmal erkannt, ist die Verwandtschaft ganz offensichtlich. Sowohl der Sport als auch *Viewpoints* haben etwas mit *Spiel* zu tun, der Art von Spiel, in das sich kleine Kinder versenken: auf spontane Weise auf etwas reagieren, unbefangen, urteilsfrei und ohne zu zögern. Im Sport wie in so vielen anderen Dingen des Lebens können wir noch einmal die Lehren von *Viewpoints* in der Praxis erleben. Wir lernen immer mehr über die zeitlose Kunst, nehmen zu können, was da ist (einen Ball, eine Puppe oder eine plötzliche Bewegung auf der Bühne), und etwas Wunderbares daraus zu machen.

Es gibt so viele Möglichkeiten, diesen Zustand, dieses Handeln zu beschreiben, wie es Kulturen und Handlungsweisen gibt. Sigmund Freud prägte den Begriff »Ozeanisches Gefühl«; es gibt die »*Flow*-Theorie« in Mihály Csíkszentmihályis *Flow: Das Geheimnis des Glücks*; die »Peak-Experiences« erklärte Abraham H. Maslow in seinem Buch *Religions, Values, and Peak-Experiences*; und die Essayistin Diane Ackerman beschrieb mit dem bei dem Philosophen des 18. Jahrhundert Jeremy Bentham entlehnten Begriff »Deep Play« das »Aus-sich-Heraustreten in ekstatisch entfesselten Momenten«.

Wir fragten einmal eine Gruppe von Studenten, wo sie sonst im Leben *Viewpoints* wiedererkannten. Die Antworten sprudelten aus ihnen heraus. Eine junge Frau sprach über ihren Job als Kellnerin und wie ihr plötzlich bewusst wurde, dass sie und ihre Kollegen ständig mit *Viewpoints* zu tun hatten: »Es ist ein Tanz«, sagte sie, »einer steht an der Kasse, während ein anderer sich bückt, um eine Ketchupflasche aus dem Regal zu nehmen. Und ohne uns jemals anzusehen, wissen wir genau, wo der andere ist und was er tut. Würden wir dieses Bewusstsein verlieren, gäbe es ständig Unfälle – man würde Teller fallen lassen, Getränke verschütten.« Dann beschrieb sie die Schwierigkeiten, ein volles Tablett mit Getränken an einem belebten Abend durch die Menschenmenge in der Kneipe zu manövrieren: »Das schaffe ich nur mit *Soft Focus* – ich habe das schon immer so gemacht, ich hatte nur keinen Namen dafür.«

Ein anderer Student erzählte von seinem neuen Lieblingssender: Animal Planet. Seit er mit dem *Viewpoints*-Training begonnen hatte, ging er jeden Abend nach Hause, um im Fernsehen gebannt »Flamingos und Nashörner und Käfer bei *Viewpoints*« zu beobachten.

Beobachte, wie sich eine Tierherde bewegt, wie ein Fischschwarm wie ein einziger zusammenhängender Organismus die Richtung wechselt. Beobachte Menschen, die auf den Bus oder Zug warten: Wenn eine Person sich vorbeugt, um nach dem ankommenden Fahrzeug Ausschau zu halten, werden andere sofort das Gleiche tun. Beobachte Menschen in der U-Bahn oder im Kino: Wenn nur einer sein Gewicht verlagert oder die Position verändert, löst das eine sanfte Wellenbewegung aus, die einen nach dem anderen erfasst.

Letztlich könnte die wichtigste Lehre aus *Viewpoints* die der Demut sein. Wir haben kein System erfunden, das die Welt spiegelt. Es ist vielmehr die Natur selbst, die diese zeitlosen und gleichbleibenden Verhaltensmuster bereithält. Unser Bemühen ist es, diese Muster zu benennen und auf unsere Kunst anzuwenden.

Anne Bogart

DIE ARBEIT MIT DER SITI COMPANY

1992 gründete ich mithilfe des japanischen Regisseurs Tadashi Suzuki die SITI Company, die schnell zum Kern meines kreativen Daseins wurde. Schon früh im Leben von SITI wurde klar, dass das Training die grundlegende Übereinkunft des Ensembles darstellte: den Klebstoff, der uns nicht aufhören ließ, *Fragen* zu stellen und uns zu entwickeln. *Viewpoints* und Suzukis *Method of Actor Training* sind das Fundament unseres körperlichen und stimmlichen Trainings. *Composition* bildet unsere Herangehensweise für die Proben, ganz gleich, ob wir eigene Arbeiten entwickeln oder klassische oder neue Stücke, Tanztheater oder Oper inszenieren. Dieses kontinuierliche Trainieren und Erforschen formte SITI zu einer leistungsfähigen und produktiven Gruppe von Künstlern.

Angesiedelt in New York City, umfasst die SITI Company einundzwanzig willensstarke Menschen: zehn Schauspieler, vier Bühnen- und Kostümbildner, einen Autor und ein Produktionsteam. Die Kompanie hat eine dreifache Aufgabe: 1. neue Aufführungen zu kreieren, zu spielen und mit ihnen auf Tournee zu gehen; 2. kontinuierliches Training für junge Theaterkünstler anzubieten; und 3. Möglichkeiten des kulturellen Austauschs mit Theaterschaffenden und Publikum in der ganzen Welt zu pflegen.

Jedes Jahr ist die Kompanie längere Zeit mit den Aufführungen auf Tournee. Auch verbringen wir viele Stunden mit dem Leiten von Workshops und Trainingsprogrammen überall in der Welt. Und wir verbringen eine Menge Zeit mit Proben. Aber wir finden *immer* Zeit, um gemeinsam zu trainieren.

Wir beginnen jede Probe mit einem ungefähr vierzigminütigen Training: zwanzig Minuten Suzuki-Training (siehe Bibliographie) und dann eine fünfzehnminütige *Viewpoints*-Session mit Musik, gefolgt von einer *sehr* kurzen Kritik. Vor jeder Vorstellung – Tage mit technischen Proben ausgenommen – trainiert die Kompanie gemeinsam. Wenn wir nicht an einer bestimmten Produktion arbeiten, finden wir Wege, unsere Praxis des gemeinsamen Trainings fortzusetzen.

Alle Schauspieler der Kompanie sind auch exzellente Lehrer. Wenn sie keine Vorstellungen spielen, findet man unsere Kompaniemitglieder normalerweise beim Unterrichten. Wir bieten Trainingsprogramme in New York City, Los Angeles, Ohio, Kentucky und Irland an. Jedes Jahr im Juni schließen sich uns in Saratoga Springs, New York, 65 Theaterschaffende aus der ganzen Welt für vier außergewöhnlich intensive Trainingswochen an.

Composition ist ein weiteres Werkzeug, dass wir sowohl selbst anwenden als auch lehren. Die Zeit, die für *Composition* vorgesehen ist, ermöglicht uns, Ideen zu skizzieren und einander vorzuführen. Diese Arbeit bewahrt uns in den Proben davor, zu verkopft und akademisch zu werden. Wir glauben an das brechtische »Zeige es mir« als Vorgehensweise, um Bühnenmomente zu erschaffen. Anstatt zu viel zu reden, bestehen wir darauf, Ideen unmittelbar auf der Bühne zu entwerfen und umzusetzen.

Viewpoints und *Composition* dienen uns während heißer Proben als Kurzsprache. Ein gemeinsames Vokabular zu teilen, strafft den Arbeitsprozess: »Dein *Spatial Relationship* ist momentan schlecht, kannst du das ändern?«, oder »Ich glaube, die Szene braucht eine stärkere Beschleunigung«. Wenn wir steckengeblieben sind, *»viewpointen«* wir manchmal eine Szene, bis wir den verborgenen Schlüssel finden. Die *Compositions*, die wir entwickeln, beschwören augenblicklich eine Geschichte herauf: ein Vorrat an Materialen und Ideen, aus dem man schöpfen kann. Diese Herangehensweisen funktionieren für uns in sehr praktischer Hinsicht. Aber sie sind keine »Technik« und sie sind gewiss kein Dogma. Sie sind eine sich fortwährend weiterentwickelnde Praxis, mit der wir theatrale Ausdrucksformen erforschen und zu den Geheimnissen eines Stücks vordringen.

Als ich erstmals durch den nachhaltigen Einfluss von Aileen Passloff und Mary Overlie mit *Compositio*n und *Viewpoints* in Kontakt kam, hatte ich sofort das Gefühl, dass »etwas richtig ist in der Welt«. Damals konnte ich mein Gefühl noch nicht in Worte fassen, aber ich konnte meiner Begeisterung auf den Grund gehen, indem ich diese Ideen in der Arbeit mit anderen Menschen selbst ausprobierte. Ich tat es also. Und dieses Ausprobieren schuf stetige Erkenntnis und eine Probenatmosphäre, in der alle am kreativen Akt beteiligt waren. Diese Art des Teilens war notwendig und aufrüttelnd und weitaus besser als jede andere Arbeitsweise. Dieser Ansatz ist für mich mehr als eine Technik, mehr als ein Weg, eine Kompanie zusammenzuhalten; es ist eine Philosophie des In-der-Welt-Seins, an die ich glauben kann. Innerhalb dieser Philosophie haben wir keine Antworten; wir drücken vielmehr unseren Standpunkt aus, unsere Sichtweise auf bestimmte Dinge: *unsere Viewpoints.* In diesen Prozessen entstehen Fenster, durch die man vielleicht für kurze Zeit klarer sehen kann.

Jedes SITI-Mitglied hat zur Entwicklung von *Viewpoints* und *Composition* beigetragen. Barney O'Hanlon ist vielleicht der waghalsigste unter ihnen: als *Viewpoints*-Lehrer und als Ausübender. Bevor er sich der SITI Company anschloss, studierte er sowohl bei Mary Overlie als auch bei mir, und er ist zu einem radikalen Erneuerer geworden. Leon Ingulsrud und J. Ed Araiza sind beide sowohl Regisseure als auch Schauspieler bei SITI und haben ausgiebig und mit bemerkenswerten Ergebnissen *Composition* für ihre Arbeit genutzt. Beide halten mich auf Trab. Darren West, unser Sounddesigner, hat Musik und Sound in die *Viewpoints* gebracht, und ich muss mich mächtig ins Zeug legen, um mit ihm mitzuhalten zu können. Schauspieler und Schauspielerinnen: Ellen Lauren, Stephen Webber, Kelly Maurer, Will Bond, Akiko Aizawa, Susan Hightower, G.M. Gianino und Tom Nelis. Bühnen- und Kostümbildner: Neil Patel, James Schuette und Brian Scott. Autoren: Charles L. Mee und Jocelyn Clarke. Geschäftsführerinnen: Megan Wanlass Szalla und Elizabeth Moreau, Michelle Preston und Ellen Mezzera.[26] Dies sind die Menschen, die Erneuerung, Beweglichkeit, Freude und Wachstum befeuern. Die SITI Company sorgt dafür, dass ich aufrichtig bleibe.

Während ich mit den Mitgliedern der SITI Company von Spielzeit zu Spielzeit ziehe, bin ich den Umständen und Einflüssen zu Dank verpflichtet, die mich zu ihnen geführt haben, und ich danke der Kompanie für ihre Geduld, ihr Interesse, ihren Schweiß und ihren Humor.

26 Weitere Informationen zu den Mitgliedern der SITI Compagny siehe www.siti.org.

Tina Landau

DIE ARBEIT MIT DEM STEPPENWOLF-ENSEMBLE *oder* EIN ALTER HUND LERNT NEUE KUNSTSTÜCKE

Ich hatte eher eine vage Vorstellung von dem, was Steppenwolf war, als ein fundiertes Wissen über das Ensemble. Ich hatte nur zwei Produktionen gesehen und war in meinem Leben nur zweimal (kurz) in Chicago gewesen. Wenn ich an Steppenwolf dachte, dachte ich an Spülbecken, dreckige Wände, schreiende Menschen, die Stühle zertrümmerten, Mobiliar zerstörten, sich liebten, schwitzten, miteinander rangen und auf der Bühne grundsätzlich in höchster Erregung agierten. Das wirkte nicht völlig uninteressant auf mich. Aber ich kam aus einer anderen Welt. Wenn ich an Steppenwolf dachte, dachte ich an *Method Acting* und »Naturalismus«, Begriffe, die weniger uninteressant als furchteinflößend waren. Musik, Geschichte, Poesie – das waren Dinge, mit denen ich umgehen konnte; mit Requisiten, Wohnzimmern und naturalistischen Verhaltensweisen fühlte ich mich weit weniger sicher. Wie würde ich da reinpassen? Würde ich mich mit den Schauspielern verständigen können und umgekehrt? Würden sie mich für einen Marsmenschen halten?

Aber eine entfernte Stimme sagte mir auch: »Steppenwolf: Hingabe, Spontaneität, Kraft, Extreme, Gefahr…« Und ich hoffte, dass wir irgendwo zueinander finden würden. Und so kam es, dass im Jahr 1996 die Person, die einige von ihnen für den »New-York-Avantgarde-Regisseurinnen-Typ« hielten, ihre Koffer packte und sich auf den Weg machte, um bei Steppenwolf zu inszenieren. Beklommen und skeptisch reiste ich ab, geplagt von Bildern, die ich nur mit »Öl und Wasser« beschreiben kann.

Frank Galati, ein Ensemblemitglied von Steppenwolf, hatte meine Musical-Produktion *Floyd Collins*[27] (die ich mit Adam Guettel geschrieben hatte) bei den Playwrights Horizons in New York gesehen. Er ging zurück nach Chicago und sagte Martha Lavey, der künstlerischen Leiterin von Steppenwolf, sie solle sich die Aufführung ansehen und nach Chicago holen. Sie kam, mochte die Aufführung, und im Laufe unseres Gesprächs entschieden wir, dass es weder die richtige Zeit, noch der richtige Ort für *Floyd* wäre (Steppenwolf hatte noch nie ein ausgewachsenes Musical produziert, die Kosten waren untragbar etc.). Aber Mary lud mich ein, etwas anderes zu inszenieren, und wir einigten uns auf ein neues Stück von Chuck Mee: *Time to Burn*,[28] basierend auf Gorkis *Nachtasyl*. Es war ein Stoff, der unsere Welten zu verbinden schien: theatralisch, wie nur Chuck Mee schreiben kann, aber auch fließend und lyrisch und menschlich, mit echten Menschen in einer konkreten Zeit, an einem konkreten Ort; und vor allem war es ein Ensemblestück.

Kurz bevor ich nach Chicago abreiste, sprach ich mit ein paar Leuten über *Viewpoints* und jemand meinte: »Also, du kennst doch sicher die berühmte Steppenwolf-Anekdote, oder?« »Nein«, sagte ich und dachte: »Oh-oh.« – »Also, ein junger Regisseur arbeitete mit dem Ensemble an einem neuen Stück und machte mit ihnen eine Übung zu *Gesture.* Sie waren also mitten in der Arbeit, als plötzlich eine der Schauspielerinnen aus dem Ensemble ihr Notizbuch auf den Boden knallte und anfing zu schreien: ›Wir machen hier keine *Gesture*-Arbeit! Wir machen NIRGENDS *Gesture*-Arbeit! Im Klartext heißt das: Wir MACHEN keine *Gesture*-Arbeit! Sprich: Ich MACHE keine *Gesten!*‹«

Als ich an meinem ersten Probentag *Viewpoints* einführte, machte ich Witze über diese Geschichte. Ich bat die Kompanie lediglich um Akzeptanz, welche Vorurteile und Zweifel sie auch immer hätten, und der Arbeit trotzdem offen zu begegnen. Ich bat sie, mit offenem Herzen zu arbeiten: für mich, für den Prozess, füreinander und für sich selbst. Wie Kinder zu spielen, nur für diesen einen Tag. Sie müssten es nicht mögen oder den Nutzen verstehen, sondern es einfach nur *machen.*

27 Premiere am 9. Februar 1996. (Anm. d. Red.)

28 Premiere am 12. Februar 1997. (Anm. d. Red.)

Am nächsten Tag bei einem Gruppengespräch hob Mike Nussbaum seine Hand und sagte: »Ich möchte hier vor allen etwas sagen.« Nun ist Mike eine Institution der Chicagoer Theaterszene, für viele eine Legende, der unangefochtene Doyen des Ensembles (aufgrund seines Alters, seines Talents und seiner Erfahrung). Mein »oh-oh« kehrte wieder. Aber dann sagte Mike: »Ich habe nur eine Sache zu sagen, und zum ersten Mal weiß ich wirklich, was es bedeutet: Man *kann* einem alten Hund neue Kunststücke beibringen.«

In der darauffolgenden Spielzeit schrieb und inszenierte ich *Space*[29], worauf ich eingeladen wurde, mich dem Ensemble anzuschließen, mit den Ensemblemitgliedern Mariann Mayberry, Robert Breuler, Amy Morton und Tom Irwin in den Hauptrollen. Am ersten Tag mit *Viewpoints* war Mariann wie beflügelt. Bob hörte nicht auf, sich eine Orange gegen die Stirn zu hauen aus irgendeinem Bedürfnis, uns alle ablenken und unterhalten zu wollen. Tom rollte viel mit den Augen, und Amy, in einem tapferen Versuch, ihr Unbehagen und ihre Angst zu durchbrechen, starrte und visierte ununterbrochen die Wände an, rannte dann wie ein Stier auf sie zu und warf sich mit Vollgas gegen den Putz. Am zweiten Tag wuchsen allen vieren Flügel. Und am dritten Tag erzählten sie mir, wer das Ensemblemitglied war, das verkündet hatte: »Ich MACHE keine Gesten!«

Ich hatte die Freude, mit ihr zum ersten Mal in meiner Produktion *The Ballad of Little Jo*[30] zu arbeiten, Steppenwolfs erstem Musical. Ihr Name ist Rondi Reed (manche Leute aus dem Ensemble nennen sie »Dame Reed«). Am ersten Tag platzte sie in die Probe und rief: »Okay, was ist also dieser ganze *Viewponts*-Bullshit?!« Sie lachte (so wie ich), aber vier Stunden später *machte* Rondi nicht nur Gesten, sondern benutzte auch andere *Viewpoints* wie *Shape, Architecture, Topography* usw. Eines Abends bei einem Bier gestand sie, dass die vorherige Regisseurin »nicht einmal *selbst* wusste, was eine Geste ist, geschweige denn mit den Schauspielern darüber hätte sprechen können! Selbstverständlich mache ich Gesten – wir alle, jeden Tag, auf der Bühne und jenseits der Bühne –,

29 Premiere am 7. Dezember 1997. (Anm. d. Red.)

30 Premiere am 14. September 2000. (Anm. d. Red.)

aber nicht, wenn es das, was ich auf der Bühne tue, *weniger lebendig* anstatt *lebendiger* macht. Diese Regisseurin liebte weder die Schauspieler, noch die Schauspielkunst, sie liebte nur ihre eigenen Ideen.« (Ich behaupte, dass es so etwas wie *Diven* nicht gibt, nur großartige Künstler, die mit Leuten zusammenarbeiten, die fauler sind. Oder großartige und verängstigte Künstler, auf der Suche nach ihrem Sicherheitsnetz.)

Vorerst nimmt diese Geschichte ein glückliches Ende: Das Steppenwolf-Ensemble interessiert sich für *Viewpoints*. Bei einigen reicht das Interesse nur bis zu der Frage: »Was ist das eigentlich?« Andere haben angefangen, meine Kurse während der Steppenwolf Summer School zu besuchen, und einer hat sich sogar im nächsten Frühjahr für das vierwöchige SITI-Intensivprogramm in Saratoga angemeldet. Öl und Wasser. Hmmm.

Natürlich funktioniert dieser Einfluss in beide Richtungen. Durch diese außergewöhnlichen Künstler wurde ich einmal mehr inspiriert und herausgefordert, intensiv über die Kunst des Schauspielens nachzudenken. Wie inszeniert man Schauspieler? Welche Art Sprache ist sinnvoll beim Inszenieren? Wie denken und spielen und arbeiten große Schauspieler (wie die von Steppenwolf)? Was macht ihr Spiel so überragend? Welche Dinge schätze ich beim Spielen? Und wenn die Antwort Tiefe, Verletzlichkeit, Rohheit, Überraschung, Spontaneität, Seele, Gefahr und – vor allem – *Wahrhaftigkeit* heißt, wie kann ich all das mit *Viewpoints* befeuern?

Ja, man kann *Viewpoints* verwenden, um unglaublich anspruchsvoll und kompliziert choreographierte Stücke zu entwickeln, sagen wir: eloquente Formen. Was mich aber persönlich noch mehr an *Viewpoints* interessiert, ist der Weg *hin zur* Emotion anstatt sie auszuklammern (was nicht heißen soll, Form könnte keine Emotion erzeugen; selbstverständlich kann sie, und das ist einer der grundlegenden Punkte dieses Buches). Ich interessiere mich für die *gesteigerte* Schubkraft, die ein Steppenwolf-Schauspieler auf der Bühne hat, wenn er einserseits mit der Psychologie der Motivation und Intention arbeitet *und* andereseits mit der Physikalität von *Kinesthetic Response* und *Tempo*, beispielsweise. Ich glaube nicht, dass ein Prozess dem anderen überlegen ist, sondern ich glaube an *beide,* wie sie miteinander ringen, kommunizieren, sich abwechseln. Innere

Psychologie *und* äußere Form. Das Stück erforschen *und* es träumen. So viel wie möglich darüber lernen *und* loslassen. Sich vorbereiten *und* dann vergessen. Alles nutzen, was einem zur Verfügung steht, um ganz im Hier und Jetzt zu sein.

Wie man sieht, habe ich herausgefunden, dass die Herangehensweisen von Steppenwolf und *Viewpoints* am Ende doch nicht so unterschiedlich sind. Meine falsche Vorstellung basierte auf oberflächlicher Wahrnehmung, auf Arbeitsstilen. In beiden Fällen sind die Anforderungen identisch:

- Höre zu!
- Arbeite mit dem, was der Partner anbietet!
- Lass los und vertraue!
- Sei im Hier und Jetzt!
- Sei in deinem Körper!
- Benutze deinen Körper!
- Überrascht euch gegenseitig!
- Eher *handeln* als *fühlen!*
- Arbeite riskant!
- Sei unvorhersehbar!
- Suche die Extreme!
- Stelle dich voll und ganz zur Verfügung!
- Arbeite mit Hingabe!
- Achtet auf das Publikum und erzählt eine Geschichte!
- Spielt als wärt ihr *eins*!
- Seid ein Ensemble!

Da gibt es noch etwas, das ich von Steppenwolf gelernt habe. Es ist nicht »Ja, *und*…« oder »Das Gleiche, nur anders«, aber es hat ebenfalls einen eigentümlichen und selbsterklärenden Namen. Wir nennen es *»I cry bullshit«*. Ich habe es von Leuten wie Tom und Amy, Laurie Metcalf, Gary Sinise, Terry Kinney und Jeff Perry gelernt. Es handelt sich um einen Gefallen, den die Ensemblemitglieder einander tun, und sie haben diese Technik über fünfundzwanzig Jahren hinweg zusammen erprobt, in Kellern, Kirchen und jetzt in ihren drei Theatersälen in der North

Halsted Street in Chicago. Wenn man einer Probe zusieht und auf der Bühne geschieht etwas, das unecht, gekünstelt, unglaubwürdig ist (dabei kann es sich um eine Bewegung, die Art etwas darzustellen, eine Textzeile handeln), ist man vom Steppenwolf-Gesetz aufgefordert – nicht verpflichtet –, wie im Klassenzimmer die Hand zu heben und »I cry bullshit!« zu rufen. Das ist für mich der Punkt, in dem sich Steppenwolf und *Viewpoints* am wunderbarsten vereinen: in ihrer Verpflichtung zur Gemeinsamkeit – zum *Ensemble*. Wir sind, was wir sind, weil wir einander haben. Ich bin offen für dich, weil ich darauf vertraue, dass du mir dabei helfen wirst, das Bestmögliche zu geben und zu werden: im Leben, in der Kunst und auf der Bühne.

BIBLIOGRAPHIE

Die folgende Liste stellt (eine Auswahl der) Quellen – aus vielen Fachrichtungen und über Jahre – dar, die uns inspiriert haben. Einige dieser Werke werden ausdrücklich in unserem Buch erwähnt (und auf alle anderen hätten wir ebenso gut hinweisen können.) Diese Liste ist vollkommen subjektiv und vielfältig – eine Ansammlung von Büchern, Kunstwerken und Überlegungen, die unsere Arbeit mit *Viewpoints* und *Composition* am meisten beeinflusst haben.

Rudolf Arnheim: *Anschauliches Denken: Zur Einheit von Bild und Begriff*, Köln 1972.

Gaston Bachelard: *Die Poetik des Raumes*. Deutsch von Kurt Leonhard, München 1975.

Sally Banes: *Democracy's Body: Judson Dance Theater, 1962–1964,* Duke University Press, Durham 1993.

– *Terpischore in Sneakers: Post-Modern Dance*, Wesleyan Unversity Press, Middletown, CT, 1987.

Eugenio Barba: *Ein Kanu aus Papier – Abhandlungen über Theateranthropologie.* Deutsch von Christoph Falke, Köln 1998.

Eugenio Barba/Nicola Savarese: *A Dictionay of Theatre Anthropology: The Secret Art of the Performer* (translated by Richard Fowler; edited and compiled by Richard Gough), Centre for Performance Research, New York 1991.

Ann Marie Seward Barry: *Visual Intelligence: Perception, Image, and Manipulation in Visual Communication*, State University of New York Press, Albany 1997.

Jean Baudrillard: *Simulacra and Simulation (The Body, in Theory: Histories of Cultural Materialism)* (translated by Sheila Faria Glaser), University of Michigan Press, Ann Arbor 1995.

Peter Brook: *Der leere Raum*. Deutsch von Walter Hasenclever, Berlin 2015 (13. Aufl.).

Italo Calvino: *Sechs Vorschläge für das nächste Jahrtausend*. Aus dem Italienischen von Burkhart Kroeber, Frankfurt am Main 2012.

Joseph Campbell: *Der Heros in tausend Gestalten* (Insel-Taschenbuch; Bd. 2556). Neuausg. Frankfurt am Main 2011 (EA Frankfurt am Main 1953).

Elias Canetti: *Masse und Macht*, München 1994.

Joseph Chaiken: *The Presence of the Actor*, Theatre Communications Group, New York 1991.

Michael Chekhov (edited by Mel Gordon): *On the Technique of Acting: The First Complete Edition of Chekhov's Classic To the Actor*, New York 1991.

Harold Clurman: *The Frevent Years: The Group Theatre & the '30s*, New York 1983.

Andrew Cooper: *Playing in the Zone: Exploring the Spiritual Dimension of Sports*, Boston 1998.

Mihály Csíkszentmihályi: *Flow. Das Geheimnis des Glücks.* Deutsch von Annette Charpentier, Stuttgart 1992.

– *Kreativität. Wie Sie das Unmögliche schaffen und Ihre Grenzen überwinden.* Deutsch von Maren Klostermann, Stuttgart 1997.

– *Finding Flow: The Psychology of Engagement with Everyday Life*, Basic Books, New York, 1998.

Edward de Bono: *Laterales Denken. Ein Kurs zur Erschließung Ihrer Kreativitätsreserven.* Deutsch von Margaret Carroux und Wolfgang Eisermann, Düsseldorf 1992.

Agnes de Mille: *Martha: The Life and Work of Martha Graham*, Random House, New York, 1990.

Declan Donnellen: *Der Schauspieler und das Ziel. Ängste und Blockaden überwinden.* Deutsch von Sabine Herken, Berlin 2008 (3. Aufl.).

Gretel Ehrlich: *The Solace of Open Spaces*, New York 1986.

T. S. Eliot: *Vier Quartette/Four Quartets.* Übertragung von Norbert Hummelt, Bibliothek Suhrkamp, Berlin 2015.

Philip Fisher: *The Vehement Passions*, Princeton University Press, Princeton 2003.

Simone Forti: *Handbook in Motion*, The Press of the Nova Scotia College of Art and Design, Halifax 1974.

Malcolm Gladwell: *Blink: Die Macht des Moments*, Frankfurt am Main 2005.

Erving Goffman: *Rahmen-Analyse. Ein Versuch über die Organisation von Alltagserfahrungen*. Frankfurt am Main 1980.

– *Wir alle spielen Theater. Die Selbstdarstellung im Alltag*. München 2007 (6. Aufl).

– *Interaktion im öffentlichen Raum*, Frankfurt am Main/New York 2009.

Jerzy Grotowski: *Für ein Armes Theater*. Deutsch von Frank Heibert, Berlin 1994 (3. Aufl).

Charles Hampden-Turner: *Maps of the Mind*, Scribner, Simon & Schuster, New York 1981.

Richard Hornby: *The End of Acting: A Radical View*, Applause Books, New York 1995.

Susan A. Jackson/Mihály Csíkszentmihályi: *Flow im Sport*. München 2000.

Julian Jaynes: *Der Ursprung des Bewusstseins*. Aus dem Amerikanischen von Kurt Neff, Reinbek bei Hamburg 1993.

Robert Edmond Jones and Delbert Unruh: *Towards a New Theatre: The Lectures of Robert Edmond Jones*, Limelight Editions, Pompton Plains, NJ, 1992.

Tadeusz Kantor: A Journey Through Other Spaces: Essays and Manifestos, 1944–1990 (translated and edited by Michal Kobialka), University of California Press, Berkeley 1993.

Søren Kierkegaard: *Furcht und Zittern, Gesammelte Werke*. 4. Bd., 1813–1855, Gütersloh 1993.

Gunther R. Kress/Theo van Leeuwen: *Reading Images; The Grammar of Visual Design*, Routledge, New York 1996.

Madeleine L'Engle: *Die Zeitfalte*. Deutsch von Wolf Harranth, Stuttgart 1984.

Jerry Mander: *Schafft das Fernsehen ab. Eine Streitschrift gegen das Leben aus zweiter Hand*, Reinbek bei Hamburg 1979.

A.H. Maslow: *Religions, Values, and Peak-Experiences*, Penguin, New York 1994.

Stücke von Charles L. Mee Jr.: http://charlesmee.org/html/plays.html

Sanford Meisner and Dennis Longwell: *Schauspielen. Die Sanford-Meisner-Methode*. Deutsch von Tanja Handels, Berlin 2016.

Dan Millman: *Body Mind Mastery: Creating Success in Sport and Life*, New World Library, Novato, CA 1999.

Stephen Nachmanovitch: *Free Play – Kreativität geschehen lassen*. Deutsch von Dan Richter, München 2013.

Mary Overlie: *Standing in Space – The Six Viewpoints*, Theory & Practice, Billings 2016.

Yvonne Rainer: *A Woman Who...: Essays, Interviews, Scripts*, The Johns Hopkins University Press, Baltimore 1999.

Yvonne Rainer/Sid Sachs: *Yvonne Rainer: Radical Juxtapositions 1961–2002*, University of the Arts, Philadelphia (distributed by Distributed Art Publishers, Inc., New York) 2003.

John J. Ratey: *Das menschliche Gehirn: Eine Gebrauchsanleitung*. Aus dem Amerikanischen von Sonja Schumacher. Düsseldorf/Zürich 2001.

Thomas Richards: *Theaterarbeit mit Grotowski an physischen Handlungen*. Deutsch von Claudia Marie Mense, Berlin 1996.

Richard Sennett: *Verfall und Ende des öffentlichen Lebens. Die Tyrannei der Intimität*, Frankfurt am Main 1983.

Tadashi Suzuki: *The way of Acting: The Theatre Writings of Tadashi Suzuki* (translated by Thomas Rimer), Theatre Communications Group, New York 1986.

– *Culture ist the Body*, Theatre Communications Group, New York 2015

Andrej Tarkowskij: *Die versiegelte Zeit. Gedanken zur Kunst, Ästhetik und Poetik des Films*, Berlin 2009.

Hendel Teicher/Trisha Brown: *Dance and Art in Dialogue, 1961–2001*, The MIT Press, Cambridge, MA 2002.

François Truffaut: *Mr. Hitchcock, wie haben Sie das gemacht?*, herausgegeben von Robert Fischer, München/Zürich 1999.

Michael Tschechow: *Lektionen für den professionellen Schauspieler*. Nach Notizen transkribiert und zusammengestellt von Deirdre Hurst du Prey. Mit einem Vorwort von Mel Gordon. Deutsch von Michael Raab, Berlin 2013.

Jeanette Winterson: *Art Objects: Essays on Ecstasy and Effrontery*, Vintage, Random House, New York 1997.

Phillip B. Zarrilli: *Psychophysical Acting – An intercultural approach after Stanislavski*, Abingdon/New York 2009.

Zeami: *On the Art of the no drama: The Major treatises of Zeami* (translated by J. Thomas Rimer; edited by Masakazu Yamazaki), Princeton 1984.

DIE AUTORINNEN/DER ÜBERSETZER

Anne Bogart ist künstlerische Leiterin der SITI Company, die sie 1992 mit dem japanischen Regisseur Tadashi Suzuki gründete. Unter ihrer Regie entstanden zahlreiche Theater- und Opernproduktionen. Sie unterrichtet u. a. an der Columbia University, New York, wo sie den Studiengang für Regie leitet, und veröffentlichte zahlreiche Bücher, darunter *Die Arbeit an sich selbst – Sieben Essays über Kunst und Theater, And Then, You Act, Conversations with Anne* sowie *What's the Story.*

Sie erhielt mehrere Stipendien und Auszeichnungen (u. a. American Theatre Wing Award, Doris Duke Performing Artist Award, United States Artists Fellowship, Guggenheim Fellowship, Rockefeller/Bellagio Fellowship, Robert Rauschenberg Foundation Residency Fellowship) und wurde dreimal zum Ehrendoktor ernannt (am Cornish College of the Arts in Washington, am Bard College und am Skidmore College, New York).

Tina Landau ist Autorin, Regisseurin und Dozentin sowie Mitglied der Steppenwolf Theatre Company in Chicago. Sie ist Absolventin des Yale College und des Institute for Advanced Theatre Training in Harvard, an denen sie auch unterrichtet, wie auch an der New York University, der Columbia University, am Saratoga International Theater Institute (SITI), an der University of Chicago, der Northwestern University und University of California in San Diego. Sie gehörte zur Leitung des Verlags TCG/NEA und war dort künstlerische Mitarbeiterin und erhielt mehrere Stipendien der Rockefeller-, der Princess Grace-, der W. Alton Jones- und der Pew-Stiftung.

Der Übersetzer Martin Carnevali ist Schauspieler und Theaterlehrer. Er spielte zehn Jahre lang an deutschen Stadttheatern, bevor er bei Anne Bogart und der SITI Company in New York studierte und die Arbeitstechniken *Viewpoints* und *Composition* erlernte. Seitdem beschäftigt er sich vornehmlich mit Theateranthropologie, Darstellungstechniken und psychophysischen Arbeitsvorgängen. Neben Anne Bogart zählen

Phillip Zarrilli und Eugenio Barba zu seinen Mentoren. Martin Carnevali unterrichtet das *Viewpoints*-Training für Theaterkünstler, aber auch in interdisziplinären Workshops und an Schauspielschulen im deutschsprachigen Raum. Außerdem arbeitet er regelmäßig in Indien mit Schauspielschulen und Theaterkompanien zusammen.